Politische Romantik

정치적 낭만주의

Politische Romantik

정치적 낭만주의

칼 슈미트 지음

조효원 옮김

에디투스

서문

 독일인들은 쉽고 편한 한마디 말로 어렵지 않게 소통하는 경쾌함이 부족하다. 우리 언어[독일어]에서는 어떤 표현이든 쉽게 진부해지지만, 그렇다고 그것이 실제적이고 합리적인 의미에서 쉬이 관습적 표현으로 굳어지는 것은 아니다. 일상 언어가 아닌 객관적 명칭으로 통용되고, 따라서 더 근본적인 규정을 필요로 하는 말이 [오히려] 더 다의성을 띠게 되어 [논의는 곧잘] 말싸움으로 번진다. 이러한 혼란 속에서 어떤 객관적 해결책을 찾으려는 사람은 얼마 못가 자신이 영원한 대화와 출구 없는 수다 속에 휩쓸려 있음을 깨닫게 된다.

 [그러나] 낭만주의라는 주제를 통해 우리는 이 같은 사정이 비단 우리 독일인에게만 해당하는 것이 아님을 알게 된다. 즉 프랑스, 영국, 이탈리아의 [낭만주의에 대한] 토론에서 발생하는 혼란 역시 덜하지 않은 것이다. 그렇지만 이 경우에도 우리는 [개중] 프랑스어 표현이 [가장] 경쾌하다는 사실을 느끼고, 그래서 그것을 모방하고 싶은 유혹을 느끼게 된다. 예컨대 다음과 같이 말하면 간단하지 않겠는가? '낭만주의란, 심리 혹은 관념의 차원에서 [인간의] "선한 본성bonté naturelle"에 대한 믿음으로 연원하는 모든 것을 가리키는 말이다.' 그러므로 낭만주의는 '인간은 선천적으로 선하

다'는 명제로 환원될 수 있다. 세이에르E. Seillière¹가 신비주의와 낭만주의에 관한 여러 책들에서 상술하고 입증했거니와, 프랑스인에 의해 제출된 이 정의 — 필경 그들의 마음에 쏙 들었을 것이다 — 는 실제로 수많은 낭만적 현상들을 설명하는 적합한 기준일 뿐 아니라 일상 속 소소한 사건과 정취에 대해서도 꼭 들어맞는 말이다. 가령 한 사람이 있다. 그는 어느 도시의 거리, 아니 장터를 거닐고 있다. 거기서 그는 수확물을 팔러 나온 농부와 그것을 사는 주부 들을 보면서, 잘 익은 과일과 맛 좋은 음식을 서로 나누려는 사람들의 모습에 깊이 감동한다. 또한 그는 귀여운 꼬마들, 그들을 돌보는 엄마들, 쾌활한 사내아이들, 성실한 남자들 그리고 존경할 만한 노인들을 바라보며 어떤 환희를 느낀다. [필경] 이 사람은 낭만주의자일 것이다. 자연 상태를 묘사한 루소나 중세를 그린 노발리스Novalis를 이 사람과 구별할 수 있다면, 그것은 그들이 가진 문학적 소양 때문이지, 그들이 가진 느낌과 생각이 그와 다르기 때문이 아니다. 낭만적인 동화를 쓰기 위해서라면 어떤 상황, 어떤 주제를 선택하든 아무 상관없기 때문이다. 그렇다면 우리는 특히 낭만적이라고 특징지을 수 있는 인물들, [이미] 잘 알려진 일련의 인물들을 하나의 집합으로 모아볼 수 있을 것이다. 순진무구한 자연인, **착한 원시인bon sauvage**, 봉건 영주 기사, 충직한 농부, 기품 있는 도적 떼의 우두머리, 뜨내기 소년, 독일 낭만주의의 온갖 배짱 좋은 놈팡이들, 그리고 러시아의 선량한 농노Mushik에 이르기까지, 이 모든 인물상은 인간의 선한 본성이란 어디서든 반드시 드러나게 되어 있다는 믿음에 의해 탄생했다.

이처럼 — 인간의 성선설에 입각한 — 정의는 독일인들에게 지나치게 인간의 도덕성에만 치중한 것, 그러니까 우주[의 질서]는 고사하고 역사[의 흐름]마저 깡그리 도외시한 것으로 보인다. 이것은 분명 낭만주의에 대

---

1   [옮긴이] 에르네스트 세이에르(1866-1955): 프랑스의 작가, 언론인, 비평가.

한 마지막 말이 될 수 없으며, 결코 충분한 규정도 될 수 없다. 그렇다고 이 정의를 경멸할 필요까지는 없을 것이다. 적어도 그것이 낭만주의의 성격을 피상적이고 일반적인 차원에서 규정해 문제를 부당하게 처리하도록 만들진 않는다는 점만큼은 인정해야 한다. 도취하게 하는 것, 열망하게 하는 것, 꿈꾸게 하는 것, 시적인 것, 향수, 먼 곳을 향한 동경 따위의 표현으로 낭만주의를 지칭하는 것은 아마도 그 자체만 두고 보면 낭만적이라 할 수 있겠지만, 낭만주의에 대한 개념적인 이해가 아니다. 낭만적이라 부를 만한 대상들을 하나의 계열로 묶거나 "낭만적" 대상의 목록을 만들어 거기서 낭만적인 것의 본질을 도출해 내려고 시도하는 것 — 우리는 물론 이에 대한 사례를 [얼마든지] 찾아낼 수 있다 — 은 너무도 부조리한 짓이다. 중세는 낭만적이다. 마찬가지로 폐허도, 달빛도, 우편 마차의 나팔 소리도, 폭포도, 못가의 물레방아와 그 밖에 일일이 열거하기에도 벅찬 수많은 것들 역시 낭만적이다. 이것들을 앞서 언급한 낭만적 대상의 목록과 조합해 보면, 참으로 우스꽝스러운 카탈로그가 만들어질지도 모른다. 이러한 시도들이 곤궁한 것이라는 사실 자체가 [거꾸로 우리에게는] 올바른 방법에 대한 하나의 지침이 되어 준다. 즉, 우리는 중세나 폐허처럼 낭만적으로 느껴지는 대상이나 주제가 아니라, 낭만적 주체에서 출발할 때에만 낭만적인 것의 정의에 다다를 수 있다. 우리가 만나는 것은 언제나 특정 부류의 인간이다. 그리고 이는 정신적인 것의 영역에서는 그 자체로 자명한 일이다. 낭만주의자 특유의 태도에 주의를 기울이고 낭만주의가 세계와 맺는 특수한 관계에서 출발해야지, 그 태도의 결과에 주목하거나 잡다한 형태로 나타나는 낭만주의적 징후나 귀결에서 출발해서는 안 된다.

인간은 선천적으로 선하다는 명제는 적어도 하나의 답을 제시한다. 그것은 낭만주의적 태도를 하나의 교리로 정식화함으로써 [낭만주의를] 파악하려는 시도다. 어쨌든 이로써 더 명확한 규정이 주어지게 된다. 왜냐하면 정신적인 것의 영역에서 이뤄지는 모든 진술은, 의식적인 것이든 무의식적인 것이든 상관없이, 어떤 — 정통 혹은 이단 — 교리를 전제로 하기 때문이다. 바로 이 교리, 즉 성선설은 수많은 [정신적] 운동들, 특히 원죄를 부정하는 운동들을 설명하는 데 적합한 기준임이 판명된다. 성선설은 반드시 원죄를 부정할 수밖에 없기 때문이다. 감상적인 무정부주의자와 박애주의적인 신자들에게서 흔히 보이는 "루소주의적" 경향뿐 아니라, [여타의] 강경하고 급진적인 사조들 역시 어떠한 교조주의적 태도를 구극의 동기로 삼고 있다. 에른스트 트뢸취Ernst Troeltsch[2]가 (자신의 저서 『기독교 교회의 사회 이론Soziallehren der christlichen Kirchen』에서) "절대적 자연권"에 관한 정식을 통해 규정했던 바, 수많은 [기독교] 분파들의 생명은 모종의 광신Fanatismus에서 잉태되며, 광신의 무정부적인 힘은 다시 원죄를 부정하는 데서 나온다.

나는 낭만주의의 성격을 민족적 특성, 즉 독일적인 것, 스칸디나비아적인 것 혹은 게르만적인 것 등과 등치시키는 것보다는 성선설로 설명하는 편이 훨씬 낫고 더 올바르다고 본다. 사람들이 이와 같은 낭만주의의 정의를 제시하는 데는 아주 다양한 동기들이 있다. 낭만적인 것이 어떤 혼합에 의해 이뤄졌다고 보는 관점에 따르면, 낭만주의는 라틴 민족과 게르만 민족의 융합에 의해 생긴 결과이며, 이 혼합은 특히 이른바 라틴 중세에서 발견된다는 것이다. 독일 민족은 낭만적인 것을 자신들과 동일시하며 양자를 함께 칭송한다. 프랑스 민족은 낭만주의를 독일적인 것으로 여겨 거부하고 적대시한다. 애국심이 낭만주의를 찬양하게도 저주하게도 만들 수 있는 것이다. 그러나 19세기 유럽의 여러 나라들을 관통한 [이] 거대한 흐름은 나머지 세계를 "프랑스 문명의 후보자candidat à la civilisation française" 혹은 독일 문화의 유망주 따위로 취급하거나, 아니면 낭만주의의 특징인 도취되고 동경하는 태도에 독일적 혹은 프랑스적 태도를 추가하는 방식으로

---

2 [옮긴이] 에른스트 트뢸취(1865-1923): 독일 자유주의 신학자.

[간단히] 정리되어서는 안 된다. 최악의 경우는 그러한 술어들을 어떤 교육적인 목적에 이용하는 것이다. 이는 한편으로 낭만주의를 새로운 삶과 진정한 문학, [다시 말해] 굳어버린 낡은 것에 맞서 힘차게 약동하는 새로운 것으로 표현하는가 하면, 다른 한편으로는 그것을 형식도 갖추지 못한 야만적인 무능력과 병적인 감수성의 황량한 분출로 여긴다. 한편에서는 낭만주의를 젊고 건강한 것으로 여기는가 하면, 다른 한편에서는 건강한 것은 고전적인 것이며 낭만적인 것은 병적인 것이라는 괴테의 잠언을 인용한다. 생동하는 낭만주의가 있는가 하면, 퇴락하는 낭만주의가 있고, 실제 삶 속으로 직접 뛰어드는 낭만주의가 있는가 하면, 과거와 전통으로 달아나는 낭만주의가 있다. 낭만적인 것이 무엇인가를 본질적으로 이해하기 위해서는 이처럼 긍정 혹은 부정 일변도의 가치 평가에서 출발해서는 안 된다. 즉 그것을 건전한 도덕의 관점으로만 보거나 반대로 투쟁적인 정치의 관점으로만 보아서는 안 되는 것이다. 낭만주의를 응용하는 차원에서라면 그렇게 할 수도 있을 것이다. 그러나 명확한 인식이 확보되지 않은 상태에서 그러한 [일면적] 가치 평가를 내리는 행위는 근본적으로 자의적일 수밖에 없다. 앞서 보았듯 [낭만주의의] 술어들을 마구 뒤섞거나 함부로 나눈다든지, 아니면 그토록 복잡한 운동에서 본래적으로 "낭만적인" 것을 추려내 그것을 찬양하거나 저주하는 일이 발생하기 때문이다. 그런 경우라면, 가장 편한 길은 역시 스탕달Stendhal을 본받아 낭만적인 것이란 흥미로운 것이고 고전적인 것은 지루한 것이라고 말하는 것이리라. 물론 그 역도 성립할 것이다. 왜냐하면 찬양과 비난, 열광과 냉소로 이뤄진 이 피곤한 게임은 마치 두 개의 끝을 가진 얇은 막대기를 두고 벌이는 싸움과도 같기 때문이다. 두 끝 중 어느 쪽을 잡든 아무래도 상관없다.

이에 비하면 인간이 선천적으로 선하다는 명제는 유용하고 가치 있는 역할을 하는 셈이다. 그러나 성선설은 역사적인 인식이 아니다. 성선설의 약점은 교리적-윤리적 추상성으로 인해 [낭만주의] 운동의 역사적 특수성을 제대로 보지 못하고, 그것을 다른 수많은 역사적 사건들과 함께 묶어 하나의 동일한 보편적인 명제로 환원시켜 버린다는 점에 있다. 이는 [낭만주의가 산출한] 긍정적인 현상과 가치 있는 성과를 부당한 방식으로 기각하게 만든다. 이로 인해 무고한 낭만주의자가 악마처럼 보이게 되고, 더 나아가 광포한 분파주의자들과 한통속처럼 여겨지기까지 한다. 모든 정신적 운동은 형이상학적으로, 그리고 도덕적으로도, 진지하게 다뤄져야 하지만, 이때 그것은 어떤 추상적인 명제를 입증하는 사례가 아니라, 역사적 과정의 맥락 안에 있는 구체적인 역사적 현실로 취급되어야 한다. 실제 사건을 충실히 반영하는 데만 관심을 두고 역사를 서술하는 사람에게 그가 사용하는 언어를 체계적으로 완벽하게 의식하고 쓰기를 바랄 수는 없는 노릇이다. 그의 서술이 일반적인 차원에서 이해 가능하고 자체 모순이 없다면, 그것으로 충분한 것이다. 그러나 만약 관건이 정신적 운동의 핵심을 파악하는 일이라면, 이야기는 달라진다. 이러한 관심에 의해 촉발되어 역사적인 고찰을 행하는 사람의 경우, 낭만주의 운동을 계몽주의와 고전주의의 대립 개념으로 파악하는 데서 출발하는 것은 그 자체로 이론의 여지없이 올바른 방법이 될 수 있다. 하지만 만약 이 대립을 예술사가, 문학사가, 문화사가 들이 모든 것을 설명하는 핵심 지표Wesensmerkmal처럼 취급한다면, 그러니까 수많은 역사적 현상들을 하나의 보편적 명제로 환원시키는 추상적인 평론가들과는 반대로, 항시 낭만주의만을 생각하면서 수많은 [정신의] 운동들을 모조리 낭만주의와 결부시키고 종내 세계사의 도처에서 낭만주의를 발견한다면, 그것은 심각한 혼란을 초래한다. 그럴 경우, 플로티노스의 신비주의, 프란체스코회의 [영성] 운동, 독일 경건주의, 질풍노도 운동 등 온갖 종류의 종교적, 신비적, 비합리적 경향이 모조리 "낭만주의적"인 것이 되고 만다. 이것은 다소 희한한 논변으로, 이에 따르면 거대한 역사적, 미학적 자료들은 서로 대립하는 두 가지 유형으로 간단히 분류된다. 즉, 낭만주의 아니면 고전주의 혹은 낭만주의 아니면 합리주의로 양분

되는 것이다. 낭만주의는 고전주의의 반대다. 고전주의가 아닌 모든 것이 낭만주의라면, 고전주의는 참으로 다양한 요소들로 이뤄진 혼합물이 된다. 고전주의란 이교적 고대를 말한다. 그렇다면 이에 대립했던 기독교 중세는 참된 낭만주의가 되고, 단테는 본래적인 의미에서 낭만주의 시인이 된다. 그런가 하면, 고전주의란 17세기 프랑스 예술을 가리키기도 한다. 이 경우 독일의 고전주의자들은 애초부터 낭만주의자였던 것처럼 되어 버린다. 왜냐하면 독일에서 고전주의 문학은 심지어 루소의 영향마저 배제하지 않을 정도로 정체가 불분명한 세계주의적 흐름에 의해 발전한 것이기 때문이다. 그리고 러시아의 경우에는 "고전주의자"가 아예 존재하지 않았던 탓에 고전주의는 너무도 낯선 무언가, 서유럽적인 무언가가 되고 말았다. 다른 한편, 낭만주의는 합리주의와 계몽주의의 반대다. 이에 따르면, 합리주의와 계몽주의가 아닌 모든 것이 낭만주의가 된다. 이와 같은 부정적 공통성은 예기치 못한 공허한 결합으로 이어진다. 가톨릭교회는 합리주의가 아니며, 특히 18세기의 합리주의는 더더욱 아니다. 그리하여 명징한 교리와 엄정한 윤리에 따라 세워진 훈육 체계 및 기독교적 질서를 구현하는 이 경이로운 건축물마저 낭만주의적인 것으로 선포되기에 이른다. 온갖 잠재적인 천재들, 분파들, 운동들로 장식된 낭만주의의 판테온에 급기야 가톨릭주의의 초상까지 전시된 셈이다. 이런 일이 가능했던 것은, 부정적인 것 속에서 합치점을 발견함으로써 [정신적 운동의 성격을 마구잡이로] 규정하고 그와 같은 부정적 유사성에 의해 생겨난 안개 속에서 새로운 결합과 혼합을 거듭 만들어내는 기묘한 논리 때문이다. 낭만주의는 당시 존재하던 노쇠한 운동, 즉 합리주의와 계몽주의에 대항하는 젊은 운동으로 등장했다. [하지만] 르네상스 역시 당대의 낡고 뒤떨어진 것에 대항하는 운동이었으며, 질풍노도 운동과 1830년대의 청년 독일 운동 역시 마찬가지였다. 거의 30년마다 그와 같은 운동이 발생한다. 역사의 도처에 "운동"이 존재한다. 그렇다면 우리가 어디를 보든 거기에는 낭만주의가 존재하는 셈이다. 하지만 따지고 보면 모든 것은 어떤 방식으로든 다른 모든 것과 유사하다. 따라서 새로운 유사성을 계속 찾아냄으로써 그렇지 않아도 [충분히] 불분명한 역사적 복잡성을 더 불분명하게 만드는 일은 하지 말아야 한다.

이런 접근 방식이 생겨난 것은 근본적으로 낭만주의 자체가 초래한 결과라고 나는 생각한다. 낭만주의 역시 역사적 사건들을 객관적으로 인식하는 대신 그것들을 특유의 문학적 생산성을 위한 불쏘시개로 삼는 데만 치중했던 것이다. 하지만 이 과정에서 그 생산성 자체가 다시 낭만화되어 결국 어떤 종류의 하류 낭만주의Subromantik마저 생겨나고 말았다. [그런데] 우리는 전혀 예상치 못한 곳에서조차 그와 같은 접근법을 목도한다. 두드러진 사례 한 가지만 들어보자. 조반니 파피니Giovanni Papini[3]는 낭만주의를 개인주의, 즉 "반역의 정신spirito di rebellione"에서 탄생한 자아Ich의 고양으로 이해했는데 — 이 점에서 그는 확실히 옳다 — 그럼에도 불구하고 다음과 같은 문장으로 "낭만주의Romantizismus"에 대한 설명을 시작하고 있다. 이 단어 속에는 무언가 불분명한 면이 있다. 하지만 "위대한 현상들, 엄청난 운동들이 관건인 경우에는 불분명한 단어보다 더 정확한 것은 있을 수 없다."[4] 주관적 자의와 무형식성의 적대자, 즉 낭만주의의 적敵Feind마저 이따위 이야기를 하고 있는 마당에, 낭만주의의 친구들에게 무슨 말을 듣게 될지 더 알아볼 필요가 있겠는가? 인간의 언어와 사유가 불완전하다는 것은 모두가 아는 사실이다. 명명할 수 없는 것을 명명하려는 시도는 어쩌면 한심하고 건방진 일처럼 보일 수 있다. 하지만 [낭만주의에 대해] 판단하고 [그에 대한 우리의 입장을] 결정해야 한다면, 이 정신적 운동의 핵심을 명확하게 파악하고 규정하는 일은 반드시 필요하다. 그와 같은 일을 단

---

3   [옮긴이] 조반니 파피니(1881-1956): 이탈리아의 작가, 언론인.

4   파피니, 『철학의 황혼Il Crepuscolo dei Filosofi』, 56쪽.

넘하는 것은 사실상 "인간성을 유린하는" 짓과 하등 다를 바 없다. 그러니까 필요한 작업은 이유를 분명히 밝히는 일이다. 설령 그것이 어째서 이 운동이 객관적으로 불분명한 형태로 나타나는지, 또 어째서 불분명함 자체를 하나의 원리로 삼으려 했는지를 밝히는 데 불과한 것이라 해도 말이다. 낭만주의가 터무니없게도 불가해한 무엇, 즉 인간의 언어로 표현할 수 있는 것 이상의 무엇이 되고자 하는 것은 그 본성에 따른 일이므로, 여기에 현혹되어서는 안 된다. 왜냐하면 논리적 전략의 측면에서 볼 때 낭만주의의 주장은 대개 너무도 빈약하기 때문이다. 따라서 다음의 사실만 숙지하고 있으면 된다. 즉 낭만주의는 모든 것을 자기 자신을 통해 정의하려 하지만, 다른 것을 통해 자기 자신을 정의하는 일은 어떻게든 회피한다는 사실. 스스로는 모든 것을 자신과 동일시하지만, 다른 누구/어떤 것도 낭만적인 것과 동일시하는 일은 결코 용납하지 않는 것, 이것이 낭만주의다. [가령] 다음과 같이 말하는 것은 낭만주의적이다. 신플라톤주의 운동은 낭만주의다. 기연주의Occasionalismus는 낭만주의다. 온갖 종류의 신비주의적, 경건주의적, 성령주의적, 비합리주의적 운동들은 낭만주의다. 하지만 이 문장들의 역은 결코 성립하지 않는다. 이를테면, '낭만주의는 기연주의의 한 형식이다'라고 말해서는 ─ 하지만 바로 이 명제가 앞으로 이 책이 제시하려는 주장이다 ─ 안 되는 것이다. 왜냐하면 그렇게 말하는 것은 낭만주의의 핵심인 규정 불가능성에 저촉되기 때문이다. 문법적-논리적으로 말하자면, 이러한 [접근법을 취하는] 문헌[의 저자]들은 늘상 낭만주의를 술어로만 사용할 뿐, 결코 [사물과 사태를] 정의하는 문장의 주어로 삼지는 않는다. 이처럼 간단한 술책을 통해 그들은 낭만주의를 정신사적 미궁으로 탈바꿈시킬 수 있었던 것이다.

　그러한 술책을 사용하면서 그들은 때로 놀라운 정도로 섬세한 심미안Geschmack과 치밀한 분석력을 유감없이 발휘하기도 한다. 다만 그러한 노력의 모든 결과들이 한낱 미학적 감수성의 영역에만 국한되어 개념[의 차원]으로 육박하지 못할 뿐이다. 이러한 비평이 보다 유의미한 깊이를 얻기 위해서는 낭만주의를 지난 세기의 위대한 역사적 구조에 적절히 편입시킬 수 있어야 한다. 특히 반혁명의 저술가들이 아주 흥미로운 방식으로 이 작업을 시도한 바 있다. 그들이 낭만주의에서 본 것은, 종교개혁과 더불어 시작되어 18세기 프랑스 혁명을 거쳐 19세기 낭만주의와 무정부주의에 이르러 완료된 저 [구질서의] 해체 과정이 낳은 귀결이었다.[5] 이렇게 해서 종교개혁, 혁명, 낭만주의로 이뤄진 "삼두三頭 괴물"이 탄생한다. 앞의 두 머리, 즉 종교개혁과 혁명을 결부시켜 생각하는 관점은 유럽 대륙의 철저한 반혁명 사상을 통해 관철되어 널리 알려지게 되었다. 즉 그것은 진정한 복고의 국가철학자 보날Bonald[6]과 드 메스트르de Maistre[7]가 활동하던 프랑스뿐 아니라 심지어 독일에서도 관철된 견해다. [물론] 독일의 경우 1853년에 이르러서도 슈탈F. J. Stahl[8]이 강연을 통해 적어도 루터와 칼뱅 — [이들과 달리] 청교도들은 슈탈의 눈에 미심스러운 존재로 비쳤다 — 은 혁명의 이론을 주창한 적이 없다고 강변할 수 있기는 했지만 말이다. 왕정복고의 시기에 이미 낭만주의는 종교개혁과 혁명의 계보에 속한 것으로 여겨졌다. 당시에는 자유주의, 반혁명주의 할 것 없이 모든 훌륭한 사상가들이 정치적-사회적 운동과 문학적-예술적 운동 간에 긴밀한 연관성이 존재한다는 점을 뚜렷이 인식하고 있었다. 도노소 코르테스Donos Cortés[9] 역시 고전주의와 낭만주의에 대한 논문[10]에서 이 점과 관련해 거의 공리에 가까운 명제들

---

5   [옮긴이] 슈미트가 원문에서 '낭만주의'라는 단어를 두 번 사용하고 있다.

6   [옮긴이] 루이 드 보날(1754-1840): 프랑스의 반혁명 사상가, 정치가.

7   [옮긴이] 조제프 드 메스트르(1753-1821): 사부아Savoy 태생의 철학자, 외교관.

8   [옮긴이] 프리드리히 율리우스 슈탈(1802-1861): 독일의 헌법학자, 정치철학자.

9   [옮긴이] 후안 도노소 코르테스(1809-1853): 스페인의 보수 정치가, 사상가.

10   도노소 코르테스, 「고전주의와 낭만주의El Clasicismo y el Romanticismo」, 『전집Obras』, 제2 권, 5-41쪽(초판은 1838년, 『코레오 나시오날Correo Nacional』에서 출간됨).

을 제시하면서 문학을 사회 전체의 거울la literatura es el reflejo de la sociedad entera로 명명한 바 있다. 사회 제도들과 [그에 따른 전반적인] 분위기가 바뀌거나 혁명에 의해 붕괴될 경우에는 예술 역시 예술로만 남아 있을 수 없다는 사실을 그는 알았다. 그가 보기에 [중요한] 질문은 결코 순전히 문학적이기만 한 것일 수 없었다. 동시에 그것은 언제나 당대에 대한 철학적, 정치적, 사회적 질문이어야 했다. 왜냐하면 예술은 한 민족의 사회적, 정치적, 종교적 상황이 낳은 필연적인 결과물el resultado necesario del estado social, politico y religioso de los pueblos이기 때문이다. 이는 당시 프랑스, 이탈리아, 스페인에서 명백한 이치였거니와, 도노소 코르테스에게도 낭만주의란 전래의 형식들과 기존의 사회 상황에 맞서는 혁명 운동이었다. 그래서 낭만주의는 혁명의 적들에게는 무정부주의로 낙인찍혔고, 혁명의 숭배자들에게는 힘과 에너지로 숭앙 받았다. 이렇게 해서 종교개혁, 혁명, 낭만주의로 이어지는 계보가 탄생한 것이다. 프랑스의 왕권주의자들Royalist은 오늘날에 이르기까지 이 견해를 더욱 날카롭게 벼려 오고 있으며, 자신들의 테제를 뒷받침할 만한 새로운 논변을 날마다 찾아내고 있다. 이 견해가 최근 들어 이탈리아에 널리 퍼지고 있다는 것은 주목할 만한 현상이다. 이탈리아에서 이 견해를 선구적으로 주창한 생존 인물은 파피니이며, 또한 보르게제Borgese[11] 같은 중요한 비평가에게도 크게 환영 받고 있다.[12]

이 견해는 본질상 정치적이다. 그것은 낭만주의 운동이 특히 정치의 영역에서 보이는 특유의 기이한 모순들을 [상세하게] 설명하는 대신 그것들을 [단적으로] 반역과 무정부주의로 간주하여 취급한다. 그런데 어떻게 해서 독일, 영국 그리고 다른 여러 나라들에서 다시금 낭만주의가 보수 이념의 자연스러운 동맹인 양 여겨지는 일이 발생한 것일까? 독일에서 정치적

---

11 [옮긴이] 주세페 안토니오 보르게제(1882-1952): 이탈리아의 작가, 문학 비평가.

12 보르게제, 『이탈리아 낭만주의 비평의 역사Storia della critica romantica in Italia』(밀라노, 1924), 193쪽 이하.

낭만주의는 혁명에 맞서 왕정복고 및 봉건제Feudalität 그리고 신분제의 이상과 연합했다. 영국 낭만주의에서는 혁명주의자 바이런Byron과 셸리Shelley에 맞서 워즈워스Wordsworth와 월터 스콧Walter Scott 같은 정치적 보수주의자가 등장했다. 중세, 기사도, 봉건 귀족 그리고 고풍스러운 성城 등 크게 각광 받던 낭만적 대상들은 종교개혁과 혁명에 대한 반대를 의미하게 되었다. 정치적 낭만주의는 [원래] "과거로의 도피", 즉 아주 먼 과거 사회를 찬양하며 전통으로 회귀하려는 움직임으로 출현했었다. 그런데 이제 그것은 다른 일반적인 의미를 부여받게 되었다. 즉 과거의 여러 시대보다 현재가 더 좋은, 더 자유로운, 더 진보적인 사회라는 데 대해 유보 없이 동의하지 않는 사람은 낭만주의자로 낙인찍히게 된 것이다. 왜냐하면 낭만주의자는 "옛 시대의 찬양자laudator temporis acti" 혹은 "과거의 예언자prophète du passé"이기 때문이다. 그렇다면 프랑스 왕권주의자들이야말로 정치적 낭만주의의 범례가 될 것이다. 정치적 낭만주의의 다양한 가능성들을 훑어보면, 또 하나의 기이한 목록을 얻게 된다. 복고의 낭만주의와 혁명의 낭만주의, 낭만적 보수주의, 낭만적 교황 지상주의, 낭만적 사회주의자, 민족적 사회주의자와 공산주의자, 그리고 마리 앙투아네트, 프로이센의 루이제 왕후, 당통과 나폴레옹 등이 전부 낭만적 형상이 되는 것이다. 추가로 언급해야 할 사항은 낭만화Romantisierung는 상반된 두 방향으로 전개될 수 있으며, [이를테면] 하나의 동일한 사건이 어느 때는 [마치 그리스도의] 현성용Verklärung을 가리키는 듯한 어조와 색채로, 또 어느 때는 황량하기 이를 데 없는 참혹한 분위기로 묘사될 수 있다는 점이다. 한편의 낭만주의자는 중세를 낙원으로 그리는가 하면, 다른 편의 낭만주의자 ─ 미슐레Michelet[13] ─ 는 중세를 유령의 신음과 한숨 소리로 가득 채워진 어두운 성의 지하실로 묘사한다. [미슐레가 보기에] 마치 자유의 아침놀처럼 그 지하실

---

13 [옮긴이] 쥘 미슐레(1798-1874): 프랑스의 역사가.

을 밝게 비춰준 것은 프랑스 혁명이었다. [그런가 하면] 이에 못지않게 국가를 찬양하는 것 역시 낭만적이다. 왜냐하면 국가는 아름다운 왕후를 가지고 있기 때문이다. 이는 혁명의 영웅들을 마치 "거인들kolossalische Menschen"인 양 우러러 보는 것과 진배없는 태도다. 이와 같은 정치적, 객관적 모순들에도 불구하고 낭만적인 것 자체는 시종일관 참되고 일관된 것으로 남을 수 있다. 이 기이한 현상은 구체적 삶의 모순들에 대한 낭만주의적 미사여구Paraphrase로는 설명되지 않는다. 그것은 낭만주의의 개념에서 연원하는 설명을 필요로 한다.

이런 까닭에 정치적인 측면에만 치중하는 고찰은 정치적 낭만주의를 결코 올바르게 파악할 수 없다. 낭만주의는 순전히 정치적이고 혁명적인 운동이 아니다. 또한 그것은 보수적이거나 반동적인 것도 아니다. 반혁명가들의 정치적인 견해는 [결국] 논쟁으로 치달을 수밖에 없으며, 낭만주의 운동의 거개를 완전히 자의적으로 도외시하거나 아니면 [낭만주의자들의] 순진무구한 표현들에 사악하고 나쁜 의도를 덧씌우게 마련이다. 이로 인해 그 견해는 성선설에 의한 설명을 불충분한 것으로 만들었던 바로 그 약점을 드러낸다. 즉, 그것은 낭만적인 것의 역사적 핵심을 놓치고 있는 것이다. [반혁명가들의] 견해는 낭만주의 운동을 이끈 사람들의 사회적 특성에 대해 이야기하지 않는다. 하지만 역사적 고찰을 위해서는 바로 그 점이 중요하다. 비록 정확성과 완결성의 측면에서 미심스런 구석이 있다 할지라도, 낭만적인 것에 대한 모든 규정 — 이 책은 이에 대한 하나의 답을 제시한다 — 은 적어도 토론해 볼 만한 가치는 갖는다. 그런 점에서 요제프 나들러Josef Nadler[14]의 관점은 특별히 주목할 만한 가치가 있다. 왜냐하면 그의 관점은 단순히 [낭만주의의] 성격 규정이나 논박에 그치는 것이 아니라, 한 가지 제대로 된 정의定義를 제시하기 때문이다. 나들러는 낭만주의를 민족

---

14 [옮긴이] 요제프 나들러(1884-1963): 오스트리아의 문학사가.

적 부흥, 즉 르네상스로 간주한다. 하지만 그는 여기에 특수한 차이differentia specifica를 두면서, 이를 통해 통상 미학적이고 심리학적인 견지에서 이해되는 르네상스를 능가하는 현상으로 낭만주의를 묘사한다. 즉 낭만주의는 역사적이고 사회학적인 견지에서 규정된 민족의 부활, 그러니까 새로운 힘을 얻은 개척 민족의 부활로서 그려지고 있는 것이다. 나들러에게 낭만주의는 동부 독일의 정착 사업, 즉 한때 엘베 강과 메멜[네만] 강 사이에 거주하던 슬라브 민족을 동쪽에서 서쪽으로 이동시키는 작업, 독일인과 슬라브인이 서로 싸우던 공간에 존립했던 옛 독일 문화로 돌아가는 작업이 절정에 달했음을 뜻하는 것이었다. 아닌 게 아니라 개척지에서 요구되는 것은 전래된 교양 체계, 즉 고전 고대로 돌아갈 수 있는 곳에서 필요로 하는 것과는 다른 정신성, 다른 종류의 르네상스다. 개척 민족은 역사와 정신의 차원에서 자기네 고유의 과거, 민족의 뿌리를 이루는 과거와 연결되기를 원한다. 개척지와 거기 새롭게 정착한 민족들의 특수성을 발견해 문학사에 제시한 것은 [나들러의] 커다란 공적이다. 어느 땅에서든 마찬가지겠지만, 독일에도 세대를 관통하는 [민족 고유의] 특성이 존재한다. 그리고 나들러가 낭만주의에 대해 말한 것은 그가 쓴 독일 민족의 문학사 ─ 이것은 한 사람의 독일 문학사가가 이룬 업적으로서는 대단한 것이다 ─ 에도 꼭 들어맞는다. 낭만주의라는 단어를 개척지 및 정착 사업에서 연원하는 역사적, 정신적 특징들에만 국한해 사용하는 것은 물론 가능하다. 하지만 낭만주의는 유럽 전체를 휩쓴 운동이었다. 나들러로서는 이 사실을 무시할 수밖에 없었을 것이다. 그렇지 않으면 자신이 내린 정의에 일관되게 부합할 수 없었을 것이기 때문이다. 루서K. E. Lusser가 이 점을 지적한 것은 타당했다.[15] 사람들이 합리적인 방식 ─ 보통의 경우 [과거에는] 늘 그랬지만 ─ 으로 크게 보아 낭만주의라고 불렀던 현상, 즉 19세기 유럽 전체를 아

---

15 『높은 땅Hochland』(1924년 5월), 특히 177쪽; 또한 캐슬린 머레이, 『텐과 영국 낭만주의Taine und die englische Romantik』(뮌헨/라이프치히: 둥커와 홈블로트 출판사, 1924)의 서론도 참조하라.

우른 [거대한] 운동을 어떤 특수한 독일적인 현상, 아니 심지어 엘베 강 동쪽 지역에 [국한된 특수한] 사건, 즉 브란덴부르크 경건주의, 슐레지엔 신비주의 그리고 동프로이센적 사변 [철학] 따위와 등치시킬 수 있을 법한 [국지적인] 사건으로 만든다는 것은 어불성설이다. 물론 이 거대한 흐름 속에는 온갖 종류의 신비적, 종교적, 비합리적 경향과 더불어 베를린이나 엘베 강 동쪽 지역의 환경에 의해서만 설명될 수 있는 특수한 낭만적 요소들 또한 포함되어 있을 것이다. 이 요소들은 심지어 낭만주의 운동 전체에 하나의 유의미한 촉매제로 작용할 수도 있을 것이다. 그러나 그것들은 [낭만주의와] 연관된 다른 여러 현상들, 하지만 엘베 강 동쪽 지역과는 아무 상관없는 현상들 이상의 역할을 할 수는 없다. 가령 샤토브리앙Chateaubriand[16]이라는 걸출한 대표자를 배출한 프랑스 이민자들의 운동을 생각해 보라. 개척 민족과 이민자 들은 어느 정도 공통점을 갖는다. 양자는 공히 특수한 종류의 소외, 심지어 추방당한 경험의 흔적을 지니고 있는데, 이는 수많은 낭만주의자들에게서도 관찰된다. 그러나 그것은 낭만주의 운동의 주변적 성격에 불과하다. 그리고 그러한 자극은 비단 베를린으로부터만 올 수 있는 것이 아니며, 앞서 언급한 프랑스 이주민 혹은 [심지어] 아일랜드로부터도 올 수 있다. 낭만주의 운동의 본래적 동인動因은 그런 경험을 통해 규정될 수 있는 것이 아니다. 그런 주변적 사건들과는 전혀 다른 근본적인 발전이 유럽 사회의 모습을 [획기적으로] 바꿔 놓았으며, 낭만주의 운동을 이끈 것은 하나의 거대한 계층이었다.

낭만주의 운동을 이끈 것은 새로운 시민 계급[부르주아지]이었다. 그들의 시대는 18세기에 시작되었다. 1789년에 그들은 혁명적인 폭력으로 군주와 귀족과 교회를 무찔렀다. 1848년에 그들은 다시금 바리케이드 앞에 섰었지만, [이번에 선 곳은 과거와는] 다른 편이었다. 즉 그들은 혁명적 프

---

16 [옮긴이] 프랑수아-르네 드 샤토브리앙(1768-1848): 프랑스의 작가, 정치가.

롤레타리아트로부터 자신들[의 기득권]을 방어하기 위해 바리케이드 앞에 섰던 것이다. 내가 보기에, 자기 세대 및 선배 세대의 위대한 사회학적, 역사학적 작업에 가장 밀착해 낭만주의 문제에 대한 역사적 해답을 가장 선명하게 제시한 사람은 이폴리트 텐Hippolyte Taine[17]이다. 그에게 낭만주의는 18세기 지배 귀족층의 교양에 대항해 스스로를 관철시킨 부르주아 운동이었다. 그 시대의 징표는 "출세욕에 사로잡힌 평민들plébéien occupé à parvenir"이었다. 민주주의와 더불어, 새로운 부르주아 대중의 새로운 취향과 더불어, 새로운 낭만주의 예술이 탄생했다. 낭만주의 예술은 전래된 귀족주의 형식과 고전 수사학을 인위적인 도식쯤으로 여겼다. 참되고 자연스러운 것을 향한 욕망에 충실히 따르려 한 나머지 그들은 왕왕 형식을 모조리 철폐하는 데까지 나아가기도 했다. 영국 낭만주의 문학사를 쓰면서 이러한 견해를 피력한 텐은 당시, 그러니까 1860년경에도 여전히 프랑스 혁명을 위대한 새 시대의 시작으로 보았다. 그에게 낭만주의란 무언가 혁명적인 것, 그러니까 어떤 새로운 삶의 분출을 뜻하는 것이었다. 하지만 텐의 판단은 모순으로 점철되어 있다. 낭만주의는 어느 때는 힘과 에너지였다가, 또 어느 때는 병폐와 분열증 그리고 "세기의 질환maladie du siècle"이었다. 영국 낭만주의에 대한 텐의 설명을 씨줄과 날줄처럼 엮고 있는 너무도 상이한 관점들에 대해서는 캐슬린 머레이Kathleen Murray가 잘 분석해 놓았다.[18] 그러나 그러한 모순이 있다고 해서 텐의 견해가 논박되는 것은 아니다. 그의 저작은 특별한 가치를 지닌다. 왜냐하면 그는 그 자체로 지극히 모순적인 한 가지 현상, 즉 부르주아 자유 민주주의에 대해 이야기하고 있기 때문이다. 텐이 "민주주의"라는 단어를 사용했을 때, 그가 의도한 것은 결코 산업화된 현대 대도시의 대중 민주주의가 아니었다. 그것은 부르주아적 소양

---

17 [옮긴이] 이폴리트 텐(1828-1893): 프랑스의 비평가, 역사가.

18 캐슬린 머레이, 앞의 책, 35-36쪽..

과 재산을 가진 "중간 계급classes moyennes", 즉 자유주의적 중간 계층Mittel-stand의 정치적 지배를 가리키는 말이었다. 하지만 19세를 지나면서 기존 사회는 빠른 속도로 오늘날 [우리가 아는 형태의] 대중 민주주의로 간단없이 해체되어 갔으며, 이 과정 속에서 자유주의 부르주아지의 지배권과 그들의 문화마저 폐기되고 말았다. 자유주의 부르주아들은 결코 오랫동안 혁명적일 수 없었다. 19세기, 아니 적어도 그 세기의 위기 국면에 그들의 입지는 전통 군주제와 사회주의 프롤레타리아트 사이에서 매우 불안정했고, 그래서 그들은 보나파르트주의Bonapartismus와 시민 왕정Bürgerkönigtum 같은 기이한 연합을 구축하기도 했다. 텐의 판단이 혼란스러울 수밖에 없는 것도 마찬가지 이유에서다. 그가 보기에 [낭만주의라는] 새로운 예술을 이끈 이들은 어느 때는 지성과 교양과 에너지를 겸비해 귀족들을 물리친 유능하고 강한 인간들이었다가, 또 어느 때는 도덕적, 정신적으로 저열한 인간들, 부르주아라는 이름을 욕되게 만든 천박하고 상스러운 돈벌이꾼 Geldverdiener이었다. 그래서 텐은 한편으로는 낡은 질서의 파괴와 더불어 새로운 질서가 탄생할 거라는 희망과, 다른 한편으로는 이런 식으로 계속 가다가는 끝내 파국을 맞을 거라는 공포 사이에서 동요했다. 부르주아 사회가 탄생시킨 새로운 예술에 대한 그의 판단 역시 마찬가지로 동요했다. 즉 낭만주의는 어느 때는 무언가 위대하고 참된 것이었다가, 또 어느 때는 병증과 절망이었다. 전래된 문화와 형식은 오늘날에도 철저하게 해체되는 중에 있는 반면, 새로운 사회는 아직 어떤 새로운 형식도 찾아내지 못했다. 또한 이 사회는 여태껏 새로운 예술도 만들어내지 못했다. 이 사회는 일찍이 낭만주의가 개시한 예술에 관한 논의, 그리고 그 후로 각 세대가 [마치 전혀 새로운 것인 양] 거듭 제기하는 예술에 관한 논의에서 [단 한 발짝도] 벗어나지 못한 채 낯선 형식들을 [들여와] 끊임없이 낭만화하는 데만 골몰하고 있을 따름이다.

낭만주의를 혁명적 부르주아지의 예술로 규정하는 자신의 설명을 관철시키려 한 텐은 자주 난관에 봉착했다. 정치적으로 혁명적인 부르주아들과 낭만주의 예술, 가령 워즈워스나 월터 스콧이 제시한 문학 사이에 대체 무슨 연관성이 있는가,라는 의문이 제기되었다. 그런 질문을 받을 때면, 이 프랑스 비평가는 기지를 발휘해 다음과 같이 대답했다. '낭만주의란 정치적 운동이 문학적 스타일의 혁명으로 "위장한verkleidet" 것이다.' 이런 설명 방식은 19세기와 20세기의 사회학적, 심리학적 사유를 완전히 잠식하고 있다고 해도 무방할 것이다. 이와 나란히 작동하고 있는 [또 하나의] 설명 방법은 지나치게 단순한 경제학적 역사관Geschichtsauffassung인데, 이에 따르면 종교 혹은 예술은 경제적인 상황의 위장, 반영 혹은 승화Sublimierung에 불과하다. 이와 관련해 프리드리히 엥겔스Friedrich Engels는 전형적인 사례를 보여 준다. 즉 그는 칼뱅주의의 예정설 교리란 피비린내 날 정도로 무자비한 자본주의 경쟁의 종교적 위장이라고 주장했던 것이다. 그러나 도처에서 "위장Verkleidung"을 인식하려는 경향은 이보다 훨씬 뿌리 깊다. 그러니까 그것은 비단 프롤레타리아적 입장에만 공명하는 것이 아니라, 더 나아가 어떤 보편적인 설득력을 갖는 것이다. [그리하여 작금에는] 교회 및 국가의 모든 제도와 형식, 모든 법적 개념과 논거, 모든 공적인 것, 심지어 민주주의 — 이것이 헌법에 상응하는 [정치] 형식이 된 이후[의 이야기이긴 하지만] — 마저 한낱 공허하고 기만적인 위장으로, 즉 베일, 간판, 모작 혹은 장식 따위로 인식되는 것이 일반적이다. [오늘날] 위장을 가리키는 데 쓰이는 세련되고 난폭한 어휘들은 동일한 사태를 지칭하는 다른 시대의 표현들Redewendungen에 비해 그 수가 훨씬 많고 보다 강력하다. 이를테면, 17세기 정치 문헌에서 당시 사회의 증후를 가리키는 표어로 쓰였던 "환영simulacra"이라는 말을 떠올려 보라. 요즘에는 어디서든 "무대 장치 Kulisse"라는 말을 쓴다. 진짜 움직이는 현실은 그 뒤에 숨겨져 있다는 것이다. 이 말은 시대의 불안감Unsicherheit, 즉 [마음속] 깊이 자리해 있는 '속았다'는 감정을 여실히 보여 준다. 주어진 조건들 안에서 [스스로] 위대한 형식과 표현을 만들어내지 못하는 시대는 그러한 느낌에 사로잡힐 수밖에 없으며, 따라서 모든 형식적인 것과 공[식]적인 것을 속임수로 여길 수밖에 없다. 왜냐하면 어떤 시대도 형식 없이는 존립할 수 없기 때문이다. [이 사실에 대항해] 아무리 경제적인 것을 내세운다 한들 소용없다. 자신에게 맞는 고유한 형식을 찾아내지 못하는 시대는 다른 시대의 다른 민족들이 찾아낸 참된 형식들을 모방해 수천 가지 대용품Surrogat들을 만들어 낸다. 하지만 이내 참된 형식이 아니라는 이유로 그것들을 내동댕이친다.

낭만주의는 참되고 올바른 예술, 자연스럽고 보편적인 예술이 될 것임을 천명했다. 낭만주의의 생산성이 지닌 독특한 미적 매력을 부정할 사람은 없다. 그럼에도 전체적으로 보면 낭만주의는 여타의 정신적 영역에서처럼 예술의 영역에서도 위대한 스타일을 배출하지 못한 시대, 즉 엄밀한 의미에서 대표Repräsentation[의 형식]을 더 이상 감당하지 못하게 된 시대의 표현이다. 낭만주의 예술에 대한 판단은 각자 다를 수 있겠지만, 아마도 다음 한 가지 사실에 대해서만큼은 누구나 동의할 수 있을 것이다. 즉 낭만주의 예술은 대표할 수 없다는 것. 물론 이 진술은 틀림없이 기이하게 들릴 것이다. 왜냐하면 낭만주의는 열화와 같은 성원을 받으며 등장한 예술 운동이자 예술을 토론하는 운동kunstdiskutierende Bewegung, [시대의] 정신적 생산성 [일체를] 미적인 것[의 영역], 즉 예술과 예술 비평에 투입한 다음 미학적인 것의 관점에서 다른 모든 영역들을 파악한 운동이었기 때문이다. 언뜻 보아도, 미적인 것의 확장은 예술가들의 자의식을 엄청나게 고양시켰다. 모든 사슬을 끊어낸 예술은 가늠할 수 없는 영역으로 뻗어 나갈 듯 보였다. 예술의 절대화Verabsolutierung가 선포되었고, 보편 예술Universalkunst이 요청되었으며, 종교, 교회, 민족 그리고 국가를 포함한 모든 정신적인 것이 새로운 발원지, 즉 미적인 것에서 출발한 흐름으로 수렴되었다. 하지만 곧이어 너무도 전형적인 변화가 일어났다. 예술은 절대화되었지만, 그와 동시에 문제화되었던 것이다. 예술은 절대적인 것으로 받아들여졌지만,

이때 [사람들은] 어떤 위대하고 엄격한 형식 혹은 가시성Sichtbarkeit에 대한 의무감을 전혀 느끼지 못했다. 다름 아니라 [낭만주의] 예술 자체가 [이미] 그러한 것들을 일체 배격하고 있다. 이것은 어떤 종교도 신봉하지 않는다는 고백을 담은 쉴러Schiller의 격언Epigramm에서 표출된 것과 유사한 태도인데, [아이러니하게도] 이 태도는 그 자체로 [이미] 종교라고 할 수 있다. 새로운 예술은 작품 없는 예술, 적어도 위대한 양식의 작품을 결여한 예술이며, 공공성을 모르는 예술, 대표할 수 없는 예술이다. 그래서 낭만주의는 요란하고 잡다한 방식으로 갖은 형식들에 감정 이입하면서 그것들을 [멋대로] 가져다 쓸 수 있었고, 그러면서도 그것들을 하찮은 도식쯤으로 취급할 수 있었으며, 또 하루가 멀게 입장을 바꿔 가며 예술에 대해 비평하고 토론하면서 참된 것, 올바른 것, 자연스러운 것이 필요하다고 거듭 소리칠 수 있었던 것이다. 일견 그토록 엄청난 [예술적 의식의] 고양은 무책임한 사적 감정의 영역에 국한된 것이며, 그들의 가장 훌륭한 업적이라는 것도 [알고 보면 그들끼리의] 친밀한 분위기 속에서 치켜세워진 것일 뿐이다. 그렇다면 낭만주의 이후 예술은 사회적으로 어떤 의미를 갖게 되었을까? 둘 중 하나였다. "예술 지상주의l'art pour l'art", [즉] 속물성과 보헤미안주의의 양극Polarität으로 낙착되거나, 아니면 예술에 대한 사적인 욕구를 가진 소비자들을 위해 사사로이 예술을 창작하는 생산자들의 용무가 되거나. 사회학적으로 고찰할 경우, 보편적 미학화가 이뤄낸 일은 미학적인 것을 향해 가는 여정에서 정신적인 삶의 다른 [모든] 영역들을 [남김없이] 사사화私事化한 것이 고작이다. 정신적인 영역에서 위계가 무너지면, 모든 것이 정신적인 삶의 중심이 될 수 있다. 하지만 미학적인 것이 절대화되어 중심을 차지하게 되면, 예술 자체를 포함한 모든 정신적인 것의 본질이 변질되고 심지어 위조된다. 이상은 낭만적인 것이 보여 주는 수많은 모순들, 너무도 어지럽게 뒤엉킨 모순들에 대한 가장 단순하고도 일차적인 설명이다. [낭만주의에서는] 종교적, 도덕적, 정치적, 학문적인 [모든] 문제들이 환상의 휘장으로, 기묘한 색채와 음향으로 치장된 채 등장한다. 왜냐하면 의식적으로건 무의식적으로건 낭만주의자들은 그러한 문제들을 [오직] 예술적인 혹은 예술 비평적인 생산력을 위한 주제로[만] 취급하기 때문이다. 미적인 것이 오롯이 지배하는 영역에서는 종교적이거나 도덕적인 혹은 정치적인 결정도, 또한 학문적인 개념 규정도 [전혀] 불가능하다. 반면 선과 악, 적과 동지, 그리스도와 적그리스도 따위의 모든 실질적인sachlich 대립 및 구별은 [기껏해야] 미적인 대비를 표현하는 데 쓰이거나 아니면 소설의 플롯을 위한 도구가 되거나, 그도 아니면 예술 작품의 전체적인 효과Gesamtwirkung를 위해 미학적으로 활용될 수 있을 따름이다. 그렇다고 한다면, 그런 [실질적인] 모순과 복잡성이 심원하고 신비적인 성격을 지니게 되는 것은 오직 우리가 낭만화된 대상이 속한 영역 안에서 그 모순과 복잡성을 진지하게 받아들이는 한에서다. 따라서 우리는 그것들이 오직 미적인 차원 내에서만 효과를 발휘하도록 유의해야 한다.

낭만주의의 무대Szenerie에서 연출되는 당혹스러운 다양성은 이로써 그것이 가진 단순한 원리에 의해 설명된 셈이다. 그러나 보다 광범위하고 중요한 질문이 아직 남아 있다. 그것은 [앞서 살펴본 바와 같은] 미학적인 것의 확장이 어떤 정신적 구조에 기초해 있으며, 낭만주의 운동은 왜 하필 19세기에 등장했고 또 어떻게 그와 같은 성공을 거둘 수 있었는가 하는 물음이다. 무릇 모든 참된 설명이 그렇듯이 이 경우에도 최고의 시금석은 형이상학적 정식Formel이다. 모든 [정신적] 운동은 일차적으로 세계에 대한 어떤 특징적인 태도에 의거하며, 이차적으로는 어떠한 절대적 중심, 즉 최종 심급letzte Instanz에 대한 특정한 — 하지만 물론 항상 의식적인 것은 아닌 — 표상에 의거한다. 낭만주의적 태도를 가장 분명히 드러내주는 것은 하나의 독특한 개념, 즉 **기연**機緣 occasio의 개념이다. 혹자는 이 개념을 계기나 기회 혹은 어쩌면 우연 따위의 표상들로 바꿔 표현할 수도 있을 것이다. 하지만 이 개념의 본래적 의미를 지탱해 주는 것은 일종의 대립이다. 즉 기연은 **원인**causa의 개념을 부정한다. 다시 말해 기연은 계산 가능한 인과성의 강제를 거부한다. 하지만 이와 더불어 기연은 또한 규범에 의한 모든 구속을 거부한다. 이것은 해체적인 개념이다. 왜냐하면 삶과 사건들에게 일관성과 질서를 부여하는 모든 것 — 계산 가능한 기계적 인과성이건 아니면 합목적적이거나 규범적인 맥락이건 — 은 순전히 기연적인 것에 대한 표상과는 합치될 수 없기 때문이다. 기회를 틈탄 것과 우연적인 것 들이 득세하는 곳에서 그와 같은 구속이란 가뿐히 뛰어넘을 수 있는 것이다. 우리는 예컨대 말브랑슈의 철학처럼 기연적인 것이 [현실과 맺는] 이러한 관계를 [가장] 결정적인 사항으로 설정하는 형이상학적 체계를 기연주의 체계라고 지칭할 수 있을 텐데, 이 체계 안에서는 궁극의 절대적 심급인 신과 세계 전체, 그리고 세계 안에서 일어나는 모든 일들이 체계의 배타적인 활동 Wirksamkeit을 위한 계기에 불과한 것이 된다. 이는 하나의 원대한 세계상으로서, 신의 우월성을 터무니없을 정도로 환상적인 숭고미Größe로 둔갑시킨다. 이처럼 특유한 기연주의적 태도가 계속해서 견지될 경우에는 신의 권좌가 다른 무언가에 의해 [쉽사리] 찬탈되는 사태가 벌어진다. 가령 국가, 민족 또는 개별 주체가 지고의 심급이자 결정적 요인으로 등장해 신의 자리를 차지하는 것이다. 낭만주의는 세 번째 경우에 해당한다. 따라서 나는 다음과 같은 정식을 제안한다. 낭만주의는 주관화된 기연주의다. 즉 낭만적인 것 안에서 낭만적 주체는 세계를 자신의 낭만적 생산성을 위한 계기와 기회로 삼는다.

　오늘날에는 수많은 종류의 형이상학적 태도가 세속화된 형태로 존재하고 있다. 대부분의 근대인들은 신이 다른 세력들Faktoren, 더 정확히 말하자면 현세의 세력들에게 권좌를 빼앗겼다고 생각한다. 인류, 민족, 개인, 역사적 발전 혹은 삶 자체가 목적인 삶, 그러니까 정신[성]이 완전히 결여된 채 맹목적으로 영위되는 삶 등이 그러한 세력들이다. [하지만] 그렇다고 해서 태도 [자체가] 형이상학적 본성을 상실하는 것은 아니다. 모든 인간의 사고와 감각은 늘 어떤 특정한 형이상학적 성격을 지니게 마련이다. 형이상학은 불가피하다. 오토 폰 기어케Otto v. Gierke[19]가 적절히 지적한 것처럼, 형이상학은 그것에 대한 의식을 단념한다고 회피할 수 있는 그런 것이 아니다. 물론 인간들이 궁극의 절대적 심급으로 여기는 대상이 바뀔 수는 있다. 그러니까 신도 현세와 이승의 세력들에 의해 대체될 수 있는 것이다. 나는 이것을 세속화Säkularisierung라고 부를 것이다. 바로 이것이 여기서 논의될 문제이며, 이에 못지않게 중요한 [다른] 사안들, 하지만 이 문제에 견주면 피상적이라고 할 수 있는 사안들에 대해서는 다루지 않을 것이다. 후자는 역사적이고 사회학적인 [시각을 가진] 관찰자라면 즉각 떠올릴 수 있는 문제들이다. 가령, 교회가 극장으로 대체되고, 종교적인 것이 연극이나 오페라의 소재 따위로 취급되며, 성당이 마치 박물관처럼 여겨지는 세태를 언급할 수 있을 것이다. 또한 사회학적으로 보자면, 근대 사회에서는 예술가가 — 적어도 그의 [예술을 향유하는] 대중이 느끼기에는 — 과거에 사제가 담당했던 일련의 역할들을 떠맡는다. [하지만 이 역할을 수행하는] 예술가의 모습은 때로 우스꽝스럽고 볼품없다. 예술가는 사제에게로 향하던 [대중] 정서의 흐름을 돌려 자신의 천재적인 사적 인격으로 향하게 한다. 또한 [과거에 행해지던] 제의와 성사가 남긴 여운 및 그것들에 대한 기억을 자양분 삼은 시Poesie가 등장해 그 여운과 기억을 범속한 영역에서 탕진해 버린다. 음악도 빼놓을 수 없다. 보들레르가 거의 묵시적인 어조로 이야기한 것처럼, [세속화된] 음악은 천국을 공허한 곳으로 만든다. 심리학, 미학, 사회학의 차원에서 [지금까지] 거의 연구되지 않은 이와 같은 세속화의 형식들보다 더 심각한 것은 형이상학적 차원에서의 변화들이다. 여기서는 형이상학적 구조와 태도를 견지한 상태에서 항시 새로운 세력들이 절대적인 심급으로 등장하고 있다.

---

19 [옮긴이] 오토 폰 기어케(1841-1921): 독일의 법학자, 역사가.

낭만주의는 주관화된 기연주의다. 왜냐하면 낭만주의에게 본질적인 것은 세계에 대한 기연적 관계이기 때문이다. 그러니까 이제 낭만적 주체가 신을 제치고 중심적인 위치를 차지하게 된 것이다. 그리고 [이 주체는] 세계와 세계 안에서 일어나는 모든 일들을 [오직 자기를 위한] 순전한 동기로 삼는다. [이렇듯] 최종적인 권위Instanz가 신에게서 천재적인 “자아”로 이양되면 [사태는] 완전히 다른 국면에 들어서게 된다. 진정으로 기연적인 것이 순수한 형태로 전면에 등장하는 것이다. 말브랑슈와 같은 옛 기연주의 철학자들 역시 기연이라는 해체적 개념을 보유하긴 했다. 하지만 그들이 법Gesetz과 질서[의 출처]를 찾은 곳은 객관적 절대자, 즉 신이었다. 이러한 기연주의적 태도를 고수하며 그들이 신을 대신해 다른 객관적 심급, 가령 국가를 옹립했을 때조차 거기서 어떤 객관성과 구속력을 발견하는 것은 여전히 가능한 일이었다. [하지만] 고립되고 해방된 개인이 자신의 기연적 태도를 실현시키게 되면, 사태는 달라진다. 이제 드디어 기연적인 것이 더할 수 없이 일관된 태도로 모든 일관성을 거부할 수 있게 된 것이다. [존재하는] 모든 것은 진정 생성되는 모든 것을 위한 계기가 될 수 있고, 도래하는 모든 것, 모든 계열은 기상천외한 방식에 의해 계산 불가능한 것이 될 수 있게 되었다. 바로 이 점이 [기연주의적] 태도의 커다란 매력이다. 왜냐하면 기연주의는 [현실의] 구체적인 장소들 가운데 아무 곳이나 골라잡은 다음, 거기서 출발해 갖가지 무한하고 불가해한 영역 — 이는 낭만주의자 각각의 개성에 따라 감수성과 내면성의 영역이 될 수도 있고, 반대로 초자연성과 악마성의 영역이 될 수도 있다 — 들을 한껏 유랑할 수 있도록 해주기 때문이다. 이제 드디어 기연적인 것은 환상적인 것과 더없이 긴밀한 관계를 맺고 있다는 사실, 그러니까 도취, 몽상, 모험, 동화 그리고 마술 따위 — 이 선택 역시 개별 낭만주의자의 개성에 따라 상이할 것이다 — 와 밀접한 관계에 있다는 사실이 분명해졌다. 언제나 새로운 기회들로부터 언제나 새로운 세계, 하지만 어김없이 기연적인 세계가 태어난다. 이 세계는 실체 없는 세계, 직무상의 구속력[기능적 결합]을 모르는 세계, 확고한 지도 체계가 부재한 세계, 결론도 정의도 결정도 최종 판결도 모른 채 **우연이라는 마법의 손길**the magic hand of chance에 이끌려 끝없이 방황하는 세계다. 이 세계에서 낭만주의자는 모든 것을 자신의 낭만적 흥미를 [채우기] 위한 수단으로 만들 수 있으며, 세계란 단지 하나의 계기일 뿐이라는 환상 — 이 것 역시 어느 때는 무고한 것, 또 어느 때는 음험한 것일 수 있다 — 을 품을 수 있다. 이와 다른 모든 정신적 영역에서, 그리고 일상적 현실에서도, 이러한 태도는 곧장 터무니없는 웃음거리가 되고 말 것이다. 하지만 낭만적인 것의 영역에서 그것은 특별한 미적 성취로 여겨진다. 기회가 닿아 [기연적] 계기로 사용된 구체적 현실 속 장소와 [그것을 이용하는] 창조적 낭만주의자 사이에서 하나의 다채롭고 흥미로운 세계, 놀랍도록 아름다운 매력을 가득 품은 세계가 태어난 것이기 때문이다. 미학적인 차원에서라면 이 세계를 수긍할 수도 있을 것이다. 하지만 도덕적이고 실제적인 차원에서 이 세계를 진지하게 취급한다는 것은, 반어적인 표현을 의도하지 않은 바에야, 얼토당토않은 일이다. 또한 이 낭만주의적 생산성은 전래된 모든 예술 형식들도 순전히 [자기를 위한] 계기로만 여긴다. 그렇기 때문에 그것은 모든 형식과 구체적 현실에서 멀찍이 떨어져 있을 수밖에 없다. 비록 낭만주의가 언제나 어떤 구체적인 출발점을 찾는다 해도 말이다. 사람들이 심리학적 견지에서 낭만적 무형식성, 과거와 먼 곳을 향한 낭만적 탈주라고 부르는 것, 즉 오직 먼 곳에만 있는 사물들을 낭만적으로 미화Verklärung하는 것은 이러한 [기연적] 태도의 결과일 뿐이다. 멀리 있는 것, 즉 지금 이곳에 부재하는 것은 쉽게 저지되거나 반박되지 않는다. 엄연한 현실의 무게Konsequenz도, 지금 이곳에서 당장 지켜야 하는 규범도 그것을 저지하거나 반박할 수 없다. 멀리 있는 것을 계기로 삼는 편이 [언제나] 더 쉽다. 왜냐하면 멀리 있는 것은 [실제 삶에 있어서] 성가신 일Sache 혹은 문제Gegenstand로 여겨지지 않기 때문이다. 그리고 낭만적인 것의 영역에서는 모든 것을 더 이상 [진지한] 일과 [심각한] 문제가 아닌 것으로 만드는 것, 모든 것을 단순한 연결점으로 만드는 것이 중요하기 때문이다. 낭만적인 것의 영역에서는 모든 것이 "무한한 소설의 출발점Anfang eines unendlichen Romans"이 된다. 노발리스에게서 연원하는 이 표현 — 이것은 [낭만주의라는] 말의 어원에 대해 생각하게 만든다 — 은 세계에 대해 낭만주의가 맺는 특수한 관계를 더할 나위 없이 잘 묘파하고 있다. 그러므로 여기에 다음과 같은 사실을 굳이 덧붙일 필요는 없을 것이다. 즉 소설이나 동화가 아니더라도, 한 편의 서정시나 음악 작품, 한 편의 대화나 일기, 편지, 한 편의 예술 비평 혹은 연설, 그도 아니면 심지어 낭만적으로 느껴지는 어떤 분위기만으로도 주체의 기연적 태도를 입증하기에는 충분하다는 사실 말이다.

미적 생산 주체가 정신의 중심을 자신 안에 둘 수 있는 것은 오직 개인주의에 의해 해체된 사회에서만, 그러니까 정신적인 것의 영역에서 개인을 고립시킨 사회, 개인이 [오로지] 자신만을 준거점으로 삼으면서 모든 [정신적] 부담을 [홀로] 짊어지는 사회에서만 가능한 일이다. 이와는 다른 질서를 가진 사회에서라면, 그 부담은 위계에 따라 정해진 상이한 직무들로 분산되었을 것이다. 이렇듯 [해체된] 사회에서 사적 개인은 [각자 알아서] 스스로의 사제가 되도록 방기된다. 하지만 이뿐만이 아니다. [무릇 사회 전체의] 중심이자 뼈대Konsequenz를 이루는 것은 종교적인 것이므로, [사제로서의] 개인은 스스로의 시인, 스스로의 철학자, 스스로의 왕, [그리고] 스스로의 인격을 벽돌 삼아 자신의 성전을 짓는 건축가도 될 수 있다. [바로 이러한] 사적 성직주의Priestertum가 낭만주의와 낭만적 현상의 최종 출처다. 이와 같은 측면에서 상황을 고찰하려 할 경우, 선량한 목가 시인Idylliker만을 염두에 두어서는 안 된다. 우리는 낭만주의 운동의 배면에 존재하는 절망 또한 알아야 한다. 즉 낭만주의는 교교한 달빛 아래 시적으로 신과 세계에 도취되는 것일 수 있는가 하면, 다른 한편으로는 세기의 병증과 세계고世界苦 Weltschmerz에 탄식하며 염세주의로 갈가리 찢기거나, 반대로 생과 본능의 심연으로 미친 듯 폭주할 수도 있다. 바이런, 보들레르, 니체, 이 세 사람을 우리는 주목해야 한다. 이들의 일그러진 얼굴은 형형색색인 낭만주의의 베일을 뚫고 [우리를] 응시하고 있다. 이들 세 사람은 [낭만주의의] 대제사장인 동시에 개인적 성직주의를 위해 바쳐진 세 가지 희생 제물이다.

***

아래에서 제시되는 텍스트는 1917-1918년에 집필해 1919년에 출간된 『정치적 낭만주의』를 누차 수정하고 보충한 것이다. 하지만 본질적인 내용은 달라지지 않았다. 『역사학 잡지』(1920년 제3권)에 실린 논문 「정치 이론과 낭만주의」를 이 개정판에 포함시켰다. 1919년 이래 낭만주의에 관한 문헌은 놀라울 정도로 증대했다. 특히 정치적 낭만주의의 독일적 사례인 아담 뮐러Adam Müller[20]의 저작들은 쇄를 거듭하며 출간되었고, 그 덕분에 뮐러는 선구적인 천재로 추앙 받기에 이르렀다. 나는 이것이 [이 책에 가해진] 비난, 즉 아담 뮐러 같은 시시하고 미심쩍은 인물에게 그토록 많은 분량을 할애하며 소상히 논했다는 비난에 맞서 [나 자신을] 정당화[할 수 있는 기회]라고는 추호도 생각하지 않는다. [나를] 정당화해 주는 것은 오히려 다음의 사실이다. 즉, 아담 뮐러는 정치적 낭만주의라는 유형을 희귀할 정도로 순수하게 구현한 인물이었다는 사실. 이 점에 대해서는 심지어 샤토브리앙조차도 그에게 견줄 수 없을 것이다. 왜냐하면 뼈대 있는 가톨릭 귀족 가문에서 태어난 샤토브리앙은 [향후] 그가 낭만화하게 될 [여러] 사

---

20 [옮긴이] 아담 뮐러(1779-1829): 독일의 문필가, 언론인, 정치경제학자. 본문에서 밝혀지겠
    지만, 이 책에서 슈미트가 비판하는 "정치적 낭만주의"의 대표적인 인물, 다시 말해 이 책의
    사실상 주인공에 해당하는 인물이다.

물들과의 친밀한 관계 속에서 성장한 반면, 전통과 귀족Adel 그리고 교회의 대변자Herold를 자처하며 등장한 뮐러가 보인 활기찬 비일관성은 낭만주의 자체의 비일관성만큼이나 두드러지기 때문이다. 오직 이 사실만이 뮐러의 삶과 저작에 대해 상세하게 서술한 [나의 행위를] 정당화해 줄 수 있다. [당시 나의] 관심사는 이 고급 사기꾼이 쓴 가면을 벗겨 내거나 시시한 "토끼 사냥" 따위를 하려는 것이 아니었으며, 하물며 비루하기 짝이 없는 하류 낭만주의 전설을 파괴하는 것은 더더욱 아니었다. 하지만 나는 이 책이 일체의 하류 낭만주의적 관심으로부터 멀찍이 거리를 둘 수 있기를 소망한다. 왜냐하면 이 책이 추구하는 목표는 낭만주의의 "영원한 대화"에 새로운 자극을 주거나 "대립을 통해gegensätzisch" 그것을 더 강하게 만들어 주는 것이 아니기 때문이다. 이 책은 다만 진지하게 제기된 한 가지 질문에 대해 실제적인 해답을 주고자 할 뿐이다.

1924년 9월

차례

서론

1832년 겐츠Gentz[1]가 사망했을 때 이미 1848년 독일 부르주아 혁명의 조짐은 뚜렷이 보였다. 새로운 혁명 운동은 낭만주의를 자신들의 정치적 적수, 즉 반동적 절대주의의 이데올로기로 보았다. 심지어 낭만주의에 대한 문학사적 서술조차 [상대 진영에 대한] 정치적 증오로 가득 채워졌으며, 이 경향은 루돌프 하임Rudolf Haym[2]이 역사적 객관성의 입장에서 쓴 [문학사적] 저작(1870)을 내놓을 때까지 바뀌지 않았다.

1815년 이래로 독일 자유주의자들 사이에서 낭만주의 정신은 왕정복고, 봉건적-교권적 반동, 정치적 억압 등과 결부된 것으로 여겨졌다. 메테르니히Metternich의 언론 담당 보좌관이었던 겐츠는 저명한 낭만주의자들과 교우 관계가 있었던 탓에 정치적 낭만주의의 전형적 인물로 간주되었다. "슐레겔과 겐츠에서 출발해 최후의 청년 독일파 및 베를린이나 할레의 기독교 학교Betschule, 심지어 에어랑겐 늪지에서 온 가난뱅이 신도들에 이르기까지 모든 낭만주의자"[3], 바로 이들이 1815년에 시작되어 1848년까지 활동

---

1   [옮긴이] 프리드리히 폰 겐츠(1764-1832): 독일의 외교관, 작가.

2   [옮긴이] 루돌프 하임(1821-1901): 독일 철학자.

한 청년 혁명가들의 적이었다. 특히 겐츠가 요주의 인물이었다. [왜냐하면] 그는 파렴치한 천재성을 지닌 "방탕한sardanapalisch" 영웅, "루친데적 영혼의 화신der inkarnierte Esprit der Lucinde", 낭만주의적 뻔뻔함의 전형이었기 때문이다. 만약 그가 어떤 역사적 의미를 갖는다면, 그것은 고작해야 낭만주의의 실제적, 정치적 귀결들을 자신의 인격 안으로 수렴시켰다는 점, 그리고 이를 통해 자유를 향한 [혁명적] 투쟁을 희생시키고 반동적 경찰국가의 안락한 평화를 이룩했다는 점뿐이다.[4] 이렇게 해서 겐츠는 문학사와 정치에 관한 수많은 논의들 속에서 철저하게 낭만주의자로만 그려지게 되었다.[5] 하지만 드 메스트르가 그랬듯이, [시간이 지나면서] 점차 그도 18세기

---

3   아르놀트 루게Arnold Ruge, 「철학의 선언과 그 적들Das Manifest der Philosophie und seine Gegener」(1840), 『전집Gesammelte Schriften』(만하임, 1846), 제3권, 167쪽.

4   루게, 에히터마이어Echtermeyer 편, 『할레 연보Die Hallischen Jahrbücher』(1839)에 수록된 「프리드리히 겐츠와 향락 추구의 원리Friedrich von Gentz und das Prinzip der Genußsucht」, 281–283쪽; 또한 루게, 「프리드리히 겐츠와 낭만주의의 정치적 귀결Friedrich Gentz und die politische Konsequenz der Romantik」(『전집』), 제1권, 432-450쪽을 참조하라.

5   빌헬름 로셔Wilhelm Roscher의 「독일 국민 경제학의 낭만주의 학파Die romantische Schule der Nationalökonomik in Deutschland」(『국가학 총론지Zeitschrift f. d. ges. Staatswissenschaft』(1870), 제26권, 57, 65-66쪽)에 『할레 연보Hallische Jahrbücher』가 끼친 영향은 분명하며, 세부적인 차원에서 무의식적으로 끼친 영향도 간과할 수 없다. 흥미 있는 몇 가지 사례를 들어본다. 오스카어 에발트Oscar Ewald는 『현재의 근본 문제로서의 낭만주의Die Probleme der Romantik als Grundfragen der Gegenwart』(베를린, 1905, 10-11쪽)에서 겐츠를 전형적인 낭만주의 국가관을 신봉한 사람으로 묘사한다. 이 책에는 그 외에도 여러 가지 주목할 만한 가설들이 많이 들어 있다. 또한 엠마 크랄Emma Krall의 『뷔히너의 〈당통〉에 나타나는 숙명론과 낭만주의의 관계Der Fatalismus des Büchnerschen "Danton" und seine Beziehung zur Romantik』(『지식과 삶Wissen und Leben』(1918, 제11권, 598-599쪽)는 드물게도 게오르크 뷔히너의 '당통'과 낭만주의자 겐츠를 연결시키고 있는데, 여기서도 겐츠는 "루친데Lucinde 정신의 화신"으로 묘사되고 있다. [겐츠에 대해] 처음으로 올바른 평가를 내린 사람은 하임이었는데, 그의 글은 에르쉬Ersch와 그루버Gruber가 편찬한 『백과사전Enzyklopädie』(라이프치히, 1854, 제58권, 324-392쪽)에 실려 있다. 여기서는 겐츠 사유의 실제적인 명징성과 오직 겉보기에만 낭만주의적인 "색채"가 올바르게 인식되고 있다. 몰R. v. Mohl의 『국가학의 역사와 문헌Die Geschichte und Literatur der Staatswissenschaften』, 에어랑겐, 1856, 제2권, 488, 491쪽) 및 블룬칠리J. C. Bluntschli의 『일반 국가법 및 정치의 역사Geschichte des allgemeinen Staatsrecht und der Politik』(뮌헨, 1864, 438쪽)도 같은 견해인데, 후자는 겐츠를 드 메스트르, 보날, 할러, 아

고전 정신Wesen에 완고히 뿌리박은 인간으로 인식되기 시작했다. 비티헨F. C. Wittichen의 편집 작업 덕분에 출간될 수 있었던 [겐츠의] 방대한 서신집을 보면, 이와 다르게 판단하는 것은 더 이상 불가능할 것이다.[6] 그가 아담 뮐러와 맺은 우정은 하나의 예외적인 사례, 심리학적[인 차원에서만 의미를 갖는] 사례일 뿐이다. 괴테처럼 섬세한 인간이었던 겐츠가 낭만주의와 같은 하찮은 운동에 한눈을 팔았다는 사실은 하등 주목할 만한 일이 아니다. 중요한 것은 그의 사유가 지닌 합리적 투명성, 사려 깊은 객관성, 법적 논증을 펼칠 수 있었던 능력[7], 국가 권력Wirksamkeit의 한계가 어디인지 내다본 예지력Gefühl, 슐레겔 형제와 같은 부류의 인간들을 배척할 줄 알았던 본능, 피히테에 대해 보인 증오와 같은 것들이다. 정신적인 차원에서 겐츠는 18세기의 계승자에 속한다. 즉 그는 레싱Lessing, 리히텐베르크Lichtenberg, 빌헬름 폰 훔볼트Wilhelm v. Humboldt의 계보에 속하는 것이다. 특히 정치적이고 국가철학적인 문제들에 있어서 모든 낭만주의적 개념 해체Begriffsauflösung는 그에게 늘 불가해한 것일 따름이었다. 게다가 그는 "환상적이고 신비적인 잠언과 형이상학적 공상"에는 일절 관심을 두지 않았는데, 심지어 그의 친구인 뮐러가 지은 것들이라 해도 마찬가지였다. 겐츠는 올바른 "균형Balancierung" 감각을 지니고 있었다. 왕정복고 기간 내내 그는 메

담 뮐러, 괴레스와 구분하면서 오히려 버크 및 요하네스 폰 뮐러Johannes v. Müller와 나란히 세운다. 또한 구글리아Eugen Guglia는 『프리드리히 폰 겐츠』(빈, 1901, 117-118쪽)에서 겐츠에 대해 이렇게 말한다. "낭만적-신지학적 국가 이론에 대한 그의 열광은 순수하게 플라톤적인 것이다. 메테르니히가 그에 대해 한 말은 이 문제와 관련해서도 대체로 타당하고 할 수 있다. 즉, 그는 근본적으로 어떤 형태의 낭만주의와도 전혀 맞지 않는다." 프리드리히 슐레겔이었다면 겐츠를 낭만주의자로 보는 실수를 범하지 않았을 것이다. 그는 겐츠를 오히려 18세기에 걸맞은 인물로 탁월하게 묘사했다. "겐츠의 정확한 웅변이 보여 주는 대가다운 양식은 재기발랄하면서도 명쾌한 지성의 산물로서 마치 18세기의 다채로운 정신 문화를 그대로 옮겨 놓은 듯하다"(「시대의 징표Signatur des Zeitalters」, 『콘코르디아』, 354, 363쪽).

6   프리드리히 비티헨Friedrich Carl Wittichen이 편집한 『겐츠 서한집Breife von und an Friedrich von Gentz』(뮌헨/베를린, 1909). 이하 본서에서는 W.I, W.II, W.III 1과 2 등으로 인용함.

7   나폴레옹의 정당성에 대한 논의를 담은 『서한집』(W.III, 1, 247-249쪽)을 참조하라.

테르니히에게 절대적으로 충성했지만, 혁명의 공포에서 자유로워진 후에는 곧바로 자유주의의 요청에 대해 귀를 기울이기도 했다.

이 지점에서 [낭만주의라는] 단어에 대한 기묘한 혼란이 발생한다. 겐츠가 죽은 후 메테르니히는 한 친구에게 [보낸 편지에서] 이렇게 쓴다. '말년의 겐츠가 나를 위해 한 일은 오롯이 공상에 따른 헌신일 뿐이었다네. 나는 늘 그가 낭만주의와는 무관하다고 여겨 왔어. 그에게도 일종의 낭만주의가 존재한다는 걸 깨달은 건 최근에 이르러서였다네. 그건 끝의 시작이었던 셈이지.'⁸ 여기서 메테르니히는 낭만주의를 자유주의적이고 인본주의적인 경향으로 보고 있다. 그가 보기에 겐츠는 이 경향에서 충분히 자유롭지 않았던 것이다. 이는 비단 메테르니히 개인에게 국한된 판단이 아니었다. 왕정복고를 지지한 귀족주의자들은 그 경향에 대해 매우 민감했다. 즉 관용, 인권, 개인의 자유, 이 모든 것들이 [그들에게는] 혁명이었고, 루소주의였으며, 고삐 풀린 주관주의였다. 요컨대 낭만주의였던 것이다.

그런데 가령 아르놀트 루게⁹와 같은 [1848년] 3월 혁명 이전 시대의 혁명가들 역시 낭만적인 것의 본질을 그러한 경향에서 찾았다. 그리고 그들은 자신들이 쓰는 용어가 적어도 겉으로는 모순에 빠진 것으로 보이지 않도

---

8 프리드리히 비티헨, 『오스트리아 역사 연구소 회보Mitteilungen des Instituts für österreichische Geschichtsforschung』, 제30권, 1910, 110쪽.

9 루게, 『전집』 제1권의 42, 248, 263, 301쪽; 제3권(1846)의 249, 433쪽. 그는 낭만주의의 선구자로 렌츠Lenz, 클링거Klinger 등 "질풍노도"의 작가들을 꼽지만, 또한 슈톨베르크Stolberg, 야코비Jacobi, 클라우디우스M. Claudius도 빼놓지 않는다. 본래적 [의미에서의] 낭만주의자로 그는 베르너Z. Werner, 슈테펜스Steffens, 크로이처Creuzer, 겐츠, 아담 뮐러, 할러, 마이어J. F. Mayer, 슈베르트Schubert, 브렌타노, 아르님, 푸케Fouqué를 꼽는다. 실제로 활동했던 [낭만주의의] 후예Epigonen로는 "체조 협회 회원들die Turner" 및 경건주의적이고 귀족적이며 예수회를 신봉하는 겐츠, 자비니Savigny, 괴레스, 야르케Jarcke 등을 들고 있다. 1830년 이후로는 새로운 낭만주의의 단초가 발생하는데, 여기에는 청년 독일파, 신셸링과, 낭만적 헤겔주의(괴셸Göschel) 등이 속한다. 이렇게 해서 낭만주의란 말은 정치적 적대자들을 모두 아우르는 대명사Sammelnamen가 되었다. 헤겔은 낭만주의적인 면모와 자유로운 면모를 하나로 통일한 인물로 평가된다. 따라서 낭만주의의 진보는 낭만주의적 요소들에서 헤겔 철학을 지워내는 작업에 달려 있다[고 루게는 주장한다](『전집』, 제1권, 431~445쪽).

록 하기 위해 적잖이 애를 먹어야 했다. 루게는 말한다. "모든 낭만주의의 토대는 불안하고 반항적인 심성이다." 그러니까 낭만주의는 자유로운 자아의 원리인 프로테스탄티즘에서 유래한 것일 수밖에 없다는 말이다. 이로써 프로테스탄티즘과 낭만주의 사이의 연관성이 부각된 셈이다. 비단 가톨릭주의 반혁명가들뿐 아니라 독일 프로테스탄트들 역시 그것을 인지했다. 불과 얼마 전까지도 독일의 한 학자는 프랑스인들이 낭만주의에서 프로테스탄트적인 것[10]을 감지했던 것은 "더없이 정당한 일"이었다고 말한 바 있으며, 게오르크 폰 벨로G. v. Below[11] 역시 낭만주의를 "비록 프로테스탄트 정신은 아니라 해도, 어쨌든 프로테스탄트적인 토대와 프로테스탄트 국가, 즉 프로이센에 의해 탄생한 것"으로 보아야 한다고 주장했다.[12] 여기에 3월 혁명 이전 시대의 반낭만주의 혁명가들이 덧붙인 것은 낭만주의란 꺼림직한 흥분과 변덕, 세계를 제 발밑에 두려는 개인의 방종한 자유라는 주장밖에는 없다. "낭만주의는 이와 같은 변덕의 정신, 가장 위험하고 가장 포악하며 가장 고의적인 변덕의 정신이 자유롭고 합법적인 시대정신에 맞서 선포한 전쟁이다." 낭만주의가 정치적 반동과 맺고 있는 변증법적 관계는 다음과 같은 사실에 의해 성립한다. 즉 부정[적 원리]로서의 낭만주의는 혁명적 원리를 포함하고 있지만, 주관적 변덕으로서의 낭만주의는 "참된 자유의 한계"에 대한 반대이며 따라서 계몽주의에서 유래한 혁명을 거부한다는 사실. 청년 혁명가들에게 프랑스 혁명은 자유로운 정신의 표현이었던 반면, 낭만주의는 정신을 결여한 자연주의이자 개념과 자기의식에

---

10 빅토어 클렘퍼러Victor Klemperer, 「낭만주의와 프랑스 낭만주의」, 『칼 포슬러Karl Voßler 기념 논문집』(하이델베르크, 1922), 27쪽.

11 [옮긴이] 게오르크 폰 벨로(1858-1927): 독일의 헌법학자, 경제사학자.

12 폰 벨로, 『해방 전쟁에서 오늘에 이르는 독일의 역사 기술Die deutsche Geschichtsschreibung von den Freiheitskriegen bis zu unseren Tagen』(제2판, 뮌헨/라이프치히, 1924), 4쪽. 여기서 그는 렌츠M. Lenz가 『괴테 협회 연보Jahrbuch der Goethe-Gesellschaft』에 기고한 글(1915, 제2호, 299쪽)을 참조하고 있다.

다다르지 못한 [미숙한] 알맹이였다. 그래서 "정치적 낭만주의자들은 식물이나 동물 따위를 국가의 이상적 모델로 생각할 수밖에 없었다. 즉 식물의 성장이나 동물적 유기체의 본능적인unwillkürlich 움직임을 국가 발전의 본보기로 삼으려 했던 것이다."

　이와 같은 헤겔적 관점이 낭만주의의 성격과 관련해 현재 통용되는 견해들보다 더 심오하고 타당하다는 점에는 의심의 여지가 없다. 그러나 이 관점 역시 커다란 혼란을 유발한다. 극단적 개인주의와 식물적 무감각을 나란히 [낭만주의의] 지표로 지목하고 있기 때문이다. 게다가 "현실적 정신der reale Geist"의 대변자로서 헤겔주의자들은 자연주의적 낭만주의가 실제 삶으로부터 유리된 초월과 추상이라고 비난한다. 오늘날 흔히 쓰는 표현을 빌리자면, 낭만주의는 그저 소망 충족Wunscherfüllung에 불과하다는 것이다. [낭만주의자들은] 실제로는 충족될 수 없는 동경을 환상에 의해 충족시킨다. 그리하여 낭만주의는 독일의 비참한 정치적 상황에 의한 것으로 설명되기에 이른다. "낭만주의는 지상의 고통에 붙박여 있다. 한 민족의 처지가 불행하면 할수록, 그만큼 그들은 더 애수를 자아내는 낭만적인 민족으로 여겨지게 된다."[13] 현실주의를 지향하는 헤겔주의 혁명가들은 또한 현실을 경시하는 "기독교적" 영성주의Spiritualismus, 즉 "구체성Gegenständlichkeit"[14]을 결여한 태도에 대해서도 반대한다. 그러나 그들은 서로 모순되는

13　루게, 「진정한 낭만주의: 하나의 반선언Die wahre Romantik, ein Gegenmanifes」,『전집』, 제3권, 134쪽. 그러므로 낭만주의는 동경이며, 낭만주의로부터 벗어나려는 동경조차 낭만주의라고 할 수 있다. 자유를 만끽하려는 소망, "긴장된 우리 시대의 가장 비밀스러운 속마음".

14　칼 마르크스,『신성 가족Die heilige Familie』(프랑크푸르트 암 마인, 1845), 19쪽. 마르크스가『독불 연보die deutsch-französische Jahrbücher』에서 낭만주의를 겨냥해 쓴 비판은 잘 알려져 있다. 프란츠 메링Franz Mehring이 전하고 있는 엥겔스의 1892년 9월 28일자 편지(『레싱 전설Die Lessing-Legende』, 슈투트가르트, 1895, 440쪽)에서 다음 문장이 특히 흥미롭다. "마르크스는 본Bonn 시기와 베를린 시기에 아담 뮐러 및 할러의 복고주의에 대해 알게 되었다고 한다. 그는 심히 경멸적인 어투로 그것은 프랑스의 낭만주의자 조제프 드 메스트르와 볼랑Boland 추기경(보날을 가리킨다)를 진부하고 장황한 방식으로 부풀린 모방일 뿐이라고 말했다." 헤겔의 법철학에 관한 논문에서 그는 "낭만주의"란 말을 쓰지 않았으나, 반면『철학의

여러 얼굴을 가진 적의 정체를 하나의 적확한rapid 개념으로 파악하는 데는 성공하지 못했다.

이러한 불확실성은 대체로 다음의 사실에서 기인한다. 도래할 1848년 혁명의 대변자들은 루소와 프랑스 혁명에 대해 찬탄하였으며, 이 양자에게서 자신들의 전거가 되어줄 위대한 모범을 발견했다는 사실. 그래서 그들은 어떤 경우에도 독일에서 낭만주의가 혁명의 정신과 결부되는 일이 없게 하기 위해 투쟁해야 했다. 이에 반해 프랑스의 저술가들은 혁명과 낭만주의 간의 연관성을 계속해서 더욱 강조했으며, 급기야 양자를 동일시하기에 이른다. 두 가지 운동을 하나로 묶어주는 공통된 특징은 개인주의였다. 이전 시대의 [산발적인] 움직임을 제쳐둔다면, 17, 18세기의 고전주의에 대한 대립Gegensatz은 루소와 함께 시작되었다고 할 수 있다. 사람들은 루소에게서 개인주의의 르네상스를 목도한 동시에 낭만주의의 시작을 보았다. 왜냐하면 개인주의는 "낭만주의의 시작이며, 낭만주의를 규정하는 핵심 요소le commencement du romantisme et le premier élément de sa définition"이기 때문이다.[15] 프랑스의 고전주의 — 이것은 17세기 관념의 복합체다 —

빈곤』(1847, 116-117쪽)에서는 숙명론을 신봉하는 경제학자는 고전적이거나 낭만적이라고 말한다. 고전주의는 사태의 진전을 동정의 여지없는 냉담한 눈으로 바라보지만, 낭만주의는 인도주의로서 가난한 프롤레타리아에게 절약하라는 등의 충고를 한다는 것이다. 여기서 낭만주의와 인도주의를 동일시하는 프랑스어 어법을 볼 수 있다.

15 브륀티에르F. Bruntière, 「19세기의 문학 운동Le mouvement littéraire qu XIX」, 『양세계 평론 Revue des deux mondes』(1889년 10월 15일), 874쪽. 그는 낭만적인 것의 특징으로 다음과 같은 예를 든다. "예술 안에서의 자유 — 그 말의 모든 뜻에서 통상적인 의미를 고유한 의미로 대체하기 — 자아 감정의 앙양 — 철학자들처럼 말하자면, 객관적인 것에서 주관적인 것으로, 또 문학적으로 말한다면, 극적인 것에서 서정적인 것 및 애가적인 것으로의 이행 — 세계시민주의, 이국 취향, 자연에 대한 새로운 감정 — 과거에 대한, 낡은 돌들과 낡은 전통들에 대한 호기심 — 문학 안에 회화의 기법들을, 아니면 그 의도들을 도입하는 것, 이런 것이 바로 낭만주의다." 이 사례들은 인상 비평적인 것이며, 정의를 내리는 대신 인상 비평을 하는 방법이 얼마나 불충분한가를 드러내 준다. 주관주의와 전통주의를 [낭만주의의] 특징으로 나란히 제시하는 것은 극도로 안이한 태도다. 이 두 가지 특징이 그 자체로 서로 모순된다는 사실을 알게 되면, 낭만적 '프로테우스Proteus'에 관해 배울 각오를 다지지 않으면 안

개념은 역사적으로 단적인 규정이 가능한 것이어서, 고전적인 것에 대한 대립으로서의 낭만주의는 독일보다 프랑스에서 분명 더 쉽게 규정될 수 있다. 독일의 고전주의 세대는 이미 루소의 영향 아래 성장한 사람들이었고, 따라서 그 이후 세대, 즉 낭만주의 세대는 프랑스인들처럼 전통적인 표상에 입각해 고전적인 것과 낭만적인 것의 대립을 선명하게 이해할 수 없었다. 무릇 모든 선명한 반립 명제Antithese는 여타의 다소 불분명한 구별들에게는 위험한 매력을 발산하는 법이다. [우리가 이야기하는] 이 사례에서는 개인주의와 연대 간의 구별이 고전적인 것과 낭만적인 것이 대치하는 영역으로 유입되었다. [가령] 혁명을 적대시한 프랑스인, 즉 스스로 "낭만적 신비주의"라 이름 붙인 이념을 위해 평생을 싸웠던 에르네스트 세이에르가 남긴 수많은 표현과 논변 들은 루게의 그것들과 일맥상통한다. 세이에르에게 신비주의란 비합리적이고 과도한 개인주의, 권력 의지, [자아를] 팽창시키려는 충동, 단독적 개인뿐 아니라 집합적 개인도 갖게 되는 제국주의, 다시 말해 국가, 종족, 분파, 사회 계급을 포함한 온갖 공동체를 포괄하려는 의지였다. [이렇게 해서] 낭만주의는 신비주의와 동의어가 된다. 단, 한 가지 역사적 제한 조건이 있다. 즉 낭만주의는 18세기 — 루소 — 이래 기독교 교회의 속박에서 해방된 신비주의라는 것이다. 신비적인 것, 그러니까 낭만적인 것이 이제는 인간 본성의 깊은 충동, 인간 행위를 규정하는 보편적 인자Faktor로서 등장하게 된다. 이것은 마치 자기 보존의 욕망만큼이나 본질적인 요소다. "본성상 악한" 인간은 이성적인 것의 좁은 한계, 즉 수 세대를 거치며 축적되어온 경험의 한계를 언제든 뛰어넘을 준비가 되어 있다. 신을 자신의 형이상학적 동맹군으로 만들고 이 환상에 의지해 다른 이들을 억압하기 위해서 말이다. 미적 신비주의에서 낭만주의자는 더 높은 존재에 의해 간택된 작업 도구로서의 예술가에서 자기 예술을 위

된다.

한 유일무이한 기준을 오직 자신 안에서만 발견하는 천재 예술가로 변모한다. 고통의 신비주의에서 그는 신의 목소리를 듣고자 하는 욕망을 토로한다. 사회주의 계급 운동이라는 신비주의 종교에서 프롤레타리아는 경제적 가치의 유일한 생산자가 된다. 마지막으로, [신에 의해] 선택된 민족에게 신비주의적인 종족 낭만주의Rassenromantik는 오직 자신들[만]이 세계를 지배해야 한다는 주장을 뒷받침하는 근거가 되어 준다. [이러한] 광기는 가공할 에너지원이 되어 개별 인간뿐 아니라 한 민족 전체를 터무니없는 희망과 행동으로 치닫게 만든다. 이 모든 것들을 통칭해 "낭만주의"라 부르는 것이다. 세이에르 역시 근대적 신비주의를 개시한 것은 루소라고 생각했다. 그리고 세이에르에게 근대적 신비주의란 결국 낭만주의를 뜻하는 것이었다[16]

---

16 4권으로 구성된 세이에르의 『제국주의의 철학 Philosophie de l'Impérialisme』 (제1권 『고비노 백작과 역사적 아리안주의 Le Comte de Gobineau et l'Aryanisme historique』, 제2권 『아폴론 혹은 디오니소스 Apollon ou Dionysos』, 제3권 『민주적 제국주의 L'Impérialisme démocratique』, 제4권 『낭만병 Le mal romantique』) 외에 이용한 자료들은 다음과 같다. 샤를로트 스티에글리츠 Charlotte Stieglitz에 관한 책(『낭만주의 시대의 어떤 사랑의 비극Une tragédie d'amour au temps du romantisme』,파리, 1909); 『신낭만주의의 신비가들 Les mystiques du néo-romantisme』(제2판, 파리, 1911); 『신비주의와 지배』(파리, 1915); 『휴스턴-스튜어트 체임벌린, 신비적 범게르만주의의 최신 철학자 Houston-Stewart Chamberlain, le plus récent philosophe du Pangermanisme mystique』(파리, 1917); 『기용 부인과 페늘롱: 장-자크 루소의 선구자들 Madame Guyon et Fénelon, précurseurs de J. J. Rousseau』[옮긴이:(파리, 1918)], 『현대 민주주의의 영감 안에 있는 신비주의의 위험. 예언자이며 계시자인 루소Le Péril mystique dans l'inspiration des démocraties contemporain, Rousseau, visionnaire et révélateur』(파리, 1919); 세이에르의 견해를 개관하기 위해서는 그의 강연집 『합리적 사회주의를 향하여』(파리, 1923)를 보면 된다. 특히 다음의 부분을 인용해 둔다. "1793년의 프랑스와 관련해 버크는 반전통주의 못지않게 무신론을 비난한다. 그래서 그는 결코 사태의 근본에 이르지 못한다. 그는 루소의 신비주의 이단이 평민 제국주의에 그들의 대의를 지탱해 줄 형이상학적 동맹자가 되어줄 수 있다는 것을 눈치 채지 못한 것이다"(『양세계 평론』, 1918년 1월 15일, 350쪽). "최근 우리 눈앞에서 그토록 명백한 표현(볼셰비키를 가리킨다)으로 제 생명력을 확언했던 자코뱅 정신의 진정한 원천, 그것은 기독교 신비주의다. 그것의 합리적이고 전통적인 틀을 루소가 더 웅변적인 말로 번역해 내면서 기독교 신비주의는 그들로부터 해방되었고, 그 후로 낭만주의의 다양한 형태 아래 유럽 사상의 이론적이고 실천적인 결정 대부분에 영향을 미쳤다"(같은 책, 339쪽). "아르튀르 드 고비노 Arthur de Gobineau는 한편으로 드 메스트르, 보날, 몽로지에 Montlosier 등의 계

최초의 낭만주의자들은 정신의 혁명가를 자처했다. 그들이 역사적으로 반동과 결부되었다는 사실은 사람들이 보기에 낭만적인 것[의 본질]에 속하는 여러 역설들 가운데 하나였다. 따라서 거꾸로 그들이 혁명과 결부되었다는 사실 또한 한낱 우연일 수 있으며, 다음과 같이 널리 알려진 단순한 정식, 즉 '정신 혹은 문화의 혁명이란 정치적 반동'이라는 정식이 [일종의] 해답처럼 여겨지기에 이르렀다. 그러나 세이에르에게는 다름 아닌 정치적 혁명이 낭만주의적 경향의 표출이었고, 다름 아닌 낭만적인 것의 측정 불가능한 정치적 에너지가 그의 합리주의적 경험주의를 뒤흔드는 것이었다. 여기서 적어도 한 가지 사실은 분명해 보인다. 그것은 낭만주의가 개인주의와 비합리주의를 자신의 근간으로 삼고 있다는 점이다. 하지만 유감스럽게도 이 주장은 확실하고 분명한 것으로 여겨질 수 없다. 어떤 사람들은 낭만주의자들을 역사적-객관적 사유의 창시자로 칭송하기 때문이다. 낭만주의자들이야말로 전통에 대한 [올바른] 이해를 처음으로 시도한 사람들이며, 나아가 "민족Volk"이란 유기적이고 초개인적인 통일체Einheit라는 사실을 발견함으로써 새로운 공동체 감각을 일깨운 사람들이라는 것이다. "독일 민족 국가의 발생"에 관한 유명한 책에서 마이네케Meinecke는 낭만

승자면서 다른 한편으로는 헤겔 [철학]의 암시들 속에서 성장했고, 자신의 문학적 재능으로 이 이중의 전통 위에 1830년[대] 프랑스 낭만주의의 기상천외한 의복을 덮어 씌워 줄 팔자였다"(『체임벌린』, 5쪽). 텐에 관해서는 "몇몇 현대 민주주의자들에게 계속해서 종교를 제공해주고 있는 루소의 신비주의를 제거함으로써, 혹은 적어도 최대한 합리화함으로써 고전주의 정신을 복구하는 데" 협력한 것이 그의 공적이라고 말한다. 제국주의의 신비적 — 그에게 이 형용사는 "낭만적"이란 말과 동일했다 — 성격에 대해서는 이미 피에르 드 쿠베르탱Pierre de Coubertin이 지적한 바 있다(『현대사 연구Étude d'histoire contemporaine』, 파리, 1896; 『현대사의 장면들Pages d'histoire contemporaine』, 파리, 1909). 쿠베르탱은 영국과 독일과 미국 제국주의의 틈바구니에서 아무것도 하지 않은 채 뒷짐을 지고 있는 프랑스인들의 "낭만적 평화주의"를 비난한다. 루소와 낭만주의에 반대하는 많은 프랑스의 문헌들 가운데 나는 다음의 것들을 꼽고 싶다. 쥘 르메트르Jules Lemaître의 루소에 관한 학회 보고서 및 피에르 라세르Pierre Lasserre의 『프랑스 낭만주의』(파리, 1908, 이 책은 여러 쇄를 찍었다), 그리고 무엇보다 샤를 모라Charles Maurras의 책인데, 이 문제에 관한 그의 가장 핵심적인 글들은 『낭만주의와 혁명』(파리: 신민족출판사, 1922)에 묶여 있다.

주의자들을 독일의 민족 감정을 선도한 인물들로 묘사한다. 노발리스, 슐레겔, 뮐러가 슈타인Stein[17] 및 그나이제나우Gneisenau[18]와 동렬에 놓이는 것이다.[19] 게오르크 폰 벨로 역시 낭만주의 운동에 대해 합리주의적 역사관을 올바르게 극복한 운동, 역사학의 모든 분야에 새로운 생명을 불어넣은 새로운 역사적 감각의 창시자라고 말한다.[20] "영원한 대화"와 낭만적 "교제Geselligkeit" 따위의 전형적인 낭만주의적 표상이 개인주의를 초극했음을 말해주는 증좌로 운위된다. 또한 우리는 낭만주의가 비합리주의와 똑같은 것이라고 단적으로 말할 수 없다. 슐레겔의 「공화주의 개념에 대한 시론 Versuch über den Begriff des Republikanismus」은 합리주의적 사유에 너무 깊이 뿌리 내리고 있어서, 설령 슐레겔 자신이 그 글을 완전히 망한 작품인 양 내던졌다고 해도 전혀 이상하지 않을 정도다. 반대로 주지주의적intellektualistisch이고 합리주의적인 요소들이 무언가 본질적으로 낭만주의적인 것으로 여겨지는 경우가 종종 있었다.

이로써 프랑스 혁명과의 연관성이 다시금 성립할 수 있게 되었다. 아닌 게 아니라, 역사가로서 텐은 "고전적 정신esprit classique"의 추상적 합리주의에 의거해 자코뱅주의를 설명하였다. 자아에 도취된 독단가들Dogmatiker[21], 자신들의 "추론하는 이성raison raisonnante" 때문에 모든 객관적 경험으로부

---

17 [옮긴이] 하인리히 프리드리히 슈타인(1757-1831): 프로이센 정치가.

18 [옮긴이] 아우구스트 그나이제나우(1760-1831): 프로이센 육군 원수.

19 프리드리히 마이네케, 『세계시민주의와 민족 국가Weltbürgertum und Nationalstaat』(제6판, 뮌헨/베를린, 1922), 제4, 5, 7장[한국어판: 이상신, 최호근 옮김, 나남출판사, 2007].

20 폰 벨로, 앞의 책, 9쪽.

21 이폴리트 텐, 『현대 프랑스의 기원들Origines de la France contemporaine』, 제2부. 올라르Aulard와 세뇨보Seignobos의 비판에도 불구하고 본서에서처럼 상세하게 설명해야 할 경우, 텐의 판단을 고려하는 일은 필수적이다. 날카로운 심리학적 통찰력과 위대한 구성 능력Gestaltungskraft을 가진 그는 수많은 복잡다단한 현상들을 함축적인 정식으로 표현해 긴밀하게 연결된 구조로 가공할 수 있었으며, 이에 대해서는 지금까지 어떤 이의도 제기되지 않았다.

터 차폐된 독단가들은 자신들의 정치적 기하학의 공리에 따라 세계를 설계하려 했다. 루소는 전적으로 "고전적 거푸집moule classique" 안에서만 움직였는데, 이 틀은 점점 좁아지고 둔해진 불모의 주지주의로 모든 것을 말살하기에 이르렀다. 따라서 로베스피에르와 같은 학교 선생Schulmeister을 [혁명에 뛰어들게] 부추긴 것은 분출하는 생의 비합리적 에너지가 아니라 공허한 추상의 광란이었던 것이다.[22] 세이에르에게 혁명은 비합리적인 것 — 이것은 그에게 곧 신비주의와 낭만주의였다 — 으로 판명 났으나, 텐은 혁명의 합리주의적 추상성, 즉 혁명의 "고전적 정신"에 대해 혐오감을 느꼈다. 그러니까 프랑스 역사에는 공인된 고전 전통이 존재하는 까닭에 고전적인 것과 낭만적인 것 간의 구별이 아주 간단해 보이지만, 정치적인 사건들에 대한 설명에 적용될 경우 그 구별은 곧바로 불확실해지고 마는 것이다. 뿐만 아니라 텐은 독일에서는 통상 낭만주의자로 여겨지는 혁명의 적들이 사용한 논변들을 거의 그대로 반복하고 있다. 비단 버크와 그의 [독일어] 번역자 겐츠만이 자코뱅주의자들을 광란의 이론가라 불렀던 것이 아니다. 아담 뮐러 역시 혁명을 추상적 개념들의 우상 숭배라 칭하면서 이를 고전주의 시대와 결부시켰다. 이 시대는 개별 인간[추상적 개인]의 합리주의적 절대주의의 시대이고, 혁명의 교리는 바로 그 합리주의에 "대립하는 키메라entgegengesetzte Chimäre"에 지나지 않는다는 것이다. 이러한 논변을 펼치면서 뮐러는 한꺼번에 버크와 할러, 드 메스트르와 보날을 전거로 삼는다.[23] 그러니까 바로 [뮐러와 같은] 이들, 이른바 "정치적 낭만주의자

---

22 세이에르가 그토록 강조했듯, 자존심amour-propre과 독단 정신esprit dogmatique이라는 자코뱅 정신의 두 요소 가운데 전자가 이미 비합리적 요인을 내포하고 있다. 따라서 그와 텐 간의 대립은 세이에르가 날카로운 반대 입장을 제기할 만큼 그렇게 크지 않다. 텐 역시 모든 정치적 혹은 종교적 광신은 — 비록 그것이 어떤 철학적이고 신학적인 경로를 따른다고 할지라도 — 어떤 "강렬한 욕구besoin avide", 즉 감춰진 정열에 바탕을 둔 것이라는 사실에 대해 이미 언급하고 있다(앞의 책, 제1장).

23 『모든 국가학과 특히 국가 경제학의 신학적 토대의 필요성에 대하여Von der Notwendigkeit einer theologischen Grundlage der gesamten Staatswissenschaften und der Staatswirtschaft insbe-

들"은 이성적 경험으로부터 동떨어져 있다는 점에서 혁명이 무의미하다고 보았던 것이다. 프랑스의 부르주아 공화주의자, [즉] "인간과 시민의 권리를 지지하는 자들의 모임Ligue des droits de l'homme et du citoyen"에 속하는 구성원이 그 같은 비판을 듣고 자신이 궁지에 몰렸다고 느낄 리가 없다는 점은 거의 자명하다. 그는 [오히려] 미국 헌법을 언급하면서 "자연에 의해" 성립된 그 규정들은 겉보기에는 추상적 명제에 지나지 않을지 몰라도, 실제로는 올바른 경험과 올바른 정치적 직관의 표현이라는 점을 분명히 해 둘 것이다. 그는 낭만주의자들의 비난을 그들에게 되돌려 준다. 따라서 프랑스 혁명은 근대 역사의 분수령으로 간주될 수 있는 사건이다. 1789년이 낳은 이념에 대한 입장 차이에 따라 [상이한 형태의] 정치적 규합이 이루어진다. [다시 말해] 자유주의자와 보수주의자는 1789년에 찬성하는가 그렇

---

sondere』(라이프치히, 1819), 제2, 3, 7, 8권. [옮긴이: 이하『신학적 토대』로 간추려 번역한다.] [뮐러는『프리드리히 2세와 프로이센 왕정의 특징, 품위 및 운명에 관하여Über König Friedrich II. und die Natur, Würde und Bestimmung der Preußischen Monarchie』(베를린, 1810)라는 제목으로 출간된 강연에서 프랑스 혁명을 고전주의에 대한 정당한 반동으로 설명하고 있다] 이 저작은 할러의『국가학의 부흥 혹은 자연스럽고 사교적인 상황에 대한 이론 — 인위적이고 부르주아적인 이론의 키메라에 반대하며Restauration der Staatswissenschaft oder Theorie des natürlich-gesselligen Zustandes; der Chimäre des künstlich-bürgerlichen entgegengestzt』(빈터투어, 1816)에 대한 [일종의] 메아리Nachklang였다. 버크가 정치적 연금술과 기하학, "원칙의" 옹호자, 그들의 "환상적 허영", 그리고 그들이 헌법이라고 부르는 "종이 쪼가리Papierschnitzel"를 경멸했다는 사실은 잘 알려져 있다(『프랑스 혁명에 관한 성찰Reflections on the Revolution in France』(제9판, 런던, 1792), 226, 268, 287, 289쪽; 겐츠의 독일어 번역본『선집』제1권 (슈투트가르트/라이프치히, 1836) 기준으로는 157, 257, 299, 318쪽)[한국어판: 이태숙 옮김, 한길사, 2017]. 인위적인 "작위Machen"에 대한 보날의 경멸은 이미 그의『권력 이론』(콘스탄츠, 1796),『저작집』, 제8부와 14부(파리, 1843), 그리고『사회 질서의 자연법에 관한 분석적 시론Essai analytique sur les lois naturelles de l'ordre social』(1800 초판, 제2판은『저작집』, 제1부, 1817) 등을 온통 채우고 있다. 드 메스트르에 관해서는『프랑스에 대한 성찰Considérations sur la France』, 제6권을 참조하라. 왕권 절대주의로부터 민권 절대주의로의 전복은 뮐러의 시대에는 이미 흔한 이야기가 되어 있었다. 이에 대해서는『동시대인들Zeitgenossen』(제1권 3절, 9쪽)을 참조하라(여기에 뮐러는 프란츠 황제의 전기와 프란츠 호르너Franz Horner에 관한 논문을 기고했다). 루이 14세는 획일화를 통해 국가라는 통일체를 파괴했고, [이로 인해] "혁명이 터졌다. 인민에게 주권이 있고 인민이 곧 국가라는 무시무시한 혁명의 언어가 대립각을 세운 것이다"(푸셰에 관한 논문, H로 표기됨).

지 않은가에 따라 구별되는 것이다. 자유주의는 1789년[의 혁명]에서 유래한 것이고, 보수주의는 그에 대한 반발, 즉 버크와 낭만주의 사상에서 유래한 것이다.[24] 이 결정적인 사건이 수용되는 방식은 너무도 모순된 것이어서 어느 때는 혁명가들이 낭만주의자로, 또 어느 때는 혁명의 반대자들이 낭만주의자로 지칭되고 있다. 1789년의 이념은 "개인주의"라는 어휘로 요약될 수 있는 것이지만[25], 마찬가지로 낭만주의 역시 본성상 개인주의일 수밖에 없다. 또한 낭만주의는 현실로부터의 도피를 뜻하지만, 정치적 낭만주의자들은 혁명[의 추상성]에 대항해 실제적인 경험과 현실 위에 발 딛고서 있으려 한다.

만약 우리가 이와 같은 난맥상의 이유로 [낭만주의라는] 단어 자체를 쓰지 않는 편을 택한다면, 그것은 분명 하나의 유용한 탈출구가 되어 줄 것이다. 그러나 그것은 [실제적인] 해결책은 되지 못한다. 정치적인 투쟁을 위한 전략의 차원에서 그리고 [쉼 없이] 변화하는 역사적이고 정치적인 논의의 장에서 이 모호한 단어는 이 사람 저 사람에 의해 아무렇게나 쓰이고, 또 피상적인 반립Antithese에 따른 역학 관계에 의해 노상 이리저리 떠밀리는 처지라고 볼 수 있다. 그렇다고 할 때, 아마도 우리가 할 수 있고 또 어떻

---

24 아달베르트 발Adalbert Wahl, 「19세기 독일 정당의 역사에 관한 기고Beiträge zur deutschen Parteigeschichte im 19. Jahrhundert」, 『역사학지Hist. Zeitschr.』, 제104호, 1909, 344쪽; 게오르크 폰 벨로, 「프로이센 보수 정당의 시초Die Anfänge der konservativen Partei in Preußen」, 『국제주보Intern. Wochenschrift』, 제3호, 1911, 1089~1090쪽. 그러니까 보수주의는 부정적으로 규정된 것이다. 이러한 부정적 개념의 영향은 그 뒤 벨로의 『해방 전쟁에서 오늘에 이르는 독일의 역사 기술』(라이프치히, 1916, 제2판: 1924)에서도 관찰된다. 이 책에서는 비역사적 합리주의가 아닌 것은 모두 낭만주의로 규정되어 있다. 노발리스의 아름다운 「단편」 136번과 베티나 편지의 사이비 논변Pseudologie에도 불구하고, 사람들은 항상 낭만주의를 그런 식으로 이해한다.

25 발, 앞의 책, 546쪽. 현세적이며 민주주의를 지향하는 개인주의가 1789년 이념의 내용이다. 인간은 국가에 대해 권리를 가질 뿐, 의무는 지지 않는다. 각 개인은 저항권을 가진다. 모든 권력 정치는 기각된다. 개인주의는 현세를 지향한다. 각 개인은 도덕과 향락을 통해 이 세상에서의 행복을 지향한다.

든 해야 할 일은 낭만주의로 지칭되는 이 복합체를 둘러싼 역사적이고 정신적인 맥락을 톺아보고, 그로부터 정치적 낭만주의라는 명칭으로 합당하게 불릴 수 있는 현상의 고유한 특성을 추출하는 작업이다. 설득력 있는 정의를 내리는 데 따르는 어려움은 우선 "낭만적"이란 형용사가 정당 정치의 언어로 수용되지 못했다는 점에 있다. 프리드리히 엥겔스가 올바르게 지적했듯이, "정당의 명칭은 제대로 들어맞는 법이 결코 없다." 하지만 '자유주의적', '보수주의적', '급진적' 따위의 명칭들은—비록 절대적으로 타당한 것은 아니라 해도—어쨌든 역사적인 차원에서 상대적으로 명확하게 참조할 수 있는 내용을 갖는다. 이러한 경우들에 있어서 어원에 대한 참조 Etymologie는 [개념 규정의] 어려움을 가일층 확연하게 드러내 줄 뿐이다. [하지만 낭만주의의 경우는 이와 반대다.] 어원에 따르면, "낭만적"이란 단어는 "소설 같은romanhaft"이라는 뜻을 갖는다. 즉, 이 말은 본디 소설Roman에서 유래한 것이다. 서사 장르의 상위 개념Oberbegriff을 세분해 주는 것으로서 '낭만적'이란 단어는 그 말 자체로 이미 어느 정도 설명이 되는 함축적 의미를 거느릴 수 있다. 본서가 의도하는 [낭만주의에 대한] 정의는 이 어원학적인 의미에 다시금 부응하고자 하며, 이러한 의도는 빅토어 클렘퍼러Victor Klemperor[26]가 수행한 흥미로운 문헌학적-문학사적 연구에 의해 특별한 보증을 받을 수 있다. 하지만 유감스럽게도 낭만주의란 단어는 거의 백 년 가량 지속된 지독한 혼란으로 인해, 이제는 경우에 따라 어떤 내용이든 내키는 대로 채워 넣으면 그만인 텅 빈 그릇처럼 되어 버렸다. 이 상황을 명확히 설명하기 위해 한 가지 비근한 사례를 꼽자면, [소설과 마찬가지로] 서사적 개념의 하나인 "우화"를 들 수 있다. 오늘날 어떤 예술 운동 혹은 문학 운동을 "우화적fabelhaft"이라고 명명한다면, 그리고 이 "우화적" 예

---

26 빅토어 클렘퍼러, 앞의 글. 여기에 더해, 세이에르의 『도덕과 정치적 낭만주의의 소설적 기원』(파리, 1920, 특히 11-12쪽)을 보라. 앞서 언급한 루소에 관한 책도 소설 문학과 [낭만주의가] 갖는 연관성을 보여 주고 있다.

술을 무조건적으로 참되고 진실하며 더 높고 생동감 있는 종합 예술로 규정한다면, [다시 말해] "우화적인 것"을 더 높은 현실성, 총체성 혹은 형이상학으로 간주하고 이 총체성 및 형이상학의 [본질적인] 특징을 다른 무엇이 아닌 오직 그것의 "우화적" 성격에서만 찾는다면, 이는 낭만주의에 대한 이해와 상당히 유사하다고 볼 수 있다.[27] 어쩌면 이 [예술] 운동은 성공할 수도 있을 것이며, 몇몇 작품들을 [실제로] 내놓음으로써 [우화라는] 그 말에 구체적인 역사적 의미를 부여하게 될지도 모른다. 이 경우, 우화적인 예술 혹은 정신의 유형Geistesart을 표시하는 기준을 "우화적"이라는 말의 언어적 의미로부터 추론하는 것은 어리석은 짓이다. 하지만 더욱 어리석은 짓은 이 운동의 기조Programm를 모든 선명한 구별에 대한 거부가 아닌, 그와는 다른 무엇으로 여기는 것이다. 따라서 낭만주의자들이 스스로 내린 정의("낭만적인 시Poesie는 진보적 보편시Universalpoesie"다. 이것은 "시적인 모든 것, 즉 가장 거대한 체계를 포함하는 다수의 체계들을 자체 내에 보유한 예술의 체계에서 출발해 시 쓰는 아이가 서투르게 부르는 노래 속에 스민 키스를 거쳐 깊은 한숨에 이르는 모든 것을 포괄한다.")에 대해서는 일절 침묵한 채, 낭만적인 것은 신비롭고 개방적인 충동이라느니, 더 높은 것을 향한 동경이라느니, 소박한 마음과 성찰의 혼합이라느니, 혹은 무의식적인 것의 지배라느니 하는 식의 [자의적인] 규정들을 내놓는 것은 전혀 도움이 되지 않는다.

[그러나] 이보다 더 크고 특수한 어려움이 존재한다. 그것은 심지어 훌륭한 역사가들조차 개념적 분리에 대한 거부감으로 인해 어떤 한 사람이

---

27 본서의 제2판을 위해 교정을 보던 중(1924년 12월) 나는 자칭 세라피온 형제Serapionsbrüder라는 현대 러시아 예술가들이 "우화"를 향한 이행을 선언했다는 사실을 알게 되었다. 여기서 "우화"는 더할 수 없이 혼란스러운 용법으로 쓰이고 있다. 이것은 어느 때는 행위Handlung(심리학적 해소와 대립하는 객관적 사건), 또 어느 때는 막 꾸며낸 이야기와 소설을 가리킨다. 그래서 그들의 선언에서는 낭만적인 것이 "위대한 예술"로 둔갑하는 것이다. 이 사례에서 흥미로운 것은 낭만주의 이래 지배적 흐름이 되어 버린 무능력, 모든 위대한 예술은 대표의 형식을 띠며 결코 낭만주의적 형식을 취하지 않는다는 사실을 인식하지 못하는 무능력을 그들이 보여 주고 있다는 사실이다.

일단 낭만주의자로 여겨지면 그 다음부터는 그가 품는 모든 생각들을 죄 싸잡아 "낭만적"인 것으로 딱지를 붙이는 경우다. 가령, 아이헨도르프 Eichendorff[28]는 의심의 여지없이 훌륭한 낭만주의 서정 시인Lyriker이지만, [바로] 이 규정 때문에 이 가톨릭 귀족이 옳다고 생각한 모든 것이 곧바로 낭만적인 것이 되어 버리는 식이다. 이는 한 가지 흥미로운 역사적 현상에 대한 설명을 제공한다. 이 현상에 대해서는 블라디미르 심코비치Vladimir G. Simkhovitch[29]가 적확하게 강조한 바 있다. "특정한 사회적 혹은 정치적 견해를 가진 사람들이 특정한 철학적, 문학적 이론을 표명하거나 대변하는 경우, 그리고 이 과정이 [상부 구조가 아닌] 토대의 차원에서 벌어지는 사건을 통해 진행되는 경우에는" 일종의 동일시Identifizierung가 발생한다. "그래서 러시아에서는 수십 년 동안 예술을 위한 예술을 추종해 온 작가들이 한순간에 정치적 반동으로 낙인찍힌 반면, 리얼리스트들은 자유주의자 혹은 급진주의자로 간주될 수밖에 없었다. 이와 유사하게 19세기 전반기 독일에서는 낭만주의Romantizismus가 정치적 보수주의와 동일한 것으로 여겨진 반면, 포이어바흐 시대에 와서는 자연주의가 정치적 저항 및 인본주의적 사회주의와 동일시되었다."[30] 그러므로 특정한 역사적 복합체에 대해 의식적으로 한계를 설정함으로써 체계상 본질적인 것을 확정하는 작업이 필요하다. 어떤 상황에서든 심리적 습성Habitus은 여일하다고 믿었던 탓에 낭만주의 개념을 [지나치게] 확장한 세이에르와 달리, 개별적으로 구체적인 연구에 몰두했던 독일의 역사가들은 루게가 만들어 놓은 긴 [낭만주의자] 목록에서 하나씩 이름들을 지워 나갔다. 우선, 민주주의적 반대 입장을 가졌다는 이유로 괴레스Görres[31]가 정치적 낭만주의자 명단에서 탈락했다. 슈

---

28 [옮긴이] 요제프 프라이헤어 폰 아이헨도르프(1788-1857): 프로이센의 시인, 소설가, 극작가.

29 [옮긴이] 블라디미르 심코비치(1874-1959): 미국의 경제학자, 경제사학자.

30 『사회주의에 맞서는 마르크스주의Marxismus gegen Sozialismus』(원서는 영어임, 예나, 1915), 26-27쪽.

탈과 야르케Jarcke[32]가 그러하듯, 괴레스 역시 결코 낭만주의자로 불려서는 안 될 인물이었다. 역사적 국가학과 법학을 낭만주의 국가학 및 법학으로부터 분리함에 따라 자비니Savigny[33] 역시 배제되었다.[34] 결국 정치적 낭만주의자의 명단에 남게 된 것은 정치적 반동을 충실히 지지한 작가들, 즉 아담 뮐러와 프리드리히 슐레겔 그리고 할러Haller[35] 뿐이었다.

---

31 [옮긴이] 요제프 괴레스(1776-1848): 독일의 가톨릭 철학자, 신학자.

32 [옮긴이] 칼 에른스트 야르케(1801-1852): 독일의 형법학자.

33 [옮긴이] 프리드리히 칼 폰 자비니(1779-1861): 독일의 법학자, 역사가.

34 알렉산더 돔브로스키Alxander Dombrowsky, 「아담 뮐러, 역사적 세계관과 정치적 낭만주의 Adam Müller, die historische Weltanschauung und die politische Romatik」, 『국가학 총론지Zeitschr. f. d. ges. Staatswissensch.』, 제65권, 1909, 377쪽. 그는 뮐러도 만년에 이르러서야 정치적 낭만주의자로 규정할 수 있다고 보았다. 그러니까 그는 복고 이론과 정치적 낭만주의를 동일하게 보는 입장을 취하는 것이다. 그러나 후자가 더 광범위한 개념이다. 이 훌륭한 논문에서 이뤄진 명료한 구분 작업은 유감스럽게도 이 개념들에는 적용되지 못했다. 렉시우스Gunnar Rexius, 「역사학파의 국가론에 관한 연구Studien zur Staatslehre der historischen Schule」, 『역사학지』, 제107권, 1911, 520쪽(레베르크는 뮐러와 할러의 논문에 대해 논평하면서 "역사적 국가 이론과 그[에 대한] 반동, 혹은 그렇게 부르고 싶다면, 정치적 낭만주의 사이에 존재하는 간극을 처음으로" 지적했다. 같은 글 535쪽에서 그는 "역사적 관점과 **낭만주의적-합리화 지향적romantisch-ra-tionalisierenden 관점** 간의 차이"에 대해서도 언급하고 있다. 다시 말해, 그는 합리주의적 요소를 정치적 낭만주의의 구성 인자로 간주한 것 같다). 칸토로비치H. U. Kantorowicz의 「민족정신과 역사법학파Volksgeist und historische Rechtsschule」, 『역사학지』, 제108권, 1911, 303쪽. 민족정신에 관한 이론은 역사학파의 특징이다. 역사적 방법과 역사적 통찰은 낭만주의에서 연원하는 것이지만(이 글은 노발리스를 인용하며, 푀취Poetzsch의 『초기 낭만주의의 정치관 및 역사관에 관한 연구Studien zur frühromantischen Politik und Geschichtsauffassung』, 라이프치히, 1907, 64, 67쪽도 참조한다), "아담 뮐러와 폰 할러(!) 따위의 정치적 낭만주의는 여기서 논외로 하지 않으면 안 된다. 왜냐하면 그들의 정치적 낭만주의는 민족정신론과 아무런 관계가 없기 때문이다." 『독일 이상주의의 윤리에서 본 사회와 법과 국가Gesellschaft, Recht und Staat in der Ethik des deutschen Idealismus』(하이델베르크, 1917, 251쪽)에서 메츠거Wilhelm Metzger는 프리드리히 슐레겔, 아담 뮐러, 할러를 싸잡아 "반동적 낭만주의자"로 취급하면서 자비니, 슐라이어마허 등의 역사적 낭만주의, 그리고 셸링 및 초기 낭만주의 정치와 구별하고 있다. 282쪽에서 자비니는 뮐러의 영향을 받은 낭만주의자로 되어 있다. 메츠거는 슐라이어마허를 자세히 다루었는데, 그의 국가관 및 사회관은 귄터 홀슈타인Günther Holstein의 『슐라이어마허의 국가철학Die Staatsphilosophie Schleiermachers』(1922)에 잘 요약되어 있다. [하지만] 슈프랑거Spranger의 『삶의 형식들Lebensformen』(162쪽)[에 나온 설명]이 [더] 탁월하다.

그러나 이렇게 줄어든 명단 역시 반동 시기 독일에서 "할러와 뮐러 그리고 그들의 무리"를 향해 자유주의자들이 쏟아 낸 공격적인 슬로건들의 여파 아래 만들어진 것이다. 이들 모두가 가톨릭으로 개종했다는 사실은 정치적 낭만주의와 "신정주의적–신지학적" 국가관의 결합으로 이어지는 또 하나의 공통점을 형성한 듯 보이기는 한다. 마치 고전적인 것과 낭만적인 것의 경우와는 다르게 로마–가톨릭적인 것과 신지학적인 것은 서로 대립하지 않는 양 여겨지는 것이다. 하지만 할러는 낭만주의자가 아니다. 1820년 할러가 가톨릭으로 개종했을 때, 그에게는 1805년 25세의 뮐러가 문필가로서 가톨릭교회에 들어간 것과는 완전히 다른 동기가 있었다. 할러의 저작이 반동 시기 낭만주의 운동의 핵심 인사들, 즉 아담 뮐러, 프리드리히 슐레겔, 그리고 이른바 베를린 보수주의자 모임에 어떤 강렬한 인상을 남겼다고 한다면, 이는 오히려 그들이 서로 다른 정신을 소유했음을 암시하는 것이다. 왜냐하면 보날이나 드 메스트르처럼 낭만적 정신과는 거리가 먼 태도를 견지한 자들도 독일 낭만주의에 상당한 영향을 미쳤기 때문이다. 할러를 뫼저Möser[36]와 정신적으로 근친 관계에 있는 인물로 보는 관점은 타당하다. 봉건적–가부장적 사회 질서에 따라 구축된 실제적인 현실을 굳게 지지한 냉철하고 분별 있는 그의 태도가 그 관점을 뒷받침해 준다.[37] 이 점을 초과하는 논리를 구축한 할러[의 사유]는 연역적 자연법[을 지지하는 기존 입장]과 다를 것이 없다.[38] 그렇다면, 핵심 사안을 두고 볼 때 독일인 가운데[38] 지금까지 가장 확실한 정치적 낭만주의의 사례로 간주될 수

---

35 [옮긴이] 칼 루트비히 폰 할러(1768-1854): 스위스의 법학자.

36 [옮긴이] 유스투스 뫼저(1720-1794): 독일의 법학자, 정치가.

37 렉시우스, 앞의 책, 317쪽 각주. 그러나 508쪽에서 그는 뮐러와 할러를 아울러 "복고의 예언자", 정치적 낭만주의자로 규정하고 있다. 할러의 생애와 성격에 대해서는 에발트 라인하르트Ewald Reinhard, 『칼 루트비히 폰 할러, 복고 시대의 생활상Karl Ludwig von Haller, ein Lebensbild aus der Restaurationszeit』(쾰른, 1915, 〈괴레스 협회Görres-Gesellschaft〉의 두 번째 간행물 Vereinsgabe)을 참조하라.

있는 인물은 아담 뮐러다.[39] 뮐러는 프리드리히 슐레겔, 차하리아스 베르너 Zacharias Werner[40]와 함께 북독일 출신의 프로테스탄트 문필가 집단에 속한다. 이들은 남쪽으로 이동했으며, 가톨릭으로 개종했다. 그러니까 (요절한 노발리스를 제외한다면) 이들의 행로는, 남독일 출신으로서 북쪽으로 이동한 철학자들, 즉 헤겔, 셸링, 요한 야콥 바그너 Johann Jakob Wagner[41]의 그것과 교차한다. 하지만 이 철학자들의 정신적 업적은 '낭만적'이라는 술어로 정의되지 않는다. 프리드리히 슐레겔 또한 정치 활동을 했고 특별한 의미에서 정치적 낭만주의자로 간주되기 때문에 슐레겔도 살펴볼 필요가 있다.[42] 그러나 정신사적이고 체계적인 맥락을 짚어 봄으로써 정치적 낭만주의의 구

---

38 할러의 이론이 방법론적으로 자연법적 연역의 한 사례라는 점은 앞서 언급한 메츠거의 책 272쪽에 잘 설명되어 있다. 정치 이론에 관해서는 일가견이 있었던 아르님 A. v. Arnim은 (괴레스에게 보낸 편지에서) [할러가 가진] 루소와의 근친성을 언급하고 있다. "나는 그가 루소처럼 절반의 확신을 가지고 고민했다고 확신한다. 다만 그 확신이 반대 방향으로 넘어갔고, 그가 거기에 역사적 아우라를 부여할 줄 알았기 때문에 그는 사람들에게 새롭고 위대하게 보였던 것이다"(라인하르트, 앞의 책, 51쪽).『신학화하는 법 이론 및 국가 이론 Die theologisie-rende Rechts- und Staatslehre』(라이프치히, 1861, 263쪽)에서 틸로 Chr. Alb. Thilo가 이 점을 아주 명쾌하게 해명했다. 즉, 할러의 "법 개념은 자연법으로부터 도출된 것 외에는 별다른 것이 없다"는 것이다. 블룬췰리, 앞의 책, 486쪽도 참조하라. 그는 뮐러, 괴레스, 보날, 드 메스트르, 라므네 Lamennais와 함께 할러를 다루면서 이렇게 말한다. "할러는 이들과 본질적으로 다르다." 몰(앞의 책, 253-254쪽)과 벨로(『중세 독일 국가 Der deutsche Staat des Mittelalters』, 라이프치히, 1914, 8, 174쪽)의 견해도 이와 유사하다. 이들에 따르면, 할러가 베르크봄 Berg-bohm에게서 호평을 듣지 못한 것은 거의 당연지사다. [왜냐하면] "…… 그는 철저한 자연법학자 Naturrechtler였기 때문이다. 단지 그는 자연법의 모범을 과거 시대의 실증적 제도에서 찾으려 했을 따름이다. …… 그는 반동적인 자연법 맹신자일 뿐, 역사학파로 개종한 인물이 아니다."『법학과 법철학 Jurisprudenz und Rechtsphilosophie』(라이프치히, 1892), 175쪽 참조. 징거 Singer, 「구스타프 후고를 추억하며 Zur Erinnerung an Gustav Hugo」(『사법과 공법에 관한 그륀후트 잡지』, 제16권, 1889, 273-274쪽) 참조. 할러에 관한 최신 연구로는 쿠르티우스 F. Curtius의 논문, 즉『높은 땅 Hochland』(1924/1925), 200쪽을 보라.

39 메츠거, 앞의 책, 260쪽. 메츠거는 심지어 뮐러의『대립론 Lehre von Gegensatz』(베를린, 1804)을 "낭만주의 세계관의 강령"으로까지 간주한다.

40 [옮긴이] 차하리아스 베르너(1768-1823): 독일의 시인, 극작가.

41 [옮긴이] 요한 야콥 바그너(1775-1841): 독일의 자연철학자.

조를 해명하기 전에, 우선 한 가지 사례를 통해 정치적 낭만주의자들이 보이는 행태에 대해 알아 둘 필요가 있다. 왜냐하면 정치적인 삶의 표현과 관련해 자의적인 구성이 아닌 결정적인 특성을 알아보고자 한다면, 정치적 낭만주의자들이 [정치의 영역에서] 구체적으로 어떤 태도를 취했는가 하는 점은 결코 허투루 보아 넘길 사안이 아니기 때문이다. 샤토브리앙의 경우, 우리는 팔레올로그Paléologue[43]의 탁월한 설명을 참조할 수 있다.[44] 독일에서는 아담 뮐러가 정치적 낭만주의의 전형적인 이미지를 정치적으로 가장 잘 구현한다. 이로써 오늘날의 통념, 즉 버크, 드 메스트르, 보날과 같은 남자들의 정치사상이 아담 뮐러, 프리드리히 슐레겔 등의 그것과 같은 범주에 속한다고 보는 관점이 얼마나 잘못된 것인지는 분명히 드러난 셈이다.

---

42 마이네케, 앞의 책, 「제5장: 프리드리히 슐레겔의 정치적 낭만주의로의 이행」, 83쪽. 가톨릭 교회로의 귀의 및 오스트리아와의 연줄 때문에 프리드리히 슐레겔의 자유로운 개인주의적 낭만주의는 정치적이고 기독교적인 낭만주의로 발전하게 되었다. 마이네케에게 드 메스트르와 보날은 당연히 정치적 낭만주의자였다(240쪽). 이는 그가 다른 여러 경향들에 대해 세밀히 평가 내린 것과는 달리 이 점에 대해서만큼은 시류에 따른 지극히 상투적인 어법을 아무 생각 없이 그대로 따라 썼기 때문이다. 그런 탓에 그렇게 명석한 역사가조차 자유로운 낭만주의와 정치적인 낭만주의라는 놀라운 구분을 하기에 이른 것이다.

43 [옮긴이] 모리스 팔레올로그(1859-1944): 프랑스의 외교관, 역사가.

44 팔레올로그, 『낭만주의와 외교, 탈레랑, 메테르니히, 샤토브리앙Romantisme et Diplomatie, Talleyrand, Metternich, Chateaubriand』(파리, 1924), 101쪽 이하. 탈레랑과 메테르니히가 낭만주의자가 아니었음은 두말할 필요도 없다(팔레올로그는 "외교계의 전설적인 낭만주의légende romantique du diplomate"에 대해서만 이야기할 뿐이다). 낭만주의의 생산성을 위한 계기가 되어 준 다른 많은 인물들과 마찬가지로 그들 역시 낭만주의자가 아니었다. 비록 문학의 세계에서는 상드Sand에 의해 낭만적이고 악마적인 형상으로 치부되었다 해도, 탈레랑이 내각 정치 Kabinettspolitik에 있어 경이로운 수완가Techniker였다는 역사적 평가는 달라지지 않는다.

Ⅰ. 외부 상황

18세기 말 독일에서 등장한 낭만주의 운동은 마치 스스로 하나의 혁명인 양 행세했고, 이를 통해 프랑스에서 일어난 정치적 사건들과 [모종의] 관계를 맺을 수 있었다. 이 운동의 사회적 조건을 형성한 장소, 즉 북부 및 중부 독일의 당시 사회 분위기가 정치적이지 않았음은 분명한 사실이다. 부르주아 질서가 너무도 확고하게 자리 잡은 터라 사람들은 혁명을 열광적으로 환영하며 [권력의] 눈치를 볼 필요가 전혀 없었던 것이다. 슐뢰처Schlözer[1], 페더Feder[2], 슈피틀러Spittler[3]를 위시한 괴팅겐 대학의 교수들이 이제 민족Nation들은 폭정의 굴레로부터 해방되었다고 강단에서 환호작약했을 때, 하노버 정부는 이들의 부적절한 처신에 주의를 주었고, 교수들은 자신들의 말이 그렇게 진지하게 받아들여진다는 데 놀랐다. 프로이센 궁정 사람들이 혁명에 대해 특별히 기꺼워했던 까닭은 모든 것을 고려했을 때 프랑스에서 발생한 사건들이 결국에 가서는 [유럽 내에서] 프랑스의 위상

1 [옮긴이] 아우구스트 루트비히 폰 슐뢰처(1735-1809): 독일 역사가.

2 [옮긴이] 요한 게오르크 페더(1740-1821): 독일 철학자.

3 [옮긴이] 루트비히 티모테우스 슈피틀러(1752-1810): 독일 역사가.

을 약화시키는 쪽으로 귀착될 거란 생각에서였다. 뿐만 아니라 새로이 성립한 프랑스 공화국이 예기치 못한 군사력을 과시하고, 서부 독일에서 위협을 느낀 제국 의회Reichstände가 자코뱅당의 "정복 국가"에 대한 위기감을 온 세계에 표명했을 때조차 독일인들 중에는 단 한 사람도 인권과 인민 주권 따위의 추상 개념들에 대해 두려움을 느끼지 않았다. 독일에서는 해방 전쟁이 발발한 뒤에야 비로소 이념을 통해 위세 떨치는 혁명에 대한 두려움이 널리 퍼졌고, 이 두려움은 [정부 당국이] 치안 조처를 취하는 데 대한 좋은 구실이 되어 주었다.

슐레겔은 프랑스 혁명, 피히테의 『지식학』, 괴테의 『빌헬름 마이스터』[4]이 세 가지가 18세기의 가장 위대한 경향을 보여 주는 것이며, 또한 프랑스 혁명은 국가의 역사에 있어 가장 위대하고 주목할 만한 현상으로 볼 수 있다고 말했다. 이 말의 정치적 의미는, 경찰국가가 제공하는 평화 속에서 [혁명과 같은 급박한] 사건들에 대해 느긋한 공감을 표시하던 독일 시민들[의 태도], 즉 프랑스에서 난폭한 방식으로 현실화된 추상 이념들을 다시금 [아름다운] 이상의 영역으로 되돌려 놓으려 한 태도와 다르지 않은 것으로 평가되어야 한다. 이것은 멀찍이 떨어져 바라보는 자의 눈에 비친 불꽃이다. 슐레겔은 스스로의 열광 또한 쉽게 초극했다. 이윽고 프랑스 혁명은 더는 웅대한 사건이 아니게 되었다. 그는 진정한 혁명은 아시아에서나 가능할 거라고 말했다. 프랑스에서 실제로 일어난 혁명은 그저 운 좋게 얻어걸린 시험 연습일 뿐이라는 것이다.[5] 이에 반해 낭만주의자들의 혁명은 새로운 종교, 새로운 복음, 새로운 천재성, 새로운 보편 예술을 약속했다. 평범한 현실 속에서 이 혁명가들이 존재감을 드러낸 경우가 없지는 않았지만, 그것은 공론화forum externum될 가치가 거의 없는 것이었다. 그들이 수행한

---

4 [옮긴이]: 괴테의 『빌헬름 마이스터의 수업시대Wilhelm Meisters Lehrjahre』[한국어판: 안삼환 옮김, 민음사, 1999]를 줄여서 쓴 것이다.

5 『유럽Europa』(프랑크푸르트 암 마인, 1803), 제1권 제1부, 36쪽.

[혁명적] 실천이란 [고작해야] 잡지를 간행하는 일이었다. 베를린 은행가의 딸들이 소유한 살롱에서 몇몇 부르주아 문필가들이 벌인 소동, 즉 살롱 주인과 친구들 간의 급작스러운 결혼, 괴테와 쉴러에 대한 선전 포고, 니콜라이의 분쇄Zerschmetterung, 코체부 살해 등의 사회적 추문은 외부의 시각에서 볼 때 [시답잖은] 몇 가지 뉴스거리에 지나지 않았다. [독일을] 두루 여행한 마담 드 스탈은 언젠가 독일에서는 더없이 대담한 혁명적 사상도 자유롭게 개진할 수 있다는 데 대해 놀라움을 표시한 적이 있다. 물론 그녀는 이유를 알고 있었다. 아무도 그런 것을 심각한 문제로 여기지 않았기 때문이다. 정치적 결정권을 가진 계층, 즉 귀족과 고위 관료 들은 [확고하게] 우월한 위치에 있었기 때문에 문학을 애호하는 귀부인들의 후원 아래 [살롱에서] 강연을 하며 귀족 사회가 던져 주는 떡고물을 받아먹는 문필가들 따위에 신경 쓸 필요가 전혀 없었다. 이 문필가들은 우아한 귀족 문화에 들락거리며6 거기에 동화되려 애쓰는 자들, 그게 아니면 적어도 그 문화를 배워 내 도시성의 철학 같은 것을 정립하려는 자들이었다. 경박한 방탕아의 솔직한 면모를 가진 폰 슈타이겐테쉬 남작Freiherr von Steigentesch[의 발언]은 전형적인 기사도적 세계관을 보여 준다. [그에 따르면,] 무릇 지식인들은 그들의 책상머리에서만 광분토록 해야 한다. 배고픔이 그들의 펜대를 움직이는 것이며, 그렇지 않을 경우 위험천만할 인간 공통의 확장 충동Expan-

---

6   베르너R. M. Werner, 「빈의 낭만주의 진영으로부터」, 『오스트리아 헝가리 리뷰』, N. F. 8호, 1889/90, 282쪽. 칼 바그너Karl Wagner, 「1808년과 1809년의 빈의 신문과 잡지Wiener Zeitungen und Zeitschriften in den Jahren 1808 und 1809」, 『오스트리아 사회 아카이브』, 104권, 1915, 203쪽 각주. 야콥 블라이어Jakob Bleyer의 「프랑크푸르트 연방 의회에서의 프리드리히 슐레겔」(『헝가리 전망』, 제2권, 1913, 뮌헨/라이프치히, 1913, 654쪽)에 인용되어 있는 「최고 경찰청 및 검열청의 기록Archivs der Obersten Polizei- und Zensurhofstelle」의 1816년 문서 354번에 흥미로운 구절이 있다. "오래전부터 독일 바깥에서 우스꽝스러운 짓을 해서 합리적인 사람들의 빈축을 사온 이 모든 떠돌이 강연자와 낭독자 들은 자신들을 방문하는 모든 남녀에게 [저들 강연의] 입장권을 집요하게 강매하는 여인들의 적극적인 보호 덕분에 이곳에도 나타날 수 있었다." 이 문서에서 아담 뮐러, 겐츠, 알비니Albini 남작을 다룬 부분은 입수하지 못했다.

---

sionsdrang은 지식인들의 경우 다만 두꺼운 책을 써내는 것으로 해소된다는 것이다.[7] 심지어 어떻게 하면 사람들로부터 존경 받을 수 있는지를 알았던 겐츠의 경우에도, 그가 메테르니히와 쌓은 우정은 때로 주인과 종복 사이의 친밀한 관계를 떠올리게 했다.[8] 아담 뮐러가 사람들로부터 존중 받을 수 있었던 것은 다만 겐츠가 그의 친구이자 열성적인 후원자였기 때문이다.[9] 빈Wien의 궁정 관료들이 뮐러와 슐레겔을 "무례하게" 대하는 것을 보고 마음씨 좋은 클링코스트룀Klinkowström이 분노했던 데에는 그럴 만한 이유가 있었던 셈이다.[10] 레베르크Rehberg[11]가 뮐러의 강연에 대해 쓴 논평에서 우리는 이 견실한 남성이 [뮐러에 대해 느낀] 경멸을 감지할 수 있다. 이 경멸이 유독 강하게 느껴지는 까닭은, 라우머F. Raumer[12] 등의 무리들이 [뮐러를 향해] 표출한 것과 같은 개인적인 혐오감을 내비치는 대신 차분하고 객관적인 태도로 뮐러의 강연이 높으신 분들의 눈치를 본 것이라는 점을 지적하고 있기 때문이다.[13] 하지만 분별력 없는 귀족이나 관료의 경멸이라면 설령 레싱이라 해도 피할 방도가 따로 있지는 않을 것이다. 보다 중요한 것

---

7   프리드리히 슐레겔, 『독일 박물관Das deutsche Museum』, 제1권 1장, 206-207쪽.

8   그렇기 때문에 메테르니히는 겐츠가 뒤에서 자신을 욕하거나 수상한 짓을 하고 다녀도 굳이 화를 낼 필요를 못 느꼈다. "그가 설치고 다닌다는 것을 나는 잘 알고 있다. 그러니까 그를 전적으로 믿고 맡겨서는 안 되고, 언제나 그를 써먹어야 한다"고 메테르니히는 후델리스트Hudelist에게 편지를 써 보내고 있다. (W. Ⅲ, 1, 268쪽 각주도 참조하라.)

9   내무부 의전 및 홍보 담당관이던 슈크만Schuckmann은 프랑크푸르트 대학의 총장직을 바라는 뮐러의 청원에 대해 강사 자리라 해도 어느 학과에 배정해야 할지 모를 지경인데, 언감생심 총장 자리는 말도 안 된다고 말했다(프리드리히 라우머의 『회고록 및 서한집Lebenserinnerungen und Briefwechsel』, 제1권, 라이프치히, 1861). 하르덴베르크는 겐츠의 입장을 고려해 아담 뮐러가 그래도 사울 아셔Saul Ascher보다는 낫다고 말했다. 오스트리아의 요한 대공 Erzherzog은 (1813년 8월 30일자) 일기에 다음과 같이 적었다. "아담 뮐러가 나에게 왔다. 그와 이야기하는 것은 즐거운 일이다. 나는 그를 중용하고자 한다. 그 밖에 그의 생각이 어떤 것인지 나는 신경쓰지 않는다"(크로네스Krones, 『1812년에서 1816년의 티롤과 오스트리아의 요한대공Tirol 1812-1816 und Erzherzog Johann von Österreich』, 인스브루크, 1890, 129쪽).

10   「수상실 고문서 보관소에서Aus der alten Registratur der Staatskanzlei」(빈, 1870), 175, 179쪽. 프리드리히 슐레겔은 "……수년에 걸친 노력 끝에 참사관Legationsrat의 지위에 올랐던 자

은, 정치적 활동의 기회를 얻은 정치적 낭만주의자가 그러한 우월감에 대

다. 그는 정치권에서 잊힌 채로 드레스덴의 강연 철학자로 활동하다가 1829년에 죽었다. 멘델스존 가문 출신인 그의 미망인은 친한 친구들 사이에서 가끔 남편 얘기를 편한 우스개처럼 늘어놓았다. 즉, 그녀의 남편이 총리실의 어떤 방을 지나치노라면, 거기서 무언가를 적고 있던 이런저런 관료들은 슐레겔이 비밀을 알아차리지 못하게끔 손으로 서류를 가렸다는 것이다……". "후자(야르케)가 언론계에서 벌인 용감한 투쟁에 주목한 총리Fürst 메테르니히는 '성은Allergnädigste'을 베풀어 그를 빈으로 불러 총리실에서 일하도록 했다. 이 유명한 교수는 취임과 동시에 평범한 관료들의 혹심한 냉대에 부딪혔다. 야르케는 직장에서의 어중간한 입지를 극복하기 위해 총리실의 고관들과 불쾌하기 이를 데 없는 말다툼을 누차 벌여야만 했다. 통치자 메테르니히는 귀족적인 사고방식을 가지고 있었기 때문에 겐츠, 슐레겔, 뮐러, 야르케 등 저명한 정치적 문필가들이 당하는 곤욕에 아무런 책임감을 느끼지 않았다. 메테르니히에게 모든 책임을 물을 수는 없다. 왜냐하면 그는 인사 문제란 집정관Prätor을 성가시게 만들지 않도록 관료들이 알아서 처리해야 할 문제라 여겼고, 이러한 견해에 따라 [자신이] 초빙한 인물들의 처우 문제는 통상 담당 부서에 전적으로 일임했기 때문이다". 더불어, 겐츠가 메테르니히에게 보낸 1827년 2월 22일자 편지를 보자(클링코스트룀, 76쪽; 비티헨, 제2권 2장, 218쪽). "제가 직접 뮐러를 위해 개입한 이후 결국 슈튀르머Stürmer 남작이 저를 봐서 [그에 대한] 태도를 누그러뜨릴 때까지 뮐러가 **얼마나 모욕을 당했는지**wie **schändlich** [시시콜콜] 말씀드려 각하를 성가시게 만들고 싶지는 않습니다. 허나 이제부터라도 그의 처지를 살피는 일 — 무엇보다 그의 근거 있는 청원과 불평을 불편부당하게 공정히 굽어보시는 것 — 은 부디 거절하지 말아주소서, 각하! 어떤 담당자를 지정할 것인가의 문제는 경외하는 각하께 달려 있습니다. 저로서는 궁정고문Hofrath 레프첼턴Lebzeltern이 가장 적임자라고 사료되옵니다. 이 문제를 방치해서는 아니 되옵니다. 뮐러는 비탄에 빠져 있을 뿐 아니라, 앞으로 어떻게 먹고 살아야 하나 하는 걱정까지 하고 있습니다. 비열한 자(내 각 고문 카이자르Kaesar)가 그를 음모에 빠트린 것 같은 그런 일이 한 번만 더 발생한다면, 뮐러는 관 속에 눕게 될 것입니다." 1827년 4월 6일, 6월 1일, 10월 17일, 11월 25일, 12월 14일, 1828년 1월 31일 겐츠의 일기 및 슐레겔이 그의 형에게 보낸 1815년 1월 16일자 편지(『서한집』, 오스카어 발첼Oskar F. Walzel 편집, 베를린, 1890, 537쪽)도 참조하라.

11 [옮긴이] 아우구스트 빌헬름 레베르크(1757-1836): 독일 철학자.

12 [옮긴이] 프리드리히 라우머(1781-1873): 독일 역사가.

13 『할레 일반 문학 잡지』, 1810, 107-109호 (『전집Sämtliche Schriften』, 제4권, 하노버, 1829, 243쪽). "높으신 양반들은 정신을 딴 곳으로 돌려줄 오락 거리를 찾는다. …… 그래서 불멸의 정신마저 완전히 잠들 수 없게 만드는 서투른 연주를 하려 든다. 이 연주에 만족하는 것은 오히려 홀을 가득 메운 대중들이다. 이들은 이제 한편으로는 높으신 양반들과 함께 있는 것, 다른 한편으로는 고급 문화를 즐기는 사람들처럼 행세하는 것에 적응했다. 이 청중들을 즐겁게 하기 위해서는 모든 평범하고 진부한 것을 새로운 것, 더 높은 것, 이제야 비로소 세상에 알려지는 숨겨진 지혜인 양 포장하지 않으면 안 된다. 새로운 단어, 놀라운 조합, 암시, 해석 들이 모색되어야 한다. 합리적인 사람의 깊은 사유에서 길어낸 명쾌한 강연으로는 충분

해 어떻게 대응하고 또 실제로 어떻게 대처했는가 하는 점이다.

주지하다시피 슐레겔의 출발점은 실제적인 정치적 노력 일체를 무가치한 것으로서 거부하는 것이었다. 그는 "정치의 세계에 믿음과 사랑을 허비하지 않겠노라"고 선언했다. 하지만 이런 말은 곧이곧대로 들어서는 안 된다. 기회가 닿을 때마다 그는 열심히 [정치적인 일에] 달려들었으며, 그의 기질과 명예욕은 외교 사업과 중요한 [정책] 업무에 참여하고 싶어 안달이었다. 그가 처음에는 『오스트리아 신문』, 그리고 이어서 『오스트리아의 관찰자』의 편집장으로서 전시 언론 및 홍보 업무를 담당했다는 사실은 구태여 언급할 필요가 없을 것이다. 이미 내용이 정해져 있는 기사와 논설을 가필한 것을 두고 정치적 활동이라 부를 수는 없기 때문이다. 게다가 그러한 편집 업무마저 얼마 못 가 [그보다] 더 유능한 필라트Pilat에게 위임되고 말았으니 말이다. 슐레겔이 1809년 나폴레옹에 반대하는 선언문을 작성하고 제 손으로 직접 붙이고 다녔다는 사실은 칭찬할 만하다. 왜냐하면 그것은 그가 스스로 느끼고 생각할 줄 아는 인간이라는 점을 증명해 주기 때문이다. 하지만 [실제로 슐레겔이 한 일 중에] 정치적 활동이란 명칭에 부합할 수 있는 것으로는 프랑크푸르트 연방 의회에서 참여한 공동 작업 — 이 자리를 얻기 위해 그는 무진 애를 썼다 — 부터라고 해야 한다. 물론 이 역시 별다른 성과 없이 끝났지만 말이다. 여기서도 당연히 그는 거창한 계획과 약속을 제시하면서 일을 시작했다. 도로테아Dorothea[14]는 이렇게 적었다.

치 않다. 아슬아슬한 곡예가 펼쳐져야 한다. 이와 같은 방법으로 만들어진 작품은 모두 다소간에 다음과 같은 흔적을 지닌다. 그 흔적이란, 그럴듯한 허울, 과장된 주장으로 현혹하는 가상, 억지 주장으로 상식적인 관념을 억누르는 허튼소리 등이다. 이 모든 것에 더해 또 한 가지 부적절한 모습이 있다. 그것은 학생이 아니라 경의를 표할 준비가 되어 있는 청중을 위해 마련된 [그들의] 강의는 우아하지만 꽉 막힌 어조를 취한다는 사실이다. [이것은 마치] 연설가가 코르셋Schnürbrust을 입고 등장하는 것과 같다. 데모스테네스Demosthenes, 폭스Fox, 버크, 그리고 보쉬에는 결코 그런 짓을 하지 않았다. 이들이 자신들 앞에 모인 청중의 인격을 아무리 존중했더라도 말이다."

14 [옮긴이] 도로테아 폰 슐레겔(1764-1839): 독일의 소설가, 번역가, 프리드리히 슐레겔의 부인.

"프리드리히는 지금 '헌법, 신분 의회Stände, 연방 의회 및 여타의 공적인 일들'로 바쁜데, '장차 그것들이 가져올 결과'를 보게 되는 것은 우리 아이들 일 것이다." 슐레겔은 외교부 업무에 [슬쩍] 섞여 들어가려 했고, [거기서] 자신의 상관, 즉 백수였던 자신에게 일거리를 준 부올Buol 백작을 [슬그머니] 우회하려 시도하였으나 이 시도는 꼴사납게 실패하고 말았다. 1816년 9월 16일자 훈령Reskript에서 메테르니히가 부올에게 신문과 인쇄물 등을 통해 여론을 [자기 쪽으로] 끌어오라고 부탁했을 때, [그 일을 위해] 쓸 만한 문필가로서 부올이 언급한 이름은 클뤼버Klüber 외에 아담 뮐러, 니콜라우스 포크트Nikolaus Vogt, 그리고 잘펠트Saalfeld였을 뿐, 슐레겔은 없었다. 하지만 부올은 슐레겔로 하여금 진정서Denkschrift를 한 통 작성하도록 시킨 적이 있기는 하다. 이 일과 그 외 몇몇 하찮은 업무 — 가령 「프랑크푸르트 문제에 관한 소견」을 꼽을 수 있는데, 이 글은 [오히려] 그를 골칫거리로 여겨지게 만들었으며, 또 그가 쓴 여러 신문 논설들 가운데 연방 의회에 대한 논설은 겐츠로부터 "선량한 몽상가"의 글이라는 평가를 받았다 — 를 제외하면, [직위에서] 해임될 때(1818년 4월 14일)까지 슐레겔이 정치 활동을 통해 내놓은 성과 중에 이렇다 할 것은 없었다. 그는 자진해서 연방 의회 회의록 교정 업무를 맡기도 했지만, 이 일에서도 금방 배제되었다. 마지막으로 몇 가지를 더 언급할 수 있다. 그의 편지는 — 그의 부인이 쓴 편지도 마찬가지다 — 영향력 있는 지인에게 보상 청구Entschädigungsansprüche를 알선해 달라, 이사 비용을 지원해 달라, 혹은 자신이 귀족 신분으로 뽑히도록 힘써 달라는 등의 청탁들로 빼곡히 채워져 있다.[15] 그가 자신의 상사들에 대해 쓴 인상 비평Charakteristik과 심리학적 아포리즘 및 비평들은 문학적으로 흥미롭기는 하지만, 그렇다고 해서 이것들이 정치적으로 [유의미한] 역할을 맡고자 한 그의 노력에 [실질적인] 보탬이 된 것은 아니었다. 이

---

15 블라이어, 앞의 책, 111쪽. 슐레겔이 자신의 형 아우구스트 빌헬름과 교환한 서신, 앞의 책, 558-559쪽 및 575쪽.

는 오래전 그가 예나Jena에서 철학자로 나서 보려 했다가 실패한 것과 마찬가지였다. 마지막으로, 메테르니히가 슐레겔을 발탁하고, 곧이어 떠난 로마 여행 때 그를 대동한다. 그리고 메테르니히는 여러 편지들에서 악의 없는 조롱기를 담아 식탐을 부리는 살찐 슐레겔에 대해 언급한다.[16]

이 불행한 남자를 인간적인 측면에서[만] 평가하고 또 그의 정신적 가치를 그의 실패에 비추어서[만] 평가하는 것은 너무도 부당한 처사일 것이다. 그럼에도 불구하고 이 정치적 인물Persönlichkeit을 그가 가진 역사적 영향력의 측면에서 고찰해야 한다면, 다음의 사실을 언급하지 않을 수 없다. 즉, 그의 정치적 동시대인들 중 대다수는 슐레겔이라는 인물에 대해 뚱보Korpulenz라는 점 외에 특별히 다른 인상을 갖지 못했을 뿐더러, 그를 정치인으로서도 전혀 진지하게 취급하지 않았다. 하지만 슐레겔은 교황제와 교회 그리고 귀족 계급에 대한 자신의 이념이 정치적으로도 진지하게 수용되어야 한다고 주장했다. 이 점에 있어서 슐레겔은 결코 아담 밀러와 어깨를 나란히 할 수 없었다. [물론] 그 밖에 다른 점들에 있어서 그는 밀러를 자신의 정신적 똘마니Mitläufer인 양 생각할 수 있었으며,[17] [실제로 한때나

---

16 겐츠에게 보낸 1819년 4월 9일자 편지(W. III, 1, 390쪽). 나아가 예컨대 다음 자료들을 보라. 게츠가 필라트에게 보낸 1818년 9월 8일자 편지(멘델스존-바르톨디 편집, 『필라트에게 보낸 편지』); 도로W. Dorow가 셰프너Scheffner에게 보낸 1818년 11월 9일자 편지(아르투어 바르다 Arthur Warda 편집, 『셰프너와 주고 받은 편지』(뮌헨/라이프치히, 1916, 제1권 1장 155쪽); 하인리히 핑케Heinrich Finke, 『프리드리히 슐레겔과 도로테아 슐레겔에 대하여』(쾰른, 〈괴레스 협회〉, 1918, 10-12쪽, 34-36쪽). 슐레겔의 정치적 중요성에 대해 얼마나 잘못된 관념이 유포되고 있었는지는 라트레유C. Latreille의 『조제프 드 메스트르와 교황권Joseph de Maistre et la Papauté』(파리, 1906, 282쪽)을 보면 가장 잘 알 수 있다. 그에 따르면, 슐레겔은 "프랑크푸르트 주재 오스트리아 대사였으며, 오스트리아를 드 메스트르의 이념에 따라 개편했다!"

17 이것은 밀러의 『독일 학문과 문학에 대한 강연 Vorlesungen über die deutsche Wissenschaft und Literatur』(드레스덴, 1807)에 대한 서평(『하이델베르크 연보Heidelbergische Jahrbücher』, 1808, 226-227 쪽, 퀴르쉬너Kürschner가 편집한 『독일 민족 문학』, 제143권, 405-406쪽에서 아주 명확히 드러난다. 아우구스트 빌헬름 슐레겔에게 보낸 1813년 1월 14일자 편지에서 프리드리히 슐레겔은 밀러에 대해 다음과 같이 쓰고 있다. "돌팔이(그에게는 약간 그런 기질이 있어)가 여기서는 더 쉽게 출세해. 합리적인 사람들은 여기서(빈을 가리킨다) 잘 될 수가 없어"(프리드리히 슐

마] 뮐러가 프리드리히 슐레겔의 "그림자"라는 세간의 평가도 있기는 했다.[18]

1815년부터 라이프치히 주재 오스트리아 총영사였던 뮐러는 노련하게 자신의 직무에 열심을 낸 덕분에 그곳에서 일정한 영향력을 발휘할 수 있었다. 하지만 마흔다섯의 이 사내는 언젠가 겐츠에게 우울한 어조로 편지를 쓴 적이 있다. 자신이 신문 논설을 통해 발휘하기 시작한 수사학적 재능이 [이제는] 자신의 〈라이프치히 살롱〉에 모인 몇몇 호의적인 청년들에게만 [약간의] 효력을 발휘할 뿐이며, 그 밖에는 그저 휘발되고 고갈되고 있다는 것이다. 그런데 편지의 결론에 가서는 어조가 달라진다. 뮐러는 여기서 그의 생애를 결산한다. 이름도 뼈대도 없는 집안 출신의 시민으로서 제국의 라이프치히 주재 총영사가 되었다는 사실이 분에 넘친다는 것을 그는 알고 있다. 이에 대해 뮐러는 (한 치의 빈정거림도 없이) "신과 군주(메테르니히)"에게 감사하다고 말한다. 그럼에도 불구하고 그는 이렇게 말한다. "내가 내 분수에 맞게 탐할 수 있었던 자리로는 제일 높은 자리에 올라 7년을 있었지만", 세습 귀족(그의 작위 수여가 지체되고 있었다)의 시민적 대변자로서 귀족들이 "그들을 위한 최선의 변호인인 나의 길을 막는다는 사실"이 괴롭다. 그리고 "기본적으로 우리 스스로가 부추긴 일이긴 하지만, 유럽에서 다시 혈통을 자랑하는 일이 크게 유행하기 시작한 것"도 괴로운 일이다. 그렇지만 그는 다시 이렇게 말한다. "우리의 군주(메테르니히)가 성공을 거두었다는 사실, 지금까지 이 사실만이 저의 위안이었습니다."[19] 그는 자신

___

레겔이 아우구스트 빌헬름 슐레겔에게 보낸 편지, 앞의 책, 638쪽).

18　볼프강 멘첼Wolfgang Menzel, 『독일 문학Die Deutsche Literatur』(제1권, 제2판, 슈투트가르트, 1836), 306쪽. "그의 그림자였던 아담 뮐러는 정치와 예술의 영역에서 그를 모방했고, 그와 마찬가지로 배교자였으며, 그의 뒤를 따라 죽었다. 왜냐하면 그는 슐레겔로부터 정신을 공급 받았기 때문이다." 뮐러 『전집』 제1권에 대한 서평(『문학지Literaturblatt』, 제21호, 1840년 8월 21일, 337쪽)에서도 같은 말을 하고 있다.

19　라이프치히에서 보낸 1823년 1월 13일자 편지(BW, 219번).

의 영향을 받아 프리드리히 페르디난트 폰 안할트-쾨텐Friedrich Ferdinand von Anhalt-Köthen 대공이 가톨릭으로 개종한 것을 진심으로 기뻐했다. 이것은 동시에 [그의] 정치적 성과이기도 했다. [이후] 뮐러는 평생 그토록 간절히 바라던 인정, 즉 귀족 작위를 받게 된다. 하지만 그가 무슨 일을 하든 그는 그저 메테르니히의 맹목적인 꼭두각시일 뿐이었다. 그가 "허튼소리를 하고" 다녔다는 [세간의 평가가 나온] 것은 그가 정치적 실천Praxis의 차원에서 그랬다는 뜻이 아니라, 그의 글에 담긴 이론적 함의들이 그렇게 읽혔다는 것을 뜻한다. 생의 말년에 그는 그저 선량하고 경건한 한 명의 가톨릭 신자였다. 심지어 그는 자신의 인품과 관련해 사람들이 족히 10년이 넘도록 품어 온 깊은 의구심을 말끔히 떨쳐낼 정도로 겸손한 모습을 보이기까지 했다.[20] 그런데 그가 자신의 뜻에 따라 정치적 결단을 내릴 수 있었던 시기는 1808년부터 1811년까지였다. 이때까지만 해도 그에게는 겐츠처럼 중요한 정치적 사상의 대변자가 되어 대중과 접촉하며 그들을 고무할 수 있는 길이 열려 있었다. 만약 그렇게 되었더라면, 그도 한 명의 정치적 논객Publizist으로서 그가 지닌 독특한 사상을 [하나의] 정치 이념으로 정당화할 수 있었을 것이다. [이 시기] 그의 삶이 지나온 여러 굴곡을 차치하면, 당시의 경과는 다음과 같다.

아담 뮐러는 역시나 낭만적 반항자로서 시작했다. 비록 괴팅겐 시절 그가 스무 살 대학생으로서 프랑스 혁명의 적대자 역할을 맡기는 했지만 말이다. 그가 그런 역할을 맡은 것은 겐츠의 영민한 제자였기 때문이며, 또한 당시 괴팅겐의 "문화적 분위기가 독일보단 오히려 영국 풍이었던"[21] 탓에

---

20 지크베르트 엘쿠스Siegbert Elkuß, 『낭만주의에 대한 평가와 연구의 비판을 위하여』(역사적 도서관 총서 38권, 1918), 6쪽. 엘쿠스는 뮐러가 인간적으로 그리고 정치적으로 성숙한 시기는 1815년 이후라고 했는데, 이것은 타당한 진술이다. 그러나 그는 이 시기에 모든 낭만적인 것을 점차 탈피하려 했으며, 더욱이 현실적으로 메테르니히의 보잘것없는 종복에 지나지 않았다.

21 렉시우스, 앞의 책, 506쪽. 여기서 렉시우스는 독일의 법학과 역사학이 실증적인 방향으로

이에 물든 그가 짐짓 친영주의적인 포즈를 취했기 때문이기도 했다. 대륙의 낭만주의는 언제나 영국에 심취하는 경향이 있었다. 다만, 낭만주의의 본질을 제대로 인식하기 위해서는, 당시 하노버에 강하게 나타난 영국 문화의 영향에 낭만적인 요소가 전혀 없었다는 점을 알아 둘 필요가 있다. 영국 문화가 그곳에서 [강한] 영향을 끼칠 수 있었던 까닭은 [우선] 양자를 통치하는 가문이 같았고, [따라서 양자는] 동일한 사회적 이해관계를 가졌으며, 또한 브란데스Brandes[22]와 레베르크 같은 지적인 고위 관리가 영국적인 양식Wesen과 제도들을 깊이 이해하고 있었기 때문이다. 이는 니더작센Niedersachsen족과 앵글로·색슨족이 서로 친족 관계라는 사실을 통해 더욱 강하게 뒷받침되며, 이로써 [낭만주의의 영향이 그래도 조금은 있지 않았겠냐는] 의심은 말끔히 해소된다. 그래서 하노버의 괴팅겐 대학은 프랑스 혁명에 대한 열광을 멀리 했고, [그곳의] 많은 학자들은 당대를 뒤흔든 주요 사건들에 대해 신중하고 비판적인 태도를 취했다. 칸트와 이후 그를 추종한 자들에 의해 선험철학이 크게 유행했을 때에도 괴팅겐 대학에서는 여전히 "건전한 상식der gesunde Menschenverstand"이 강단을 차지하고 있었다.[23] 영국적 양식은 이처럼 합리적이고 객관적인 근거에서 영향을 끼쳤지만, 이는 곧 베를린의 청년층에 의해 낭만주의로 변질돼 이들을 [낭만적인] 영국에 심취하도록 만들었다. 변변치 못한 집사Rentmeister의 아들로 태어난 뮐러는 낯선 사람들 앞에서 부유한 영국인 행세를 했으며, 출세할 무렵부터는 주위 사람들 모두가 하나같이 장착한 우아한 사교적 기교를 따라 익

발전하는 데 영국의 영향력이 컸다는 사실을 강조하고 있다.

22 [옮긴이] 에른스트 브란데스(1758-1810): 독일 법률가.

23 그래서 괴팅겐 사람들은 적대자들이 선험철학의 오만함에 대해 욕으로 응대했을 때 거들지 않았다. 하지만 부터벡Bouterwek의 『철학 및 문학의 새로운 박물관Neues Museum der Philosophie und Literatur』에는 새로운 철학과 낭만주의에 대한 일군의 패러디가 등장한다. 이것은 독문학이 산출한 패러디 중 최고 걸작에 속한다.

히려 무던 애를 썼다.[24] 또한 영국은 그에게 철학의 고향이었다. 그가 세우려고 한 [이상적인] 학교의 지붕은 그곳에서 올려져야 했다. 이 외에도 낭만적인 다양성을 자랑하는 그의 관심사는 국민경제학, 자연철학, 의학, 문학, 점성학 등을 모두 아울렀다. 그의 첫 저서인『대립론Die Lehre von Gegensatz』(1804)은 흥미 있는 대상이라면 결코 그대로 내버려 두는 법이 없는, 그래서 어떤 것도 제대로 파고들지 못하는 그의 다문박식 Vielseitigkeit을 잘 보여 준다. 이는 버크와 괴테를 더 높은 제3의 인격 속으로 융합시키려는 시도를 담은 부분에서 절정에 이른다. [뮐러가 보기에] 버크는 영국적인 복합체, 괴테는 낭만적인 복합체의 대표자였다. 두 사람을 실제 인물이 아닌 낭만적인 형상Figur으로 다루었기 때문에 그는 어렵지 않게 그들을 융합시킬 수 있었다. 이는 그 책의 저자가 낭만주의자였기 때문이다. 뮐러는 서문에서 혁명은 실패했다고 적었는데, 이것은 당시, 그러니까 1803년에 슐레겔이 가진 견해와 같은 것이었다. 뮐러는 이렇게 말한다. "철학의 체계들, 부서진 왕관, 공화주의 헌법, 신과 인간을 동시에 사랑하려 한theophilanthropisch [거창한] 계획들, 보존하거나 파괴하려 했지만 실패한 기획들, 도덕의 원칙들과 자연법 교과서, 낡아버린 의무와 포기된 권리들, 이 모든 것들이 거대한 쓰레기 더미처럼 아무렇게나 쌓여 있으며, 떠들썩했던 18세기 말이 우리에게 남겨준 온갖 문서, 대화, 행동 들 가운데 지금까지 어느 것 하나 완결된 것이 없다." 이러한 상황Sachlage에서 이 젊은 문필가는 실패한 혁명을 다시 부여잡아 완성하려 했고, 종교, 철학, 자연, 예술 따위의 낱말들에게 새로운 내용을 부여하려 했으며, 이제까지의 기계론적 시대의 한계를 부수려 했고, 정신적 혁명이 부풀려 놓은 내세 지향적weltfremd 사변

---

24 그의 친구인 쿠르나토스키 형제는 젊은 아이히호른Eichhorn에게 "매우 교양 있는 젊은 사람들"로 비쳤다(슐테Joh. Friedr. Schulte,『칼 프리드리히 아이히호른: 그의 삶과 활동Karl Friedrich Eichhorn, Sein Leben und Wirken』, 슈투트가르트, 1884, 9-10쪽). 라우머는 이에 대해 약간 악의적으로 말하고 있다(앞의 책, 제1권, 40쪽).

들을 다시 땅 위의 현실로 끌어내리려 했다.

이후 몇 년 동안 그의 사상은 더 분명해지지 않았다. 그러나 그의 사회적 지위와 경제적 상황은 분명해졌다. 즉, 그의 공명심Ehrgeiz이 현저히 위축될 정도였던 것이다. 그는 폴란드인 친구 쿠르나토스키Kurnatowski와 하차 Haza의 집에 얹혀살았다. 뮐러는 이들에 의해 〈남부 프로이센 경제 협회〉의 "대표Deputierte"로 추대되었다. 그러나 이 농촌 지주 조합의 "연보"를 보면, 현실 사회에서 큰 역할을 하고픈 갈망에 허덕이는 한 청년이 그런 자리로는 결코 만족할 수 없었다는 것을 금방 알 수 있다.[25] 농촌에서의 고독한 생활로 인해 그는 심각한 우울증에 빠졌고, 아프다 못해 자신이 마치 식물이 된 것처럼 느낄 지경에 이르렀으며, [그로 인해] 점성술[26]과 기상학을 연구하기도 했다. [그러던 중] 마침내 뮐러는 겐츠의 초대를 받아 빈Wien으로 [여행을] 간다(1805년 2월 8일부터 4월 30일까지). 다시 빈을 떠나 [시골로] 돌아가기 하루 전, 그는 가톨릭으로 개종한다.[27] 1805년 10월, 자신이 기숙하던 하차 집안이 드레스덴으로 이주할 때 그도 함께 갔으며, 그곳에서 뵈티거, 슈베르트 등과 같이 개인 교사Privatgelehrter로 강의했다. 그의 청중은 주로 지체 높은 외국인들로 구성되었다. 1805-1806년 겨울에는 독일의 문

---

25 이 연보의 제1호(포젠/라이프치히, 1803)에 뮐러는 「기상 관측의 통신을 위한 기획 — 이 지방 및 인접 지방의 농업 경영자들에게Entwurf zu korrespondierenden Wetterbeobachtungen: Eine Einladung an die Landwirte hiesiger Provinz und der benachbarten Länder」라는 글을 기고했는데 (149-176쪽), 같은 호에는 양의 축사 내 사육, 돼지들이 뛰어다니는 행동, 퇴비장 만드는 법, 퇴비의 올바른 관리법 등에 관한 논문들이 실려 있다.

26 물론 자신의 별점을 심각하게 받아들였더라면, 그는 불안에 빠졌을 것이다. 왜냐하면 그의 별자리는 역행하는 토성이 가재자리에서 화성을 만나고, 또 금성과 목성이 교차하는 것이었기 때문이다. 이 별자리의 뜻은 공적인 추문(실제로 1809년에 발생했다), 뇌출혈에 의한 급사(이 일도 실제로 발생했다), 사악한 천성 등이다.

27 개종일이 1805년 4월 31일(!)로 기록되어 있다. 이것은 처음에 『브로크하우스 백과사전』(초판, 제6권, 1819, 621쪽)에 기재되었는데, 그 뒤로 『독일인들의 최신 사망인 명부Neuer Nekrolog der Deutschen』(드레스덴, 1829, 제1부, 103쪽)에도 그대로 옮겨졌으며, 이후에 나온 모든 백과사전과 전기에서도 마찬가지다.

학, 과학, 언어에 대해 강의했으며, 1806-1807년의 겨울에는 극시drama-tische Poesie와 예술, 그리고 1807-1808년에는 미의 이념에 대해 강의했다. 이 강의록들은 책으로도 출판되었으며, 그중 일부는 1808년 1월 이래 그가 클라이스트Kleist와 함께 편집한 『푀부스Phöbus』에 실렸다. 그의 강연이 거 둔 성공은 금세 잊혔다.[28] 뮐러는 륄레 폰 릴리엔슈테른Rühle von Lilienstern이 1808년부터 편집한 『팔라스Pallas — 국사國事 기술Staatskunst 및 전쟁 기술 Kriegskunst에 관한 잡지』에도 관여해 여러 편의 논문을 기고했는데, 그 중에 는 「부흐홀츠Fr. Buchholz의 〈세습 귀족Geburtsadel에 관한 연구〉에 대하여」라 는 논문이 있다. 이 글에서 그는 부흐홀츠의 공격에 맞서 귀족을 비호한다.

이에 언제나 그를 보살피던 충실한 친구인 겐츠가 그에게 결정적인 계 기Anstoß를 마련해 준다. 귀족 계급을 옹호하는 책을 쓰거나 아니면 정치, 도덕, 역사를 망라하는 논문집을 간행해 보라고 제안한 것이다. "나는 전심 전력으로 당신을 돕겠습니다. 당신은 엄청난 명성을 얻게 될 것입니다. 만 약 전자(귀족 계급의 옹호)를 하기로 결심한다면, 당신은 정말로 윤택한 삶 을 보장받을 것입니다."[29] 겐츠의 이 계획은 독일, 특히 프로이센 귀족 계급 이 여론의 비난으로 궁지에 몰린 상황에서, 그들을 대변하는 당Partei으로 서는 그들을 지지해주는 것이면 어떤 글이라도 기꺼워할 거라는 계산을 깔고 있는 것이었다. 프로이센에서는 1806년의 패전으로 인해 세습 귀족 및 토지 귀족의 이익에 반하는 자유주의적 개혁이 예견되는 상황이었다. 그러나 뮐러는 프로이센 정부에 들어가 일할 계획을 갖고 있었다. 그럼에

---

28 여러 논평들 가운데 다음의 것들을 언급해 둔다. 『예나 일반 문학 잡지』, 제26-28호 (1806년 11월 6일), 153호 (1807년 7월 2일, 여기에 제2판에 대해 짧게 언급되어 있다); 『솔직한 자Fre-imütige』, 1806, 제1권 88-89쪽, 제2권 197쪽(메르켈G. Merkel의 정중한 논평도 실려 있다); 『상부 독일 일반 문학 신문Oberdeutsche Allg. Literaturzeitung』(제64호, 1808년 6월 9일); 또한 보베트Joh. Bobeth의 『낭만주의의 신문들Die Zeitschriften der Romantik』(라이프치히, 1911), 192쪽도 참조하라.

29 『겐츠-뮐러 서한집』(슈투트가르트, 1857), 1808년 5월 28일자 93번 편지.

도 그는 친구의 제의를 받아들였고, 두 가지 목표를 한꺼번에 달성하려고 했다. 그는 이미 1808-1809년 겨울 드레스덴에서 "국정 전반das Ganze der Staatskunst"에 관해 강의했는데, 여기서 그는 봉건 귀족Feudaladel을 대변하는 동시에 일련의 정치적이고 역사적인 [주제들에 관해] 상론했던 것이다. 이 강의는 "작센-바이마르 대공 베른하르트 전하 — 뮐러는 그의 개인 교사로 임명되었다 — 와 정치가 및 외교관들로 구성된 청중 앞"에서 행해졌다. 그는 이것을 『국정원론Elemente der Staatskunst』이라는 제목으로 출판하였는데, 이는 아마도 유클리드의 『기하학 원론Elemente der Geometrie』을 암시하는 제목일 것이다. [하지만] 이 책으로 그가 거둔 성과 역시 몇몇 지인들로 구성된 좁은 범위에 한정되었다.[30]

1809년 초 뮐러는 베를린으로 간다. 더 이상 드레스덴에 머무를 수 없게 되었기 때문인데, 그 이유들은 다음과 같다. 첫 번째는 사회적이고 도덕적인 것으로, 자신에게 머무를 집을 내어 준 오랜 친구의 부인을 유혹했던 것이다. 그는 베를린에 가자마자 그녀와 결혼했다. 두 번째는 정치적인 이유였다. 클라이스트나 젊은 달만Dahlmann[31]처럼 애국심으로 인해 경솔한 발언이나 행동을 마구잡이로 했기 때문은 아닌 것 같다. 국정술에 관한 강의에서 그는 명백히 당대를 가리키는 표현은 모두 삭제했으며, 심지어 여러 번에 걸쳐 "프랑스적"이라는 말도 뺐다. 이것은 검열 때문에 어쩔 수 없이 취

---

30 여러 논평들 가운데 앞서 인용한 레베르크 외에 다음의 것들을 언급해 둔다. 『예나 일반 문학 신문』(1810년 3월 13일자 60-61호). 여기에는 다음과 같은 부정적인 평가가 들어 있다. "이 모든 것에 수많은 오해들이 도사리고 있다. 다만 그것들이 저자가 일부러 야기한 것인지, 아니면 저자의 사유에 필수적인 것이었는지는 분명치 않다." 그리고 "스스로 유리한 쪽으로 생각하는 버릇 탓인지, 저자는 최근에 이뤄진 국가 이론의 발전을 자신이 총망라했다고 믿고 있다" 등등; 『라이프치히의 새로운 문학 신문』(1809년 7월 5일자 80호, 1265쪽). 이것은 『국가의 이념과 '인민 국가 이론'의 관계에 대하여』(드레스덴, 1809)라는 표제 아래 간행된 제2와 제3의 강의에 대한 논평이다. 여기서도 "현혹하는 반대 명제"가 기각되어 있다; 『괴팅겐 교양 비평』(1809년 6월 9일자 91호), 899-900쪽. "신이시여, 정의도 분명한 개념도 없는 학문으로부터 우리를 보호해 주소서!"

31 [옮긴이] 프리드리히 크리스토프 달만(1785-1860): 독일의 역사가, 정치가.

한 조치였을 것이다.[32] 이후 베를린 판에서 그 표현들은 다시 삽입되었다. 『국정원론』에서 뮐러는 도덕 동맹Tugendbund의 회원들을 향해 악의에 찬 논평을 한다. 그들은 마치 "우울증에 걸린 것처럼 연기"하는데, 그런 연기 에 있어서는 "단연 으뜸간다"는 것이다. 또한 그는 은밀히 클라이스트를 겨냥하면서 "그들은 복수와 살인에 관한 생각에 사로잡혀 있다"고도 말한 다(제2권, 6쪽). 폰 괴첸von Götzen 백작의 편지를 가지고 작센의 애국 운동 상황을 문의하러 온 정직한 마르텐스Martens를 그는 우월감 섞인 예의로 응대하는데, 이것은 가소로운 동시에 모욕감을 느끼게 하는 태도였다.[33] 프 랑스 군대가 드레스덴으로 진주했을 때, 그는 도피하지 않으면 안 되었다. 왜냐하면 불과 얼마 전까지, 그러니까 오스트리아 군대가 주둔한 동안, 그 는 공공연히 이들의 이익을 위해 활동했기 때문이다. 그러나 이런 종류의 재난은 그가 "더 높은 세상höheren Orts"에서 끊임없이 당한 시달림에 견주 면 약과였다.[34] 베를린에서 그는 (지인이었던 추밀 재무관 슈테게만Stägemann에

---

32 『국가의 이념』이 18, 22, 43쪽을 『국정원론』의 59, 85, 86쪽과 비교해 보라(진자에는 "프랑스 혁명" 대신 그저 "혁명"이라고 되어 있다!). 혹은 전자의 18쪽과 후자의 34쪽을 비교해 보라(『국가의 이념』에는 "라인강 너머의 이웃"에 대한 암시가 빠져 있다).

33 마르텐스C. v. Martens, 『한 사람의 구 장교의 전쟁 및 정치 생활에서 잊을 수 없는 이야기들 Denkwürdigkeiten aus dem kriegerischen und politischen Leben eines alten Offiziers』(드레스덴/라 이프치히, 1848), 87쪽. "아담 뮐러 씨에게서 나는 폰 퓔von Pfuel 씨와 정반대의 것을 발견했 다. 폰 괴첸von Götzen 백작은 나에게 이 남자는 사귈 만한 사람이라고 했으며, 나는 그에게 공감하는 어조로 쓴 편지를 들고 갔다. 그 편지에는 나의 여행 일정의 개요가 적혀 있었다. 아담 뮐러 씨는 품위 있는 옷을 입고 책상에 앉은 채 배워 익힌 듯 보이는 예의를 갖추어 나 를 맞았다. 편지를 받은 그는 나와 이야기할 시간도 전해준 편지를 읽을 시간도 없다고 말 하며 이튿날 아침 다시 방문해 달라고 말했다. 우스꽝스럽게 짐짓 폼을 재는 것이 싫었지만, 그를 다시 찾아갔고, 똑같은 방식의 마중을 받았다. 그는 편지에 대해 고맙다고 말하며, 폰 괴첸 백작에게 인사를 전해 달라고 부탁했고, 우리의 사업이 성공하기를 바라지만 작센의 여론을 감안하면 어떤 협조를 받거나 성공을 거둘 희망은 거의 없어 보인다고 말했다. 그리 고 그 자신은 개인적인 입장 때문에 우리의 계획에 참여할 수 없다고 했다. 나는 그와 헤어 졌고, 그 후로 그를 다시 만나지 않았다."

34 프란츠 륄Franz Rühl 편집, 『슈테게만의 유고에서 추린 편지와 서류Briefe und Aktenstücke aus dem Nachlaß von Stägemann』(라이프치히, 1889), 제1부, 117, 135–136쪽.

게 보낸 1809년 8월 20일자 편지에서) 프로이센 정부를 상대로 흥미로운 안을 제출한다. [이 편지에서] 그는 정부가 여론을 규칙적으로 개입해야 할 필요성을 역설하면서 반관半官 offiziös 성격의 신문을 창간할 경우 얻을 수 있는 이점Vorteil에 대해 설득력 있게 설명하고 있다. 또한 반대 여론을 미리 앞질러 사보타주할 수 있는 기발한 방안도 제시한다. 그는 이렇게 적는다. "저는 감히 이렇게 하고자 합니다. 첫째, 공적으로 그리고 추밀원의 승인을 얻어 기관지를, 둘째, 익명으로 그리고 추밀원의 묵인 아래 민간지를 창간합니다. 다시 말해, 정부 측 신문과 반정부 신문에 동시 기고하는 것입니다."[35] 이 편지와 그로부터 몇 주 후 제출된「프로이센 관보의 편집에 관한 각서Memoire」에서 그는 자신의 긴요한 관심사를 거듭 피력하고 있다. 즉, 그와 같은 중요한 봉사는 정부가 [먼저] 자신에게 [그 일에 상응하는] 사회적 지위를 줌으로써, 그로 하여금 왕국의 가장 유력하고 최고로 양식 있는 사람들과 어울릴 수 있게 해주어야 비로소 수행 가능하다는 것이다. 기관지를 창간한다는 계획안은 프로이센 정부에 의해 채택된다. 이 사업의 시작은 뮐러의 눈에 전도유망한 것으로 비쳤다. 벌써 몇몇 신문에는 곧 창간될 프로이센 정부 기관지의 편집인으로 그가 내정되었다는 단신들이 나온 터였다.[36] 하지만 하르덴베르크Hardenberg[37]가 수상이 되자 뮐러는 기관지의 편집인 후보군에서 탈락한다. 물론 뮐러는 신문을 통해 하르덴베르크의

---

35 뮐, 앞의 책, 118쪽.

36 이 기사들은 라인홀트 슈타이크Reinhold Steig가『독일 문학 신문』(제22호, 1901), 231쪽에서 뮐의 저서를 논평하면서 잘 정리해 놓았다. 슈타이크는 여기서 폰 초케von Zschokke의 수필 Miszellen 제46번에 대해서도 언급하고 있는데, 이때 문필가로서 큰 명성을 누렸던 아담 뮐러 씨를 편집자로 소개하고 있다. 1809년 10월 25일자 85호의 338쪽에는 베를린에서 송고된 다음의 기사가 실려 있다. "여기서 강의하는 학자들도 이번 겨울에 몇 가지 새로운 주제를 제시했다. 고향인 베를린에 온 지 수년째인 아담 뮐러는 자신의 작은 집에서 프리드리히 대제의 성격과 그가 만든 제도에 대해 강의한다고 예고했다." 그리고 1809년 12월 20일자 101호에는 다음과 같이 적혀 있다. "이곳(베를린)에서 아담 뮐러의 지휘 아래 **공식offiziell** 기관지가 발행될 것이라는 소식을 여러 신문이 보도했으나, 이는 너무 섣불리 퍼진 소식이다."

정책을 대변하고 그 대가로 연간 1200탈러Taler의 수당을 지불 받는다는 보장을 받아 놓기는 했다. 그러나 그는 여기에 더해 프로이센의 고위 관료로서의 지위를 확실히 해줄 것을 요구하였고, 뮐러가 신뢰하기 힘든 경솔한 문필가라는 사실을 잘 알았던 하르덴베르크는 그 요구를 받아들이지 않았다. 왜냐하면 뮐러는 다른 한편으로 보수적인 지주들로 구성된 반대파에도 줄을 대고 있었기 때문이다. 1810년 초(1월 11일-3월 29일)에 그는 프리드리히 2세에 관한 강의를 했는데, 이미 여기서 뮐러는 "영리한 녀석들"이라는 공공연한 풍자와 더불어 모든 자유주의적 개혁에 반대한 바 있다. 그러는 사이, 신분제를 고수하던 반대파는 세력을 더 확장했고, 뮐러가 창립 회원으로 참여한 독일 기독교 만찬회Tischgesellschaft로부터 사회적이고 지적인 측면에서 큰 지지를 얻었다. 뮐러의 『국정원론』은 말하자면 이 단체의 강령 같은 것이었다. 이 단체를 통해, 그리고 클라이스트가 1810년부터 내고 있던 『석간지Abendblätter』를 통해 뮐러는 "최신 유행을 따르는 neumodisch" 개혁자들, "친영주의자들Anglomanen", 그리고 스미스주의자 Smithianer들에 대항해 활발한 투쟁을 전개했고, 수상과 그 측근들을 악랄한 방식으로 풍자했으며, 10월 27일의 재정 칙령에 반대하는 논설을 써서 정부 측의 커다란 분노를 사기까지 했다. 뮐러는 또한 신분제를 지지하는 반대파의 지도자 마르비츠von der Marwitz[38]가 1811년 2월 11일에 제출한 진정서의 초안을 작성하고 제 손으로 직접 정서했는데[39], 이로 인해 하르덴베르

---

37   [옮긴이] 칼 아우구스트 폰 하르덴베르크(1750-1822): 프로이센의 정치가.

38   [옮긴이] 알렉산더 폰 데어 마르비츠(1787-1814): 독일의 귀족, 지주.

39   도로, 『진정서와 편지』(베를린, 1839), 제3권 216-217쪽("이와 같은 경우 ― 거대한 개혁을 할 때 ― 에는 항상 그렇지만 가장 정직한 사람들에게도 음모의 정신이 깃들기 마련이다. 아담 뮐러 는 …… 베를린에 와서 수상Staatskanzler에게 일을 맡고 싶다고 제안했다. 그의 토론 재능과 노련한 말솜씨에 대해 모른 것은 아니었지만, 수상은 그 두 가지 재주가 근본이 튼튼한 것이 아니라 겉 만 번지르르한 것이라고 느꼈기에 장차 국가를 위해 적당한 때 쓰려고 그에게 얼마간의 수당을 미리 챙겨주는 선에서 일을 마무리했다. 그렇지만 뮐러는 그것으로 만족하지 못했다. 그는 즉시

크는 뮐러가 이 일에 관련되어 있다는 것을 알게 됐다. 그는 평소 뮐러의 필체를 잘 알고 있었기 때문이다. 그렇지만 그 진정서에는 도처에 하르덴베르크를 향해 아부를 떠는 말들이 적혀 있었는데, 이 덕분에 하르덴베르크는 뮐러에 대해 [다소] 긍정적으로 생각하게 되었다. 뮐러는 자신의 정치적 지조 없음을 전혀 자각하지 못한 채 천진하게도 아무데나 붙었다. 그러면서도 그는 계속해서 하르덴베르크와 관계를 유지하면서 수당을 받았으며, 뜬금없이 수상을 칭송하는 글을 써서는 자신의 위상에 맞는 자리를 주기만 한다면 이제까지와는 전혀 다른 입장이라도 얼마든지 대변할 준비가 되어 있다고 말했다. 수상은 이런 "양다리 걸치기gegensätzisches Spiel"를 받아 줄 용의가 없었지만, 윗사람으로서 겐츠와의 관계를 헤아려 조금 더 호의를 베풀어 주었다. 경제적인 사정 때문에 뮐러는 시절時節 정치Politik des Augenblicks를 펼치지 않을 수 없었다. 수상에게서 더 이상 얻어낼 것이 없음을 알게 되었을 때, 뮐러는 그의 옛 친구이자 후원자인 겐츠를 향해 서둘러 빈Wien으로 갔다. 거기서 그는 프로이센 정부의 일자리를 얻기 위해 마지막으로 다시 한 번 발버둥쳤지만, 결국 소용없음을 깨닫고는 빈에 계속 머물렀다.[40]

자신의 명예욕을 충족시켜 줄 자리를 원했다. 그래서 자신이 얼마나 중요한 동지가 될 수 있는지를 거듭 증명하려 했다. 이 노력이 별다른 효과를 보지 못하자, 그는 상심한 나머지 반대편에 가담했고 이제는 적으로서 자신이 얼마나 강한가를 입증하려 한층 더 거세게 나왔다. 그는 하르덴베르크의 반대 진영에 가담해 지략과 필봉을 제공했고, 그것이 누구의 것인지를 하르덴베르크 쪽 사람들로 하여금 알게 하는 일을 게을리 하지 않았다. 친구 비젤Wiesel에게 그는 그러한 의도로 여러 차례 편지를 부친 일이 있다고 털어놓았다. 즉, 그는 그 편지들이 당국의 수중에 들어가서 그들이 마침내 자신의 진가를 깨닫게 되기를 원했던 것이다!"). 진정서의 정확한 원문은 모이젤 Fr. Meusel의 『마르비츠』(베를린, 1913), 제2권 1장, 252~253쪽을 보라.

40 랑케Ranke, 클로제Klose, 트라이취케Treitschke, 레만Lehmann, 마이네케, 그리고 모이젤 등의 잘 알려진 저작들 외에 다음의 책들도 참조하였다. 라인홀트 슈타이크, 『하인리히 폰 클라이스트의 베를린 투쟁Heinrich von Kleists Berliner Kämpfe』(베를린/슈투트가르트, 1901); 알렉산더 레비Alexander Levy, 『오늘날의 프로이센 농업 이념의 발생에 대하여Zur Genesis der heutigen agrarischen Ideen in Preußen』(슈투트가르트, 1898); 돔브로스키, 『아담 뮐러의 전기에서 Aus einer Biographie Adam Müllers』(괴팅겐 대학 박사 학위 논문, 1911), 8~14쪽 및 83~85쪽;

여기서 강조해 두어야 할 점은, 뮐러가 어떤 반-혁명anti-revolutionär적 직관을 가지고서 프로테스탄트적-자유주의적인 프로이센을 떠나 고풍스런 가톨릭 국가인 오스트리아로 간 것이 아니라는 사실이다. 오히려 그는 마지막 순간까지 프로이센에서, 그것도 하르덴베르크 아래로 들어가려 했다. 그가 필요로 한 단 한 가지 조건은 존경 받는 사회적 위치Position였다. 그가 빈으로 간 이유는 단지 그곳에서는 겐츠가 자신을 도와줄 수 있기 때문이었다. 베를린에서 뮐러는 자신이 가톨릭으로 개종했다는 사실에 대해 조심스럽게 침묵했고 — 당시 유행하기 시작해 오늘날 일반적인 용법이 된 표현을 빌리자면 — 은폐했다verborgen.[41] 아르님Arnim 같은 사람들, 즉 태생

_____

렌츠Fr. Lenz, 『독일 낭만주의의 농업 이론 및 농업 정책Agrarlehre und Agrarpolitik der deutschen Romantik』(베를린, 1912).

41 라우머, 앞의 책, 제1권, 158쪽. 이에 따르면, 뮐러는 거의 프로테스탄트처럼 행세했다. 오스트리아에서 나폴레옹을 떠받들던 선전 잡지 『아침 소식Morgenboten』에도 그는 프로테스탄트로 소개되어 있다. 가령 "아담 뮐러(그는 프로테스탄트다)는 자신의 독문학 강의에서 말하기를……"과 같은 표현. 뮐러가 죽었을 때, 『국내Inland』(제31호, 1829년 2월 10일)에 결혼의 신성함을 임격히 옹호하던 그가 구시하나시피 — 1809년에 — 그를 손님으로 대접해 준 친구 폰 하자의 부인을 드레스덴으로 유혹해 데려갔다는 기사가 나오자, 괴레스는 『에오스Eos』에 격렬한 글을 써서 그런 "고인에 대한 모욕Leichenschändung"에 반대했는데, 그 이유는 그것이 뮐러의 "베를린 프로테스탄트였던 시절"에 일어난 일이라는 것이었다(제28호, 1829년 2월 18일, 113쪽). 이것이 계기가 되어 요란하고 거친 욕설들이 신문 지상에 올랐는데(『외국Ausland』, 제58호 부록, 1828년 2월 27일; 『국내』, 제52호, 2월 28일; 『에오스』, 제36, 37호, 3월 4-6일 등), 그중 우리의 흥미를 끄는 것은, 이미 『브로크하우스 백과사전』에 개종의 시기가 1805년으로 분명히 밝혀져 있음에도 불구하고 그의 만년의 가톨릭 친구들이 드레스덴 및 베를린 시기의 뮐러를 프로테스탄트로 간주했다는 사실이다. 뮐러는 겐츠에게 보낸 편지에서 자신의 가톨릭 신앙을 고백하고 있다. 개종 직후(『서한집』, 32번 편지)인 1805년 5월 27일에는 다소 의심이 섞인 듯한 "보다 높은 가톨릭 신앙"이라는 표현이 나오지만, 1807년 5월 25일자 편지(B.W. 64번 편지)에 와서는 페슬러Fessler의 가톨릭 신앙을 파렴치한 신성 모독으로 단죄할 정도로 엄격한 입장으로 바뀐다. 1808년 2월 6일에는 고대 시(기독교적인 것은 아니다)와 중세 기독교 시를 세계사의 가장 중요한 두 가지 현상으로 강조하고 있다(B.W. 86번 편지). 또한 1808년 5월 30일에는 슐레겔이 그리스도와의 관계를 명확히 하지 않는다고 비난한다(B.W. 94번 편지, 괴레스의 가톨릭 신앙에 대한 훗날의 판단 — B.W. 59번 및 208번 편지 — 과 비교해 보면 흥미로울 것이다). 참고로, 뵈티거Böttiger는 자신이 『국내』, 제31호에 투고한 장본인이 아니라고 부인했지만, 나는 그가 투고했다고 생각한다. 이는 1806년의 일이다. 이 해에 『솔직한 자Der Freimütige』에 뮐러를 비난하는 글 한 편이 실렸

80 정치적 낭만주의

부터 만찬회 회원이었던 사람들은 가톨릭의 원칙Wesen에 대한 공감Sympa-thie을 공공연히 표명할 수 있었다. 그러나 일개 집사의 아들로 태어난 뮐러, 어떤 대가를 치르더라도 고위 관직을 얻고 싶어 한 뮐러로서는 베를린에서 가톨릭에 대한 신앙을 [공적으로] 고백하는 것은 불가능한 일이었다. 그래서 그는 자신이 가톨릭교인이라는 사실을 뒤로 감추었다. 뿐만 아니라 뮐러는 정치 무대에 데뷔할 때 역시 정직하지 않은 방법을 취했다. 1808년 부흐홀츠에 대항해 귀족 계급을 옹호하려고 나섰을 때 그는 실로 단호하게 다음과 같은 취지로 이야기했다. '부흐홀츠의 공격 따위에 맞서 귀족 계급이 스스로를 방어할 필요는 [전혀] 없다. 다만 문제는 그런 저열한 공격에 의해 시민 계급이 오히려 모욕을 당하게 된다는 점이다. 사실 자신은 몽테스키외나 버크 정도 되는 적이라야 싸울 만한 호적수라 생각하지만, 그래도 자신이 속한 시민 계급, 모욕당한 시민 계급을 옹호하기 위해 부흐홀츠와의 싸움에 임한 것이다.'[42] 여기서 몽테스키외와 버크를 끌어들인 방

___

는데, 겐츠가 열성적으로 뮐러를 변호하고 나서자 뵈티거는 곧장 자신이 쓴 글이 아니라고 부인한다(W. 제1권, 214-217쪽).

42 팔라스, 앞의 책, 제1권 1장, 87-88쪽(이는 『잡다한 저작들Vermischte Schriften』(빈, 1812, 제2판, 1817, 제1부 162, 163쪽. 또한 『국정원론』, 제1부, 167쪽도 참조하라). 이 논문은 버크의 분노하는 제스처를 너무도 잘 베끼고 있어서 겐츠가 열광한 이유가 충분히 이해될 정도다. "내가 귀족 계급을 옹호하리라 기대했다면, 나를 오해한 것이다. 옹호자의 역할을 다하기 위해서는 먼저 협잡꾼Marktschreier들을 조국의 적으로 간주해야 하며, 영원히 흔들리지 않는 신성한 귀족 제도를 논쟁과 의심의 대상이 되는 것으로 인정해야 한다. 순수하고 강력한 손과 순수하고 강력한 다리를 가진 몽테스키외나 버크 같은 사람이 우선 나타나서 귀족 계급을 공격해야만 한다. 공격은 과격하고 대담할 것이며, 나는 방어를 하다가 죽을 수도 있을 것이다. 그러나 그것은 보람 있는 일이다. 하지만 저렇게 너절하고 무기력하며 변덕스러운 시대정신, 귀족이 무엇인지도 모르고 어제 귀족처럼 떠받들던 것을 오늘 짓밟아 버리는 그런 여론을 방패 삼는 자들과 어떻게 싸우겠는가. 아니다. 나는 나 자신, 나의 계급인 시민 계급을 이 신문 지면들을 통해 방어할 것이다. 명예와 정의에 입각해 다른 계급을 예우함으로써 자신과 제 계급의 명예를 지키려는 자가 우리 중에는 한 사람도 없지 않느냐는 비난을 물리치기 위해서라도." (이와 유사한 '대립적인' 근거를 제시하는 부분은 『국정원론』, 제1부, 167쪽에도 나온다.)
하이만Haymann의 『최근 작고했거나 아직 살아 있는 드레스덴의 문필가와 예술가Dresdens

식 자체가 부정직한 것은 아니다. 그것은 [전형적인] 낭만주의적 월권행위 Anmaßung이며, 다만 정치적 논의에서 특히 부주의한 것으로 여겨질 뿐이다. 하지만 그 오랜 세월을 귀족들의 식객으로 [빌붙어] 살던 인간이 갑자기 시민 계급의 명예를 대변하겠다고 나서는 꼴을 본 귀족과 시민 계급 사람들이 그를 얼마나 경멸했겠는가 생각해 보라. 또 이것은 당시 수다한 그의 동시대인들이 어째서 그에 대해 거짓말쟁이 같다는 느낌을 받았는가 하는 점에 대한 설명도 될 수 있을 것이다. 뮐러만큼 그렇게 주위 사람들로부터 부정직한 인물로 비친 예를 찾기는 어려울 것이다. 게다가 여기서 우리가 참조하는 자료는 낭만주의적 수다Gesprächigkeit가 [고스란히] 드러나는 편지나 일기 따위의 잡동사니Klatsch가 아니라 [뮐러의] 진지한 발언들 Äußerungen이다. [이와 관련한] 레베르크의 견해는 앞에서 이미 인용한 바 있다. 졸거는 [뮐러에 대해] "불충한 혼합물Vermischung"이라 했고, 빌헬름 그림 Wilhelm Grimm은 뮐러에게서 발견할 수 있는 장점은 모두 [그가 어디선가] "외상으로auf Borg" 빌려온 것이라고 말했다. 자신의 형에게 보낸 편지에서 그림은 다음과 같이 솔직한 견해를 밝힌다. "그가 쓴 모든 글에 어떤 식으로든 거짓말이 들어 있다는 걸 형도 느끼지 않아?" 알렉산더 폰 데어 마르비츠는 라헬Rahel과 의견을 같이 한다. 즉, 뮐러는 "불순한 거짓말쟁이"에다 "수상쩍고 불경한 녀석"이며, "높은 자리"를 차지하는 데에만 온통 혈안이 된 사람이라는 것이다.[43]

---

teils neulich verstorbene, teils jetzt lebende Schriftsteller und Künstler』(드레스덴, 1809, 459쪽)에 실린 기록도 뮐러가 직접 썼을 개연성이 아주 높다. 여기서 뮐러의 부친은 '사업가Geschäfts-mann'로 묘사되어 있다.

43 졸거, 『유고집』(라이프치히, 1826), 제1권 205쪽(1810년 12월 2일 라우머에게 보낸 편지, 라우머의 『회고록』, 제1권, 227, 228쪽도 참조하라); 빌헬름 그림에 대해서는 슈타이크, 『클라이스트의 베를린 투쟁』, 505쪽(프랑크푸르트 신문 1914년 6월 12일자 기사)를 참조하라. 또한 그가 자신의 동생에게 보낸 1809년 10월 3일자 편지를 참조하라; 또한 라헬이 마르비츠와 교환한 1811년 5월 26일, 6월 1일과 9일자 편지도 참조하라. 이와 관련된 인용 출처는 얼마든지 더 댈 수 있다.

만약 우리가 1813년부터 1815년에 이르는 시기에 그의 활동을 함께 살펴보지 않는다면, 뮐러의 초상화는 미완으로 남을 것이다. 이 당시 그에게는 자신이 독일의 버크에 해당하는 인물임을 입증할 기회가 생겼다. 자신이 베를린에서 하르덴베르크에 맞서 제기한 주장들, 즉 신분 및 결사korporativ에 따른 특전Vorrecht이 필요하며, 기계적이고 중앙 집권적인 국가 행정및 오직 국고 확충만을 꾀하는 재정 조치 등의 폐단은 없애야 한다는 식의주장을 실행시킬 기회를 얻은 것이다. 전쟁이 진행 중이던 1813년, 임시 지방 장관 로슈만Roschmann은 뮐러를 보좌관 및 공보관으로 임명해 티롤로데려간다. 점령 이후 이 지방을 재조직할 필요가 있었던 것이다. 빈 중앙정부는 이곳에서 가능한 한 많은 세금을 걷을 수 있기를 바랐으며, 이와 더불어 그 지방의 "오스트리아화Austriacisierung"도 기대했다. 다시 말해, 이 지방을 제국의 중앙 집권 체제에 편입시키고 신분제 및 그에 따른 특권 — 귀족층의 조세 의결권, 독립적인 군대 유지, 그리고 사법Justiz 및 경찰[력 통제에 관한] 입법에 독자적으로 개입할 수 있는 권한 등 — 을 철폐하려 한것이다. 공명심 강한 노력과 로슈만 — 요한 대공Erzherzog Johann의 일기에따르면, 로슈만은 그저 "음험한 인물"이었다 — 은 차제에 티롤 총독이 되려고 했다. 그래서 그는 상부 지시라면 앞뒤 재지 않고 따랐으며, 가능한경우에는 미리 앞질러 충성을 보이기도 했다. 특히 빈 중앙정부로부터 탁월한 재정가라는 인정을 받는 것이 중요했다. 그러자면 티롤에 파견될 예정이던 군대 예산을 [중앙 정부의] 재정에 기대는 대신 그곳에서 자체적으로 얻은 수입으로 충당해야 했다. 티롤 인민들이 [자신들의] 옛 특권을 수복하려는 운동을 대대적으로 일으켰을 때 [로슈만은] 이를 탄압한 다음, 그 결과를 교묘하게 날조한 허위 보고서를 빈으로 보냈다. 티롤 사람들을상대로 [로슈만이] 추진한 정책들은 다음과 같다. "무자비하게 억압적이던" 바이에른 정부의 과세를 가차 없이 그대로 징수했고, 바이에른 지방 곡물에 대한 소비세를 부과했으며, 이에 "불온한" 불평을 늘어놓았다는 이유로 토착 주민들에 대한 탄압 조치를 취했고, 또한 감시 경찰 체제를 만들었다. 뮐러는 성명서와 진정서 그리고 신문 논설 ─ 『남부 티롤 소식』지에 실렸다 ─ 등을 통해 상관인 로슈만을 도왔다. 로슈만이 그에게 완전히 의존하고 있었기 때문에, 그곳 많은 사람들의 눈에는 뮐러가 정신적인 지도자로 보일 수밖에 없었다. 빈으로 보내진 보고서에는 뮐러의 "빼어난 성취"들이 돋보이게 강조되어 있었다. 뮐러는 황제와 메테르니히 그리고 발다치Baldacci ─ 엄격한 중앙 집권적 관료제를 유달리 정열적으로 옹호한 인물이다 ─ 가 그를 만족스럽게 여긴다는 사실에 행복감을 느꼈다. 그는 겐츠에게 이렇게 쓴다. "나폴리에서 제네바에 이르는 지역에서 활동하는 중요한 인물이 제 눈을 피해 가기는 어렵습니다. 이 중요한 지역에 대해 알게 된 것을 저는 결코 후회하지 않을 것입니다. 가장 흥미로운 업무들이 중력의 법칙에 따라 나에게 주어졌습니다. 그에 대한 보수도 같은 궤도를 따랐으면 하는 바람입니다." 그 자신의 표현을 빌리자면, 그의 목표는 "티롤과 이탈리아라는 거친 부위를 도려내는 것이 아니라 그것들을 [오스트리아 제국이라는] 커다란 신체에 자연스레 접붙이는 것이었다."[44] 마침내 로슈만이 티롤을 떠나게 되었을 때, 요한 대공은 아담 뮐러도 같이 보내 버렸으면 좋겠다고 [빈 중앙 정부에] 따로 부탁했다. 1815년 4월 23일 뮐러는 제국 사령부에 소환되었는데, 이때는 마침 티롤 지방 행정과 관련해 그가 강력한 어조로 작성한 162장이 넘는 진정서가 송달 중이었다. 이 진정서에서 뮐러는 티롤 주민들 사이에서 의심스런 움직임이 보인다고 보고하면서 귀족과 농민 모두를 상대로 강력한 조치를 취함으로써 [과거에 가진] 특권에 대한 이들의 향수를 말끔히 뿌리 뽑아야 한다는 의견을 제출한다.[45] 이로써

---

44 『겐츠-뮐러 서한집』, 뮐러가 겐츠에게 보낸 1814년 2월 7일자(118번) 및 9월 30일자 편지 (120번). 겐츠도 메테르니히에게 보낸 1814년 4월 11일자 편지(W. III, 1, 291쪽)에서 뮐러의 공적을 강조하면서, 이것을 뮐러의 "훌륭한 오스트리아적 감각"을 증명하는 계기로 삼아 메테르니히에게 뮐러를 총애해 줄 것을 적극 청원했다. 겐츠의 줄기찬 노력의 결과 뮐러는 제국 총사령부에 불려갔다.

정치적 낭만주의

티롤 주민들을 상대로 한 그의 활동은 끝난다. 티롤 주민들은 이미 1809년에 황실에 대한 충성을 맹세했기로 이를 통해 자신들의 전통적인 특전 Sonderrecht을 유지할 수 있다고 믿었고, 그래서 그것을 요청했던 것이다. [

---

45 티롤에서 뮐러가 한 활동에 대해서는 예거Alb. Jäger, 『오스트리아에 다시 귀속된 티롤Tirols Rückkehr unter Österreich』(빈, 1871), 115, 148, 149쪽 참조(148쪽 각주에서 예거는 디파울리Dipauli의 『일기Diarium』, 제3부를 인용한다. "그의 모든 행동에서 드러나듯 오직 음모를 좋아하고 음흉하며 사사로운 복수와 자기 잇속만 추구하는, 하지만 머리는 텅 빈 사내였던 로슈만이 그의 비서인 아담 뮐러의 영향 아래 있었다는 사실은 로슈만에게 나름의 핑곗거리가 될 수도 있을 것이다."). 프란츠 폰 크로네스Franz von Krones, 『1812년에서 1816년의 티롤과 오스트리아의 요한대공』(인스브루크, 1890), 128쪽. "베를린 아이 아담 뮐러는 프리드리히 폰 겐츠의 친구이자 부하였다. 그는 철학적이고 신지학적인 정치가, 언론인이었고, 총명한 괴짜였다. 빈에서 학원을 열려던 시도가 재정 문제로 좌초했을 때 그는 위기를 맞았지만, 이때 자의식 강한 티롤 궁정 장관Hofkommissär 로슈만이 그를 문장을 다듬고 아이디어를 제공하는 개인 비서로 채용했다." "이 재기발랄한, 그러나 모든 실제적인 — 특히 티롤 지방의 — 문제에 있어서는 아둔한 이데올로그Ideologe가 스스로를 로슈만이 벌인 사업의 실제 기획자이자 그의 정신적 후견인 — 그는 실제로 그렇게 생각했다 — 이라고 느꼈다는 사실은 그가 겐츠에게 보낸 편지를 보면 알 수 있다(1814년 9월 22일). 이런 그의 역할은 토착 티롤 사람들에게 신랄한 비판을 받았는데, 이것은 당연한 결과였다. 왜냐하면 그는 외지인으로서 주변 상황을 단지 표면적으로만 볼 수 있었고 결코 꿰뚫어 보지 못했으므로, 티롤 문제를 위아래 할 것 없이 두루 유익하게 해결할 방안을 찾을 수 없었기 때문이다." 호르마이어Hormayr의 설명은 메테르니히와 로슈만에 대한 증오와 뮐러에 대한 경멸로 가득 차 있긴 하지만 그래도 주목할 만하다. 그가 1826년 9월 5일에 오스트리아 요한 대공에게 보낸 저작(『해방 전쟁의 생생한 풍경들』(기록 자료집Urkundebuch, 예나, 1844, 제1권 2장, 488쪽)도 참조하라. 그는 로슈만이 자신의 "문필 재능과 행정적 및 학문적 지식의 부족을 감추려고 실로 천재적인 아담 뮐러를 대동했다"고 말한다. 뮐러가 죽은 뒤, 호르마이어는 라우머에게 다음과 같이 적었다(라우머, 『회고록』, 제2권, 289쪽에 인용된 1829년 3월 5일자 편지). "겐츠와 결탁해 빈에서 그처럼 심한 정신적 압박과 혹심한 박해를 조직하던 두 사람의 유명한 아첨꾼 프리드리히 슐레겔과 아담 뮐러 두 사람의 죽음은 뮌헨에서조차 사람들의 마음을 움직이지 못했습니다. 아담 뮐러는 특히 1814-1815년에 천인공노할 궤변으로 티롤 사람들로부터 신성한 — 1792년부터 1797년 사이에 프란츠 황제로부터 확약을 받은 바 있는 — 옛 헌법을 매우 졸렬한 비정치적 수법을 써 빼앗고, 그리하여 지방의 인심을 돌이킬 수 없게 잃어버린 큰 죄를 지었습니다." 유고 단편 「프란츠 황제와 메테르니히」(라이프치히, 1848)에서 그는 뮐러에 대해 다음과 같이 적었다. "부올 남작에게는 [한 가지] '미덥지 못한 업적'이 있는데, 그것은 자신이 살던 집의 주부인 폰 하차 부인을 남편과 가정으로부터 빼앗아 자신의 처로 삼은 아담 뮐러, 하르덴베르크 및 그의 개혁안을 입안한 프리드리히 폰 라우머와 완전히 사이가 틀어져 있던 아담 뮐러, 실로 재능이 출중하고 웅변에 능한, 하지만 철두철미하게 거짓된 이 궤변가를 빈으로 데려온 것이다."

더욱이 뮐러처럼] "지방 출신의" 공보관Herold이라면 [더더욱] 티롤 지방의 지리적, 경제적, 역사적 특수성을 존중했어야 마땅한 법이다.[46]

이후 뮐러가 [정치가로서] 자신이 베를린에서 차지했던 중요성을 한껏 부풀려 적은 이야기Darstellung[47]와 티롤에서 이룬 성취를 한껏 치장해서 만들어 낸 이야기에 순진하게 속아 넘어가면 안 된다. 그는 결국 어떤 체제든 자리가 주어지면 그 체제를 위해 열심히 일하고, 혹 자신의 이념이 부분적이나마 원활한 직무 수행에 방해가 된다면 그것을 기꺼이 내던져 얼마든지 다른 이념에 스스로를 동화시킬 준비가 되어 있던 사람이란 사실을 잊어서는 안 되는 것이다.[48] 만년의 그는 유독 가톨릭 신앙에 대해서는 신중

---

46 뮐러는 자신이 맡은 일에 열중한 나머지 티롤 사람들이 로슈만과 그의 통치 방식에 맞서 자신들을 보호하기 위해 황제에게 탄원서를 제출(1814년 6월 23일)했다는 사실을 알지 못했다. 거기에는 다음과 같은 구절이 있다. "풍요한 자연의 은총을 받은 다른 여러 오스트리아 지방과 성문법상 똑같은 취급을 받아야 함에도 불구하고, 그들(티롤 사람들)은 사실상 가장 차별적인 대우를 받고 있습니다. …… 생리적이고 도덕적인 소질이 다르고 기후의 영향과 토지의 비옥함에 따라, 산업의 종류와 풍습, 습관, 민족성과 언어에 따라 하늘과 땅처럼 차이 나는 민족들을 하나의 척도로 잴 수 있겠습니까? 그렇다면 그 결과는 획일성, 즉 일반적인 압박감과 보편적인 빈곤일 것입니다"(예거, 앞의 책, 125쪽; 호르마이어, 앞의 책, 제2권, 372쪽). 각서의 형식으로 진정서에 첨부된 조바넬리Giovanelli의 「티롤의 옛 헌법에 관한 논평」에는 다음과 같이 적혀 있다. "십여 년 전까지 시행되던 헌법과 기본법은 철학적인 국가이론의 창작물이 아니라, 영주와 신민 사이에서 직접 만들어진 것, 다시 말해 현실의 공적인 삶의 결과였다. 그런데 삶에서 직접 산출된 것이 공허한 형식으로 타락하거나 그 정신을 박탈당하지 않으려면 그것은 생동하는 것으로 계속 자라나야 하며, 그것의 움직임은 결코 마비되어서는 안 된다. 그러나 베스트팔렌 조약 이래, 특히 계몽주의적이던 18세기 중엽 이래 그러한 마비가 헌법의 생명에 일어나기 시작했다. 불안에 빠진 인민은 권리와 자유의 말라비틀어진 문자에 매달려 있지만, 그 문자에서 정신은 이미 사라지고 없다. 반면, 위정자들은 이러한 형식을 성가신 속박으로 여겼으며, 철학의 뒤꽁무니를 좇는afterphilosophisch 시대정신과 제휴하여 모든 공동체적 관심을 파괴하고 개인의 이기주의Egoismus라는 문을 열어 놓기 시작했다. 옛 형식들은 외견상 남아 있으나, 거기에 생명을 불어 넣을 정신은 이미 오래전에 사라졌다. 설사 모든 것을 움켜쥘 수 있는 단 한 명의 절대주의 군주가 그것을 없애지 않는다고 해도, 어쨌든 그 형식은 머잖아 몰락할 것이다. …… 한 민족의 성격과 헌법은 서로 걸맞아야 한다"(예거, 앞의 책, 130, 131쪽).

47 [옮긴이] 맥락상 '이야기'로 옮겨졌지만, 독일어 Darstellung에는 연기/상연이라는 연극적 뉘앙스가 강하게 내포되어 있다.

한 태도를 취했는데, 그때가 [마침] 복고주의 시대였다는 사정을 고려하면

48 뮐러는 『티롤 회상록』을 썼지만, 발표하지는 않았다. 1817년 4월 25, 26일자 제80, 81호에
    실린 그의 기사 「슈펙바허의 삶에 대해서」는 별로 중요하지 않다. 여기서 중요한 것은 겐츠
    에게 보낸 편지가 아니라, 슈테게만에게 보낸 1815년 10월 25일자 편지(륄, 앞의 책, 제1권,
    311쪽)와 팔러스레벤Hoffmann von Fallersleben을 통해 헤렌Heeren에게 보낸 편지다[핀틀링
    게Findlinge, 『독일어와 독일 시의 역사에 대하여』, 라이프치히, 1860, 제1권, 321쪽]. 또한
    『브로크하우스 백과사전』에 실린 아담 뮐러에 관한 항목(621-623쪽)에서 뮐러가 하르덴베
    르크로부터 "영예로운" 대우를 받았다는 이야기는 뮐러 자신의 입에서 나온 것일 수 있다.
    이것은 『독일인들의 최신 사망인 명부』에 그대로 옮겨져 있다. 라우머의 보고에 따르면, 뮐
    러는 브로크하우스에게 그와 라우머는 하르덴베르크의 자문 위원이었는데, 자신은 옛 원칙
    을, 반대로 라우머는 근대 베스트팔렌 원칙을 옹호했다고 말했다(라우머가 만소Manso에게
    보낸 1821년 11월 4일자 편지, 『회고록』, 제2권, 130쪽). 라우머는 전자는 거짓이고 후자는 왜
    곡이라고 말했는데, 의심의 여지없이 옳다. 그는 뮐러가 "정치적으로 출세하기 위해 모든
    노력을 다했음에도 불구하고 결국 아무것도 얻지 못해서" 허영심에 거짓말을 한 것이라고
    해명했다. 라우머와 그의 친구인 티크Tieck와 즐거는 물론 뮐러에 대해 편견을 갖고 있었
    다. 하지만 어쨌든 그들의 보고가 뮐러 자신의 진술보다는 더 신뢰할 수 있는 자료다. 앞서
    언급한 책에서 륄이 말한대로, 만약 하르덴베르크와의 관계에 대한 뮐러의 이야기가 어느
    정도 사실이라 해도 — 왜냐하면 그렇지 않고서는 슈테게만과의 관계가 그렇게 좋을 수 없
    기 때문이다 — 륄은 슈테게만 정치가로서가 아니라 문필가로서의 뮐러에 대해서만 흥
    미를 가졌다는 사실을 간과한 것이다. 뮐러가 겐츠에게 보낸 편지 가운데 비젤Wiesel을 "항
    상 그렇듯 건방지고 재기발랄"한 사람으로 불렀다고 해서, 이것이 뮐러보다 비젤을 더 믿을
    수 없는 이유가 되지는 않는다. 돔브로스키가 극적으로 편집하여 묘사한 부분(앞의 책, 8-14
    쪽)을 봐도 하르덴베르크가 뮐러에게 중요한 일을 맡기려고 생각했을 리 없다는 것을 잘 알
    수 있다(그의 "임무"란 하르덴베르크의 추천장을 겐츠에게 전달하는 일이었다!). 또한 빈에서도
    뮐러가 거듭 거절을 당하면서도 그럴싸한 한 자리를 얻기 위해 체면 불고하고 하르벤베르
    크에게 청탁을 했다는 사실도 알 수 있다. 줏대 없는 문필가의 전형적인 아양으로 가득 찬
    편지, 즉 슈테게만에게 보낸 1809년 8월 20일자 편지를 돔브로스키가 알았는지는 모르겠
    다. 이 편지에 대해 알면서도 뮐러를 "고상한 사람"으로 불렀다면, 그는 그러한 수식어를 붙
    이는 것이 어떤 윤리적인 혹은 사회학적인 관념을 제시하는 행위인지 몰랐다고 할 수밖에
    없다. 또한 나는 팔리의 『낭만주의 화폐 이론』(사회 과학 및 사회 정책 총론, 제42권, 1916,
    89-90쪽 각주 28번)의 논평을 이해할 수 없다. 대개의 클라이스트 전기 작가(슈타이크를 제
    외하고)들이 제시한 뮐러의 이미지는 낭만주의자 스스로의 미욱한 자화상보다 더 정확하
    다. 라머S. Rahmer의 『인간과 시인으로서의 하인리히 폰 클라이스트Heinrich von Kleist als
    Mensch und Dichter』(베를린, 1909, 208쪽)에 대해서는 다음의 언급만 해 두도록 하겠다. 즉,
    뮐러가 클라이스트를 구타한다는 것은 사실상 불가능한 일이었으며, 설령 클라이스트처럼
    드센 기질을 지닌 사내가 아담 뮐러 같은 자와 드잡이했다고 사람들이 믿는다 해도 클라이
    스트의 위상에는 전혀 흠이 생기는 일은 아닐 것이다. 메츠거의 판단에 따르면, 뮐러는 가톨
    릭 신앙을 가진 낭만주의자로서 노발리스, 슐레겔 외에 "더 잘 나가던 시기에는 이론의 여
    지없이 가장 호감 가는 인물이었다." 하지만 그 '더 잘 나가던 시절'이 정확히 언제인지는 알

이것은 별로 대단한 결심을 필요로 하는 일도 아니었다. 티롤에서 자신이 한 활동에 대해 큰 자부심을 느끼던 시기에 그는 우선 다음과 같이 적었다. "원래 나는 수도원Konvente 개혁 위원회에 속해 있었다. 만약 콘살비Con-salvi[49]에게 세상을 다스릴 권세가 있었더라면, [가톨릭에 대해] 반대하는 입장에 있던 [세속의] 학자가 그와 그의 휘하에 있던 예수회 신부들에게 왜 그렇게 경직되고 변질된 철학을 고수하느냐고 질책했을 때 [그 학자에게] 당당히 대답할 수 있었을 것이고, 그랬더라면 이 지상의 어떤 권력도 그 거룩한 노인을 좁은 회의실에서 쫓아내지 못했을 것이다." 하지만 여기서 가톨릭교회란 모든 사물의 참된 본질을 다 아는 체하는 낭만주의의 허영을 깨부수는 거대한 바위와 같다는 사실이 드러난다. 나폴레옹 전쟁 후 독일에서는 가톨릭과 프로테스탄트 [양 진영에서] 수많은 사람들이 경건하고 양식 있는 [하나의] 기독교를 다시 일으키는 운동에 열렬히 참여한다. 이 운동은 낭만주의자와 묵시가Apokalyptiker들은 말할 것도 없고, 크뤼데너 부인Madame Krüdener의 추종자들과 멀리 사렙타Sarepta에 있던 격정적인 페슬러Fessler 그리고 에어랑겐에 있던 경건한 칸네Kanne까지 포섭해 그들 모두를 견실한 프로테스탄트로 만들었다. 이 운동의 여파는 당시 이미 가톨릭으로 궤도를 잡은 뮐러에게까지 미쳤다. 이 경험은 그로 하여금 자신이 내면적으로 택한 길의 최후 종착점, 다시 말해 정통 종교성에까지 이를 수 있도록 해주었다. 정통 종교성에 관해서라면 괴레스조차 충분히 성취했다고 말하기는 어렵다. 할러는 『복고』에 관한 책에서 [뮐러가 보여준] 정통 종교성은 계시로부터 나온 것이 아니라고 비난했다. 이 지점에서부터 뮐러는

수가 없다. 로젠탈A. D. Rosenthal의 설명(『19세기 개종자들의 이미지』, 샤프하우젠, 1866, 제1권 1장, 48-49쪽)은 그를 변호하기 위한 목적으로 일관한 것인데, 뮐러의 생애와 같은 대상은 역사적 사실에 부합하기 어렵다. 따라서 그의 설명은 무용지물이며, 단지 몇 가지 보고 정도만 살펴볼 만하다. 뮐러에 대한 인너코플러Innerkofler의 논평(『클레멘스 마리아 호프바우어』, 레겐스부르크, 1910, 670쪽)도 볼 가치가 없다.

49 [옮긴이] 에르콜레 콘살비(1757-1824): 로마 가톨릭 추기경.

점진적으로 낭만주의자로서의 면모를 청산하기 시작한다. 구체적인 정황을 들어 그가 어느 정도로 낭만주의적이었는지 조목조목 따질 필요는 없다. 어쨌든 그를 낭만주의자라 부르는 것은 옳지 않다. 뮐러는 가톨릭이었기 때문이다. 이런 식의 자의적인 해석은 어설픈 지식으로 인해 낭만화된 대상과 낭만주의를 혼동할 때만 가능한 것이다. 가톨릭에는 낭만주의적인 성격이 전혀 없다. 가톨릭교회가 낭만주의적 관심의 대상이 되는 경우가 매우 흔하고, 반대로 교회에서 낭만주의적 경향을 원용하는 경우도 그렇지만, 교회 자체는 — [이 점에서는] 여타의 [모든] 세속 권력도 마찬가지다 — 결코 낭만주의의 주제나 담지자가 될 수 없다.

II. 낭만주의 정신의 구조

1. 실재 réalité의 추구

정치적 낭만주의자의 인생에서 엿보이는 이런저런 비열함과 인간적인
약점은 여기서 모두 불문에 부치도록 한다. 뿌리 뽑힌 채 정처 없이 떠도는
모습, 자유로운 결단을 통해 진중한 정치 이념을 견지하지 못하는 무능력,
각각의 상황에서 가장 먼저, 가장 강력하게 떠오르는 인상에 그대로 굴복
하는 [나약한] 내면, 낭만주의자들의 이러한 특징들에는 제각기 다 그럴
만한 이유들이 있다. 정치적 낭만주의를 정의하기 위해 그러한 특징들을
고찰하려면, 그것들을 심리학적이고 사회학적인 차원에서 추론하기보다
는 정신적 상황의 맥락 속에서 살펴보아야 한다. 그렇게 하면 낭만주의 운
동에서 무엇이 이질적이고 무엇이 본질적인 요소인지가 밝혀질 것이다.
낭만주의자들은 역사, 정치, 철학, 신학을 망라하는 온갖 주제들에 흥미를
가졌으며, 당대의 철학적 논쟁에도 열성적으로 참여했다. 피히테의 지식학
Wissenschaftslehre과 셸링의 자연철학이 흔히 낭만주의로 분류되는 것은 이
러한 이유에서다. 인간적으로 또 사상적으로 낭만주의자들이 서로 영향을
주고받았다는 사실은 잘 알려져 있으며, 종종 [학문적인] 연구의 주제로

설정되기도 한다. 그 결과는 언제나 새로운 연관성Zusammenhang, 새로운 의존 관계, 새로운 출처Quelle, 그리고 새로운 불확실성이다. 낭만주의는 자연철학, 신화론, 비합리주의가 되었지만, 그 정신적 상황의 특수성은 명확하게 밝혀지지 않았다. 그에 대한 설명은, 근대 정신사의 모든 중요한 상황에 대한 설명이 그렇듯이, 데카르트에서 시작되어야 한다.

근대가 시작될 무렵, 두 가지 거대한 변화가 일어났다. 우리는 이 두 가지 변화를 하나의 흥미로운 대항 운동Gegenbewegung의 범주로 묶을 수 있다. [첫 번째는] 코페르니쿠스 천체 이론이다. 이 이론의 혁신적 의의에 대해서는 칸트가 흔연히 강조한 바 있거니와, [이 변화로 인해] 이제 지구는 더 이상 우주의 중심일 수 없게 되었다. 두 번째는 데카르트 철학이다. 이것은 전래의 존재론적 사유를 뿌리째 뒤흔들었다. "나는 생각한다, 고로 존재한다cogito ergo sum"라는 논법은 인간[의 관심]을 외부 현실에서 자신의 주관적이고 내면적인 사건, 즉 그의 사유로 옮겨 놓았다. 이제 인간의 자연과학적 사유는 지구 중심적 관점을 버리고 [우주의] 중심을 지구 바깥에서 찾게 되었다. [그런가 하면] 철학적 사유는 자아 중심적 관점을 취하면서 [존재/질서의] 중심을 자기[주관 혹은 주체] 안에서 찾기 시작했다. 근대 철학은 사고와 존재, 개념과 현실, 정신과 자연, 주관과 객관 등의 분열로 점철되어 있으며, 심지어 칸트의 선험적 해결책마저도 이 분열을 극복하지는 못했다. 칸트의 해결책은 사유하는 정신에게 외부 현실을 되돌려 주지 못했다. 왜냐하면 칸트의 관점에 따를 경우 사유의 객관성은 그것이 객관적으로 타당한 형식 속에서 움직여야 한다는 점과, [다른 한편] 경험적인 현실의 본질, 즉 물 자체Ding an sich는 결코 포착할 수 없다는 점을 인정하는 데서 성립하는 것이기 때문이다. 그러나 칸트 이후의 철학은 현실적 존재의 불가해성Unerklärlichkeit, 즉 비합리성을 지양하기 위해 의식적으로 세계의 본질[에 대한 물음]을 파고들었다. 피히테는 절대적 자아ein absolutes Ich를 통해 이 분열을 제거했다. 절대적으로 활동하는absolut tätig 이 자아는 세

계를 유출시키고, 자기 자신과 자신의 대립물, 즉 비아das Nicht-Ich까지 정립
시킨다. 이러한 단순한 체계와는 달리 셸링의 해결책은 불확실성을 띤다.
그렇기는 해도 셸링의 구상은 [칸트 이후] 인간들이 열망해 온 외부 현실
을 지향하고 있다. 다시 말해, 그것은 자연으로의 회귀였던 것이다. 물론
철학적인 차원에 국한된 것이기는 해도 말이다. 셸링은 피히테의 "자연의
파기Annihilation der Natur"에 반대했으나, 그 자신도 자연 안에서 절대적인
것das Absolute을 정초하지 못했다. 왜냐하면 [피히테처럼] 그 역시 [칸트의]
선험적 비판주의Kritizismus에서 출발했기 때문이다. 그래서 셸링은 절대적
인 것을 주관적인 혹은 객관적인 것이 아닌, 양자 사이의 무차별점Indif-
ferenzpunkt이라고 지칭했다. 절대 이성은 자연과 정신이라는 양극을 가지
며, 철학적 실재는 사유하는 지성도 외부 세계도 아니다. [차라리] 그것은
양자 사이의 무차별적이자 절대적인 제3자라고 칭해야 한다. 만약 이것을
"이성Vernunft"이라 부른다면, 그것은 이미 주관성을 향한 불안한 성향을 드
러내는 표식이 된다.

낭만주의는 18세기의 합리주의에 대항해 일어난 운동이라고 할 수 있
다. 그러나 대항 운동에는 아주 다양한 유형들이 있으며, 따라서 근대 합리
주의가 아닌 모든 것을 낭만주의적이라 칭하는 것은 피상적인 생각이다.
셸링의 자연철학 안에는 낭만주의가 "무정한 지혜liebeleere Weisheit"라고 여
긴 철학적 반대가 존재한다. 추상적 합리주의에 반대한다는 공통점이 있
긴 하지만, 감정적인 적대는 철학적인 적대와는 다르다. 이는 분명하다. 왜
냐하면 철학적인 문제를 순수하게 감정적으로 논의하는 것은 불가능하며,
다시 모든 체계적인 논의는 하나의 지성적인 실천이기 때문이다. 모든 것
을 철학적 체계로 통합하려는 시도는 감정의 절대적 직접성을 위협하게
된다. 거꾸로 끝없이 만족을 추구하는 [감정적인] 체험은 지성을 마비시킬
수 있다. 피히테의 지식학은 칸트주의에 대한 철학적 반동을 포함하고 있
다. 절대적으로 활동하면서 비아를 "정립하는" 자아는 추상적 보편성으로

상승하는 분석적 개념으로 구성된 합리주의의 논리에 따르면 결코 개념이라 할 수 없다. 그것은 구체적인 세계를 유출시키는 구체적인 개념, 개별적인 개념이다.『전체 지식학의 토대』에서 피히테는 자신의 이론에서 체계적인 부분은 스피노자주의Spinozismus인데, 다만 모든 개별 자아가 그 자체로 최고의 실체라는 점이 다르다고 고백한다. 이와 같이 하여 추상적 합리주의를 특징짓는 추상적 개념과 구체적 존재의 이원성Dualität이 극복되고 "생동하는 통일lebendige Einheit"이 실현된다. 다만 피히테에게는 전래의 합리주의가 아직 우위를 점하고 있다. 비아와 인과 관계로 얽이는 자아는 비아 안에서 "변형시킬 수 있는 질료", 즉 이성적으로 처리하고 변형시킬 수 있는 사태Sache를 발견한다. 피히테 이후, "유기체주의Organismus"의 이념을 통해 자연과 정신의 분열을 극복하는 총체성을 구축한 이는 물론 셸링이다. 그러나 [실제로] 위대한 체계적 완성이 이루어진 것은 헤겔 철학에 의해서다. [헤겔의] 절대적 주체는 스스로 생성되어 가면서 자기 자신을 대립 속으로 유출시킨다. 이제 셸링은 [철학적으로] 자신이 스피노자와 동류라고 느끼게 된다. 독일 "감정 철학Gefühlsphilosophie"의 전부, 그러니까 야코비가 [깊이] 공감했던 바로 그 스피노자 말이다. 이것은 중요한 일치점이다. 바꿔 말하자면, 칸트 이후 관념론의 체계들은 직관 철학Intuitions-Philosophie과 범신론적 합리주의를 포함하고 있는 것이다. 그리고 이 체계들은 오로지 분석과 추상밖에 몰라서 결코 구체적인 개성에 다다르지 못하는 개념들로 구성된 추상적 합리주의에 대항해 (라스크Lask의 표현을 빌리면) 유출적인emanatistisch, 즉 구체적 개성을 구체적으로 정립하는 개념들을 내세운다. 그런데 스피노자의 체계는 데카르트와 홉스로 대표되던 근대의 추상적 합리주의, 즉 기계론적 세계관에 대한 최초의 철학적 반동Reaktion이었으며, 이는 칸트 이후 등장한 철학의 흐름과 나란한 것이었다. 비단 데카르트만이 아니라 홉스에게서 특히 흥미로운 형태로 발견되는 [근대 철학] 특유의 분열이란, 외부 세계를 단순한 지각으로 간주하는 현상주의Phänomenalismus와 그에 못지않게 도드라진 경향, [반대로] 물리적인 운동만을 인정하는 물질주의Materialismus 사이에서 발생한 것인데, 이 분열이 [스피노자에 의해] 극복된 것이다. 이제 사유와 존재는 하나의 무한한 실체가 지닌 [두 가지] 속성이 되었다.

추상적 합리주의가 도달하지 못했던 실재에 대한 철학적 추구는 스피노자와 헤겔에게서 정점에 이른다. 하지만 이 외에도 [합리주의에 대한] 세 가지 반대의 움직임Oppositionen이 존재한다. 이것들은 출발점, 방법, 결과에 있어 서로 너무나 다르지만, 데카르트가 창시한 합리주의에 저항했다는 점에서는 일치한다. 첫 번째는 반철학적 신비주의다. 이 운동을 일으킨 이는 기용 부인Mme. Guyon[1]과 앙투아네트 부리뇽Antoinette Bourignon[2]이라는 두 여인이었다. 전직 철학자였던 페늘롱Fénelon[3]과 푸아레Poiret[4]("종교적 현실주의"의 대표자) 두 사람이 이 운동의 옹호자Apologet로 나섰다. 19세기에는 그에 못지않게 매우 강력한, 하지만 결과를 두고 볼 때 그리 독창적이었다고는 볼 수 없는 또 하나의 운동이 발생했다. 이 운동에서도 단연 눈에 띄는 것은 역시 여성, 즉 크뤼데너 부인이었다. 우리는 — 가장 중요한 자연철학자 칸네Kanne가 그랬던 것처럼 — 그녀가 느닷없이 경건주의로 전향하는 매우 전형적인 행태를 보였다는 사실을 간과해서는 안 된다. [합리주의에 대한] 이상의 두 반동 형식이 산출한 정치적 결과를 보면, 유출emanatistisch 철학은 보수주의의 결론과 무리 없이 결합할 수 있음을 알게 된다. 19세기 초 "유기체"의 이념을 옛 독일 제국이 보존한 기존 상황에 맞게 적용하려 한 헤겔, 셸링, 바그너J. J. Wagner를 모범으로 삼은 유출 철학은 심지어 [처

---

1   [옮긴이] 잔느 기용(1648-1717): 프랑스 신비주의자.

2   [옮긴이] 앙투아네트 부리뇽(1616-1680): 프랑스 신비주의자.

3   [옮긴이] 프랑수아 페늘롱(1651-1715): 프랑스의 로마 가톨릭 대주교.

4   [옮긴이] 장 루이 마리 푸아레(1755-1834): 프랑스의 성직자, 식물학자.

음부터] 보수주의를 위해 구상된 것처럼 보일 정도였다. 왜냐하면 "국가" — 역사적으로 존립하는 구체적인 국가는 더 이상 국가의 이념에 위배되는 방향으로 추상화될 수 없다 — 는 [그전에는 존재하지 않던] 개인을 비로소 유출시키는 숭고한 실재로 설정되어야 하기 때문이다.[5] 이에 반해 먼저 언급한 신비주의는, [세상에 대해] 절대적으로 무관심한 정적주의적quietistisch 태도, 즉 [모든 것을] "단념하는dejado" 태도를 보일 수 없을 경우, 사회 비판 쪽으로 크게 기운다. 이 운동의 묵시록적 요소는 강력한 혁명적 천년 왕국주의Chiliasmus를 포함할 수 있으며, 만약 그 운동이 인간의 지성을 허무주의적으로 다룰 경우에는 쉽사리 정치적이고 사회적인 허무주의로 넘어간다. 부리뇽은 많은 혁명적 발언을 했는데, 그중 가장 흥미로운 것은 다음의 것이다. 데카르트적 학문[철학]은 가난한 사람들을 속이기 위해 부자들이 발명한 것이다(그러니까 이를테면 "계급 이데올로기"라는 말이 되겠다). 정치적 차원을 넘어서는 [일종의] 사회적 혁명이 여기서 예고된 셈이다. 이 신비주의는 데카르트의 추상적이고 기계론적인 합리주의 못지않게 "무신론자" 스피노자의 범신론적 합리주의에도 강하게 반대한다.

[지금까지 상론한 것은] 서로 명백히 구별되는 두 가지, 즉

1) 철학적인 대항 운동
2) 신비적-종교적인 대항 운동

이다. 이제 여기에, 그에 못지않게 서로 분명히 구분되는 [두 개의] 독자적인 반동 형식이 추가된다.

---

5   스피노자의 국가철학은 그 시대 환경이 낳은 합리주의적 자연법과 마키아벨리의 영향을 많이 받은 것이어서, 그의 유출론적 철학에 대한 전형적이고 일관성 있는 표현이 될 수 없었다. 헤겔의 범신론적 합리주의에 대한 슈탈의 투쟁은 이미 이신론적 복고 철학의 영향 아래 진행된 것이다.

3) **비코**로 대표되는 역사적-전통주의적 반동 형식. 이것은 전승에 적대적인 데카르트 합리주의 경향에 저항한다.

4) 마지막으로, 샤프츠베리에 의해 처음으로 독립적인 표현을 획득한 감정적-미학적인 (서정적인) 반동 형식. 이 형식은 철학적 체계를 세우지는 못 했다. [대신] 그것은 자신이 발견한 [모든] 대립을 미학적으로 균형 잡힌 조화로 변화시킨다. 바꿔 말하자면, 이 형식은 이원론Dualismus을 통일시키는 것이 아니라, 대립을 미적이거나 감정적인 대비를 통해 해소함으로써 종내 그것을 융해시켜 버린다. 이 형식은 자체적으로 합리주의를 극복할 수 있는 능력을 갖지 못했다 — 이 형식은 당대 철학의 함축적인 개념들을 감정적인 것으로 왜곡했다. 이를테면, 본유 관념idée innée을 본유 감정sentiment inné으로 바꾸어 버리는 식이다. 이 형식은 또한 신비주의적으로 세상 밖으로 혹은 너머로 가지도 못 했다. 왜냐하면 그것은 이 세계에 머문 채로, 하지만 [이 세상의 것과는] 다른 더 높은 것을 동경하면서, 언제나 [세련된] 도시성Urbanität을 향해 걸었기 때문이다. 이처럼 모든 결단을 중지시키는 행위, 그러니까 이 형식이 지닌 온갖 비합리적 태도에도 불구하고 끝까지 간직한 합리주의의 잔재에서 낭만주의적 아이러니의 원천을 찾을 수 있다. 이 명확한 특징은 신비주의와의 차이를 극명하게 보여 준다. 왜냐하면 아이러니한 신비주의란 없기 때문이다. 결정적인 대립은, 신비주의가 — 야넨츠키Janentzky가 적절히 정식화한 것처럼 — **"종교적** 의식의 현상 형식"인 데 반해[6], 이 네 번째 반동 형식은 본질적으로 미학적인 영역에 속한다는 점에 있다. 이 형식은 낭만주의 특유의 생활 감정과 자연 감정을 발전시킨다. 이 감정이 지적인 형태로 스스로를 표현하고자 할 경우(짐짓 지

---

6   야넨츠키, 『신비주의와 합리주의』(뮌헨/라이프치히, 1922), 9쪽; 또한 대단히 명료한 에릭 페테르존Erik Peterson의 논문 「신비주의 이론을 위하여Zur Theorie der Mystik」(『조직신학 잡지 Zeitschr. f. systematische Theologie』, 제1권, 165쪽)도 참조하라. 신비란 "종교적인 세계에 존재적으로ontisch 귀속되어 있는 한에서" …… 종교가 지배하는 "영역 안"에만 존재한다.

성 — 실상 이것은 두뇌 관능주의zerebraler Sensualismus다 — 을 가진 듯 보임에도 불구하고 그 자신이 가진 특수한 전제들로 인해 그런 일을 할 수는 없지만), 그것은 철학 체계 내의 여러 개념들 — 자연, 로고스, 자아 등 — 을 온갖 감상들로 얼룩진 시간 개념들과 마구잡이로 뒤섞어 놓는다. 하지만 이 감정에는 한 가지 특유한 생산력이 있다. 그것은 서정시Lyrik다. 서정적-감상적인 관점에서 그것은 홉스 국가철학의 철저한 합리주의를 아주 적대시한다. "성악설"의 인간관, 만인의 만인에 대한 투쟁, 그리고 자유 경쟁 따위의 반목가적 표상은 곧장 그것의 비위를 상하게 만들었다. 그래서 [홉스와는 반대로] 샤프츠베리는 일찍이 원시 민족들의 단순한 "자연스러운" 풍습Sitte을 예찬했으며, 그중에서도 특히 각 민족이 지닌 음악적 재능을 강조했다. 하지만 네 번째 반동 형식의 고유한 특징이 더없이 명백하게 부각된 것은 루소에 이르러서였다. 합리주의를 극복할 수 없었고, 항상 자신보다 뛰어난 적에게 지적으로 의존한 그였지만(『사회계약론』이 이 사실을 증명한다), 그럼에도 불구하고 루소는 합리주의의 효과를 차단하는 데 성공했고, 철학이 체계적-사변적 경로를 통해 추구하던 구체적 현실das konkret Reale을 다른 방식으로 획득했다. 지금까지 그가 걸은 길의 독특한 성격에 대해서는 좀처럼 고찰되지 않았다. 하지만 그것은 『인간 불평등 기원론』에 이미 분명히 드러나 있다.[8] 즉, 전래의 철학이 자연에 대해 가진 철저하게 합리적인 표상, 다시 말해 자연을 개념적, 합리적 "본질", 이성, 합법칙성 등과 동의어로 보았다면, [루소의] 자연은 [오롯이] 감상적인 내용을 갖는다. 기존의 철학에서는 의식적인 추상화[의 결과]로서 또는 역사적 사실로서 다뤄졌던 자연이 이제는 숲과 들에서 볼 수 있는 구체적인 목가적 풍경, 곧 **소설적인 공상 imagination romanesque**"으로 바뀐 것이다.

---

7   [옮긴이] 한국어판: 김영욱 옮김, 후마니타스, 2018.

8   [옮긴이] 한국어판: 주경복 옮김, 책세상, 2018.

100   정치적 낭만주의

19세기 초 독일 낭만주의는 이 네 번째 반동 형식에 속한다. 독일 낭만주의에 의해서 헴스터후이스Hemsterhuis[9], 헤르더, 하만Hamann, 야코비, 괴테의 사상은 미학적 반동에 동원되었다. 물론 그것은, 엘쿠스Elkuss가 타당하게 지적한 것처럼, "문학적으로 희석된" 형태의 동원이었다.[10] 나아가 또 한 가지 유념해야 할 점은, 낭만주의가 감정적 왜곡의 대상으로 삼았던 당대 철학의 여러 개념들 가운데 일부는 칸트 철학에서, 그리고 다른 일부는 피히테와 셸링의 철학 체계 — 이것은 그 자체로 반동의 표현이었다 — 에서 차용했다는 사실이다. 이 때문에 모든 논리적인 분리를 미학적-감정적으로 거부할 때 필연적으로 등장하는 혼합이 더한층 혼탁해지는 양상을 띠며, 이에 따른 혼란은 도저히 수습할 수 없는 것처럼 보인다. 여기서 제시한 네 가지 형식들이 역사적 현실 속에서 순수한 전형성을 갖는 경우는 드물다. 예컨대, 비코가 데카르트를 비난한 까닭은 비단 [그의 철학이] 전통을 결여한 비역사적 철학이란 점 때문만이 아니라, 그것이 시를 결여했기 때문이기도 했다. 페늘롱에게서는 말브랑슈와 아우구스티누스에 의해 매개된 신플라톤주의가 또렷하게 드러난다. 샤프츠베리와 말브랑슈 간의 관계는 충분히 주목 받지 못했다. 스피노자의 철학에는 워낙 신비주의적인 요소가 많아서 두 번째 반동 형식과 악수할 수 있을 정도였다. 루소가 기용의 정적주의와 얼마나 긴밀한 관계에 있었는지는 마송P. M. Masson[11]의 저작들이 놀라울 정도로 분명하게, 그리고 세이에르가 실로 탁월하게 보여준 바 있다. [하지만] 이러한 혼합은 독일 낭만주의에 의해 더욱 강력해진다. 노발리스는 — 한 명의 풋내기를 규정하는 데까지 이 범주들을 적용하고 싶다면 말

---

9   [옮긴이] 프랑수아 헴스터후이스(1721-1790): 네덜란드의 작가, 도덕철학자.

10 『낭만주의에 대한 평가와 연구의 비판을 위하여』(역사적 도서관 총서, 제39권, 1918)[옮긴이: 앞에서 슈미트는 38권으로 표기했다.], 32쪽. 이례적으로 풍부한 내용을 담은 이 중요한 논문은 유감스럽게도 [완성되지 못한 채] 단편Fragment으로 남아 있다.

11 [옮긴이] 피에르-모리스 마송(1879-1916): 프랑스의 루소 전문가.

이지만 — 어느 때는 신비주의자였다가, 또 어느 때는 낭만주의자였다. 그는 니더라인Niederrhein 지방의 신비주의자들이 "달콤한 경험"이라고 미심쩍게 본 [형태의] 신앙/종교성Religiosität을 표방한 [모라비아교의] 헤른후터파Herrnhuter 출신이었다. 프리드리히 슐레겔, 차하리아스 베르너, 아담 뮐러에게서 묵시록적 분위기가 확연히 감지될 때가 있었지만, 그때는 이미 그러한 분위기가 그들보다 훨씬 먼저, 그들과는 전혀 무관한 맥락에서, 이미 유럽 전체에 감돌던 터였다. 브렌타노Brenntano[12]와 카타리나 엠머리히 Katharina Emmerich[13]의 관계에서 우리는 푸아레와 앙투아네트 부리뇽 간의 우정과 비슷한 면모Analogien를 발견하게 된다. 복고주의 시대의 이른바 "정치적 낭만주의"는 추상적 합리주의에 대한 역사적 반동에 종속되어 있었다. 즉, 낭만적 관심이 아닌 문화사적 관심에서 출발해 중세에 대한 새로운[다른] 평가Bewertung에 도달한 헤르더에게, 그리고 보날에게 의존했던 것이다. 이쯤에서 버크의 이름도 언급할 수 있을 것이다. 하지만 이 자유주의자는 그 자신이 낭만주의적 요소를 갖고 있었으며, 그래서 [영국의] 휘그당 귀족 샤프츠베리와 독일 낭만주의자 아담 뮐러를 역사적으로 연결하는 역할을 했다.[14] 그럼에도 불구하고 이러한 유형들은 [서로] 쉽게 구별된

---

12 [옮긴이] 클레멘스 브렌타노(1778-1842): 독일 낭만주의 시인.

13 [옮긴이] 카타니라 엠머리히(1774-1824): 독일의 로마 가톨릭 수녀.

14 버크의 정치적 견해에 있어 낭만주의적 요소는 결정적인 것이 아니다. [반대로] 그의 정치적 견해가 낭만주의에 커다란 영향을 미쳐 보수 이념을 수용하게 만들었다. 이에 대해 초판에서 나는 충분히 강조하지 않았는데, 이후 알게 된 본M. J. Bonn의 버크에 관한 논문(프랑크푸르트 신문 1897년 7월 10일과 12일자 기사, 조간 1호)을 읽고 중요한 자극을 받아 이러한 해석을 하게 되었다. 이와 관련한 버크의 미학도 매우 흥미롭다. 그는 어둠을 고귀함의 새로운 표징으로, 음악을 자유로운 미pulchritudo vaga의 사례로, 다시 말해 하나의 대상에 부착된 미와는 다른 자유로운 미의 예로 들고 있다. 칸드레아Candrea의 학위 논문(슈트라스부르크 대학, 1894)을 참조하라. 버크가 지닌 복잡한 의미를 적절히 요약한 것으로는 엘쿠스, 앞의 책, 11쪽을 보라. 버크로부터 흘러나온 이념의 줄기는 역사적인 세계 이해와 좁은 의미의 정치적 낭만주의 둘로 나뉜다. 버크에게 양자는 하나로 통일되어 있다. 하지만 그는 계몽주의와 종교개혁과 혁명을 전통주의에 반대되는 개인주의적이고 합리주의적인 운동으로 간

다. 여기서 이 유형들을 나열한 까닭은 합리주의에 대한 거부가 얼마나 다양한 계기와 형태를 갖는지를 보여 주기 위해서, 그리고 낭만적인 것의 첫 번째 특수성이 어떻게 나타난 것인지를 보여 주기 위해서였다. 하지만 더 넓은 정신사적 맥락에서 낭만주의를 [제대로] 규명하기 위해서는 그보다 더 중요한 사실, 즉 17세기부터 19세기까지의 형이상학의 발전이 신과 절대자에 대한 완전히 새로운 표상으로 귀착되는 변화의 과정을 살펴보는 작업이 필요하다.

옛 형이상학에서 가장 확실한 최고의 실재였던 초월신은 제거되었다. 이제 철학자들의 쟁투보다 더 중요해진 것은, 가장 확실한 최고의 실재로서 신이 담당했던 역할을 역사적 현실 속에서 누가 맡을 것인가 하는 점이었다. 두 개의 현세적 실재가 등장했고, 새로운 존재론을 관철시켰다. 하지만 그렇다고 해서 인식론적 논의의 종결을 기대할 수는 없었다. 그 두 가지 실재란 인류와 역사다. 18세기의 합리주의 철학의 논리로 본다면 완전히 비합리적이지만, 초개인적 타당성을 갖는다는 점에서는 객관적이고 명백한 것으로 여겨진 양자는 새로운 조물주Demiurgen로서 인간의 사유를 실질적으로in realitate 지배하였다. 전자, 즉 인간 사회는 민족Volk, 공동체, 인류 등의 여러 상이한 형태로 등장했지만, 항상 동일한 한 가지 혁명적인 기능을 수행했다.

첫 번째 조물주의 전능함Allmacht은 일찍이 루소에 의해 『사회계약론』에서 천명되었다. 인간 사회는 모든 것을 요구할 수 있다. 왜냐하면 [루소가 말하는] '사회계약'에 따르면 "모든 [인간적인] 결사체는 완전히 자신을 포기하고 일체의 권리를 사회 전체에 양도하기" 때문이다. 계약 이론에 포함되어 있는 개인주의적 요소들은 혁명의 상황에서는 사실상 배제된다. 정치는 종교적인 문제Angelegenheit가 되고, 정치 기관은 공화정, 법률, 조국의

주했다.

사제Priester가 된다. 모든 정치적 반체제분자Dissident, 모든 일탈적인 견해들을 자코뱅 체제는 가차 없이 처단했다. 자코뱅주의의 열심Zelotismus은 종교적 성격을 지녔으며, 자유, 도덕Tugend 혹은 "지고의 존재"에게 바치는 [종교적] 제의가 생겨난 것은 자연스러운 결과였다. 심지어 올라르Aulard마저 이를 시인했다.[15] 당통과 에베르Hébert를 위시한 모든 정적政敵은 지고의 유일한 주권자에 대한 반역자였으며, 따라서 "무신론자Atheist"였다. 이렇게 보아도 될 것이다. 이 사례에서는 인간의 끔찍한 이기주의, 광포한 권력의지가 이데올로기를 핑계 삼아 아무 거리낌 없이 스스로를 쏟아 내고 있다고. [사실] 이런 사례는 인간의 역사에서 드물지 않다. 중요한 사실은 그것이 하나의 새로운 종교로 자리매김하는 데 성공했다는 점이다. 절대 군주가 "짐이 곧 국가다"라고 말하는 것은 어떤 자코뱅 당원이 "조국이란 바로 나다la patrie c'est moi"라고 말해도 된다는 듯 처신하는 것과는 다르다. 전자는 자신의 개인적 인격으로서 국가를 대표하지만, 후자는 자신의 인격을 국가와 바꿔치기하는 것이다. 자기 자신으로서 존재하려 하면 할수록 그는 더욱더 자신의 사적 인격을 감추지 않으면 안 되며, 자신은 유일한 권력을 가졌으되 모든 척도의 기준이 되는 초인격적 존재[공화국]의 일개 일꾼일 뿐이라는 사실을 항상 강조하지 않을 수 없게 된다. 만약 이런 사람이 엄격한 도덕가였던 로베스피에르와 달리 이기적인 동기에 의해 행동한다면, 그는 개인적인 이익, 즉 권력, 명예, 부 등속을—비록 잠깐일지라도—은밀히 도둑질하듯 탐닉할 수 있다. [개인으로서] 그는 아무것도 아니다. 하지만 진정한 권력, 즉 인민과 사회의 기구Organ로서 일한다는 점에서

---

15 올라르, 『프랑스 혁명의 정치사Histoire politique de la révolution francaise』, 367쪽. "최고의 존재에 대한 숭배는 단지 국가 방위의 수단이었을 뿐 아니라, 미래 국가의 핵심적인 토대 하나를 놓으려는 시도이기도 했다." 지벨Sybel의 『프랑스 혁명』(제2권, 545쪽)에 따르면, 최고의 존재에 대한 경배는 로베스피에르의 정치적 수단이었다. 그러나 그는 520쪽에서는 1795년 11월 16일자 리옹의 애국자에게 보낸 지령을 인용하고 있다. '공화주의자는 조국 외의 다른 신을 섬기지 않는다.'

그는 모든 것이다. 자연으로 돌아가기를 원했을 때, 인간은 사회를 갖게 되었다. [다시 말해, 인간이 발견한] 현실은 결국 인간의 공동체였으며, 감상적인 개성주의자[루소]는 이 공동체로부터 도망칠 수 있다고 믿었다.

기독교적 국가철학의 입장을 가진 보날은 1793년의 자코뱅 체제란 곧 무신론적 철학의 발발이라고 보았다. 그는 신에 대한 신학적이고 철학적인 표상으로부터 정치적 사회 질서를 유추했다. 이 유추의 결론에 따르면, 인격신에 대한 유신론적 표상에 부합하는 [정치적] 표상은 군주제의 원리다. 왜냐하면 이 원리는 한 사람의 인격적인 군주를 눈에 보이는 [신의] 섭리로 간주하기 때문이다. 그런가 하면, 신은 세계 바깥에 존재한다고 주장하는 이신론의 입장에 맞춤한 것은 군주적-민주적 헌법이다. 가령, 1791년의 [프랑스] 헌법에 의해 국가 내에서 [모든] 권력을 상실한 왕의 처지는 이 세계 안에서 이신론의 신이 처해 있는 상황과 같다. 보날이 보기에 그 헌법은 위장된 반왕권주의Anti-Royalismus였다. 마치 이신론이 위장된 무신론인 것처럼. 하지만 1793년의 "선동적 무정부주의"는 노골적인 무신론이었다. "신이 없다면, 왕도 없다kein Gott, kein König."[16] 이처럼 "종교와 정치 두 세계deux sociétés의 원칙을 일치시키는 것"은 신학과 법학, 즉 국법학의 수많은 개념들이 방법론의 차원에서 서로 등치될 수 있다는 점에서 타당한 행위다. 그러나 이것은— 라이프니츠에 의해 정립된 신학과 법학의 유비Parallele도 마찬가지인데 — 신지학적이고 자연철학적인 유희와 혼동되어서는 안 된다. 이 유희는 다른 많은 부분에서도 그렇지만 국가와 사회 단체

---

16 보날, 『문학·정치·철학 논집』(파리, 1819), 제1권에 발표된 「18세기의 도덕철학 및 정치철학」(1805년 10월 6일, 『전집』, 제10권 104-133쪽 및 제3권 388쪽 이하) 참조. 틸로의 논문 「신학화하는 법 이론 및 국가 이론」(라이프치히, 1861)은 불충분하다. 훌륭한 비판적 상론 — 특히 슈탈에 대한 — 을 포함하고 있지만, 신학과 법학 사이에 존재하는 실제적인 방법론적 근친성에 대해 전혀 언급하지 않았기 때문이다. 가이어Aug. Geyer는 『법철학 강요』(인스브루크, 87-88쪽)에서 전적으로 틸로와 의견을 같이 하고 있다. 그럼에도 불구하고 뮐러에 대한 그들의 날선 비판은 결과적으로 옳았다고 할 수 있다.

Sozietät 사이에서 다채로운 유사성을 발견하기 때문이다. [애초에] 그것은 왕권과 귀족제를 옹호하고자 했지만, 민족의 형식을 통해 새로운 실재를 승인하게 되었다. 1796년 이래 보날이 데카르트와 말브랑슈를 향해 던진 비난은 이 두 사람이 본질적인 것, 곧 인간 사회를 보지 못했다는 것이었다. 사회와 역사, [보날에게는] 이것이 바로 "실재Realität"였다.[17] 드 메스트르 역시 이 실재를 확고하게 긍정한다. 버크와 보날처럼 그도 개별 인간은 아무것도 창조할 수 없고 다만 무언가를 "제작할machen" 수 있을 따름이지만, 이에 반해 법Recht과 헌법Verfassung과 언어는 인간 사회의 산물이라는 점을 거듭 강조한다.[18] 물론 민족은 신의 피조물이다. 그러나 그의 논의를 좀 더 들여다보면, [드 메스트르에게는] 민족이 기준점이라는 것을 알 수 있다. 블라카스Blacas 백작에게 보낸 글에서 그는 제 주장의 핵심 요지를 다음과 같이 설명한다. "종교가 없다면 공중도덕이나 민족성 역시 있을 수 없으며, 기독교가 없다면 유럽의(!) 종교도 없으며, 가톨릭교가 없다면 기독교도 없으며, 교황이 없다면 가톨릭교도 없다Point de morale publique ni de caractère national sans religion, point de religion européenne (!) sans le christianisme, point de christianisme sans le catholicisme, point de catholicisme sans le pape." 그의 강한 민족 감정은 혁명과 나폴레옹 통치 기간 중에도 전혀 흔들리지 않았다. 설령 혁명가를 통해서일망정[19], 프랑스는 외세에 맞서 하나로 똘똘 뭉쳐야 한다고

---

17 『권력 이론』(1796), 「사회 질서의 자연법에 관한 분석 시론」, 『전집』, 제1권(파리, 1817), 307쪽, 각주 1번. "실재는 역사 속에 있으며, 사회를 고려하지 않는다"(제3권, 213쪽도 참조하라). [옮긴이: 실제 각주에는 쉼표 이후의 절은 존재하지 않는다. 슈미트의 착각에 따른 자의적인 삽입 내지 편집인 듯하다.]

18 『프랑스에 대한 성찰』(1796), 『헌법의 발생 원칙에 관하여』(1809년 집필), 47, 40호 참조. 이 책의 독일어판은 1822년 나움부르크Naumburg에서 출간되었다. 번역자는 아담 뮐러의 의붓아들인 알베르트 폰 하차Albert von Haza인데, 그는 버크와 보날을 참조하면서 내용상으로는 아마 뮐러로 소급될 수 있을 서문과 주석을 추가했다.

19 라트레유 C. Latreille, 『조제프 드 메스트르와 교황권 Joseph de Maistre et la Papauté』(파리, 1906), 8-11쪽; 망둘 J. Mandoul 『조제프 드 메스트르와 사부아가의 정치 Joseph de Maistre et

그는 믿었다. 또 그는 사르디니아 정책에 있어서는 훌륭한 이탈리아인이었다. 하지만 여기서 우리의 유일한 관심사는 그가 제 주장의 요점인 동시에 이론의 여지를 허락지 않는 확고한 전제로 생각한 내용이다. 즉, [드 메스트르에게] 가장 중요한 것은 결국 공중도덕morale publique과 국민성caractère national이었다. 기독교는 유럽의 종교가 되었으며, 교황제는 민족성의 형성에 필요 불가결하므로 정당한 것이다. 가톨릭교회는 프랑스의 민족적 토대지만 [프랑스의] 국교로 인정될 수 없는데 그 이유는 오직 종교란 무릇 한 [특정] 국가에 한정될 경우 실질적 성공을 보장받을 수 없기 때문이다. [프랑스] 민족은 갈리아주의Gallikanismus를 포기해야 한다. 하지만 이는 [다름 아닌] 그 자신 때문이다.

혁명의 적대자들이 보기에 인간 사회는 이미 역사적으로 규정되어 있는 것이었다. 즉 그것은 [태곳적부터] 민족[의 형태로 존립하도록] 되어 있었다. 그렇지 않을 경우, 한계를 모르는 공동체는 모든 사회적이고 정치적인 제약을 철폐하고 전 인류의 보편적 형제애를 선언하는 혁명적인 신이 될 것이다. 모든 한계를 폐지하고 총체성을 지향한다는 특성만으로 낭만적인 것을 규정하기에 부족함이 없다면, 낭만적 정치의 사례로 다음의 경우보다 더 나은 것은 없을 듯하다. 즉, 1792년 11월 19일 선포된 국민 공회Konvent의 결의가 그것이다. "국민 공회는 자유를 바라는 모든 인민에게 우애와 원조를 제공할 것이며, 행정부로 하여금 인민들을 원조하기 위해 필요한 명령을 장군들에게 내리도록 한다qu'il accordera fraternité et secours à tous les peuples qui voudront leur liberté, et charge le pouvoir exécutif de donner aux généraux les ordres nécessaires pour porter secours à ces peuples." 이와 같은 **상퀼로트의 정치**poli-

---

la Politique de la Maison Savoie』(파리, 1899); 에밀 파게Emile Faguet, 『19세기의 정치가와 모럴리스트 Politiques et Moralistes du dix-neuvième siècle』, 제1집(파리, 1905), 28-31쪽; 페르디낭 브륀티에르Ferd. Brunetière, 『프랑스 문학사에 관한 비평론 Etudes critiques sur l'histoire de la littérature française』, 제8집 (파리, 1907), 274, 275쪽. 조르주 구아요Georges Goyau, 『양세계 평론』(1918년 2월 1일자 기사), 611-612쪽.

II. 낭만주의 정신의 구조

tique sansculotte는 모든 민족적 경계를 폐지했고, **백색 정치**politique blanche, 즉 신성 동맹과 정당한 현상 유지Status quo의 국제 정치를 침몰시켜 버렸다.

[경계를 무시하는] 혁명가들의 무질서를 바로잡는 수단은 제2의 다른 조물주, 즉 역사였다. 역사는 다른 신, 즉 혁명의 신이 무너뜨린 것을 재건하는 보수의 신으로서 보편적인 인류 공동체를 역사적으로 구체화된 민족으로 조직해 나간다. 이러한 한정을 통해 민족은 사회학적이고 역사적인 실재가 되며, 특수한 법과 특수한 언어를 고유한 민족정신의 표현으로 만들어내는 능력을 얻게 된다. 따라서 한 민족이 "유기적organisch"이라는 것은 무엇인가, "민족정신"이란 무엇을 의미하는가, 이는 오직 역사적으로만 확정될 수 있다. 이러한 의미에서 민족은 루소가 말한 것과 같은 자주적인 존재가 아니라 역사적인 발전의 결과다. 역사를 마음대로 지배할 수 있다는 생각은 실로 혁명적인 사상이다. 이 사상의 내용은 [인간은] 무엇이든 제 뜻대로 "만들" 수 있고 스스로 창조할 수 있다는 것이다. 물론 이러한 생각은 인간의 어떤 활동에서든 찾아볼 수 있다. 자코뱅주의의 거리낌 없는 광신은 "비역사적인" 사상이다. [이에 반해] 복고 시대의 정적주의는, 발생하는 모든 사건은 역사적인 사건이므로 [그 자체로] 좋은 것이라는 생각, 존재하는 [모든] 것은 역사 속에서 스스로를 생성해 나가는 세계정신의 소산이므로 [그 자체로] 이성적인 것이라는 생각, [요컨대] 역사가 하는 일은 [모두] 잘된 것이라는 생각을 통해 스스로를 정당화할 수 있었다. 일찍이 모든 것을 능히 정당화하던 "사실 자체가 곧 신의 의지voluntas Dei in ipso facto"라는 관점은 이제 사실 자체로부터ex ipso facto 역사를 정당화하는 관점에게 밀려날 수밖에 없었다.

하지만 어떤 역사적인 순간Punkt이든 그 자체만 따로 분리해서 이해하려 해서는 안 된다. 그렇지 않으면 18세기의 원자론적-분석적 합리주의에 다시금 빠져들게 된다. 지속 안에서 비로소 시간은 세계의 사건을 잉태하는 비합리적 심연이 된다. 지속을 원용하는 것은 기존의 보수적이고 전통적인 논법이다. 오직 지속적 존립만이 모든 상태를 정당화한다. "긴 시간long-um tempus"은 그 자체로 최종적인 정당성의 근거다. 국가에 대해 종교와 귀족 가문이 갖는 의미는 이들이 국가에 지속성을 부여하고 이를 통해 국가가 실재를 갖게 해 준다는 점에 있다.[20] 보수적인 보댕Bodin은 마키아벨리적 권력 정치Machtpolitik에 대해 그것은 눈앞의 이익만을 생각하는 것이므로 길게 보면 결국 국가에 해를 가져온다는 이유로 반대했는데, 이는 냉철하고 실제적인 항변이다. 지속을 체계적인 정당화의 근거로 끌어들이지 않고 단순한 경험에 따라 제기한 것이기 때문이다. 이와 달리 겐츠가 지속에 관해 한 발언을 보면 그가 얼마나 18세기적 인간이었는지 잘 알 수 있다. 그는 정치적 사건을 판단하는 데 있어서는 시간적 거리를 두어야 한다고 딱 잘라 말하고 싶어 한다. "시간이 지나면 [저절로] 알게 된다tempus doce-bit"는 상식적인 지혜에 기대는 것이다.[21] 하지만 이제 역사로서의 시간은 창조의 권능을 갖게 되었다. 인민과 가족 들을 세계사적 단위로 만들며, 민족Nation과 개인 들을 형성한다. 인류는 역사 속에서 성장한다. 드 메스트르는 하나의 새로운 가문이 세계사에 등장해 권력을 잡게 되는 과정의 위대성에 부합하는 위대한 말들을 찾아냈다. 심지어 그는 새로운 역사적 감각

---

20 보날, 『전집』, 제1권, 193쪽. 「권력의 불변성과 가족 제도」; 드 메스트르, 『교황론』(제2판, 1821), 318쪽. 「발생 원칙에 관하여」(28번부터 36번까지).

21 『역사학보Historisches Journal』(베를린, 1800), 제2권, 403쪽. 겐츠는 프랑스의 절망적인 경제 상황과 화려한 군사력 간의 기묘한 불균형에 대해 이야기한다. 그것은 모든 역량을 균형감 없이 오직 군사력에만 집중한 탓이라는 것이 그의 설명이다. 계속해서 그는 다음과 같이 말한다. 그러나 "총결산은 아직 끝나지 않았다. 승리의 기쁨은 영원히 지속되지 않는다. 냉철하게 반성해야 할 날이 머잖아 닥칠 것이다. 오늘 우리 곁에 있는 것과는 전혀 다른 이념 및 감정 들과 더불어. 새로운 경험 ─ 지금은 비범한 인내심을 유지한 채 불가능한 것으로 선언해야 되겠지만 ─ 이 다른 요소들과의 균형을 전혀 무시하면서 가공할 군사력을 갖춘 국가의 부자연스러운 상태가 오랫동안 지속될 수 있음을 증명한다고 해도, 그때, 오직 그때 과거가 무대 뒤로 사라지는 시간이 도래할 것이다. 그때, 오직 그때 우리는 국가 경제의 원리, 재정 이론, 그리고 지금까지의 모든 정치적 지혜를 쓰레기 더미 위로 던져 버리고, 세계의 지배권을 가장 대담무쌍하며 동시에 가장 현명하고 덕 있는 자에게 넘겨줄 수 있을 것이다. 하지만 그때까지 우리는 예외에 굴복하면서 규칙을 지켜 나가야 한다."

을 지녀야만 알 수 있는 표현, 체계와 원칙으로 세워진 그 자신의 정통주의 Legitimismus 전체를 위험에 빠뜨리는 "정당한 찬탈legitime Usurpation"이라는 표현까지 쓴다. 이것은 역사적으로 존립할 근거를 가진 찬탈을 뜻한다. 그리고 보날은 이렇게 말했다. "실재는 역사 속에 있다la réalité est dans l'histoire." 버크 또한 누대에 걸쳐 지속적으로 이어지는 민족성에 대해 거듭 말한 바 있다. 그는 국가의 존속이 신탁 유증Fideikommisse에 의거한다는 이유로 신탁 유증을 정당한 것으로 보았고, 교회의 재산은 장기간에 걸쳐 꼼꼼히 진행되어야 하는 광대한 계획을 실행 가능하게 해 준다는 이유에서 정당한 것이라 여겼다. 하지만 그의 모든 발언은 실무적인 숙고일 뿐, 무언가를 정당화할 수 있는 새로운 권력에 대한 사유는 내놓지 않는다. 물론 세세하게 뜯어보면 그가 남긴 [여러] 객관적 논변들은 향후 역사 법학파의 학자들이 제시하는 견해들을 대부분 선취하고 있기는 하다.[22] 하지만 뭇 인간들이 발휘하는 자의와 위력 일체로부터 독립해 있는 거대한 초개인적인 민족 현실을 대변하려는 그의 열정만큼은 대단했다. 각각의 민족에게 특수한 성격, 즉 "민족정신Volksgeist"이 있다는 주장은 새로운 것이 아니다. 그런 생각은 이미 볼테르, 몽테스키외, 비코, 보쉬에에게서도 볼 수 있었으며, 말브랑슈, 데카르트, 보댕[23]에게도 낯선 것이 아니었다. 새로운 점은 이것이

---

22 『프랑스 혁명에 관한 성찰』, 249쪽(겐츠 번역본, 282쪽). 여기서 버크는 물론 '시간을 보조 수단으로 쓰는 방법'에 대해 말하고 있다. 그러나 이것은 단순한 수사적 표현으로 쓰인 것이다. 『에드먼드 버크와 프랑스 혁명』(베를린, 1913, 79쪽 이하)에서 모이젤은 버크의 역사적 사유에 대한 자세한 사례들을 제시했는데, 유감스럽게도 그는 잘못된 낭만주의 개념을 받아들였다. 81쪽 각주 5번에서 그는 "역사가를 만드는 것은 사실에 대한 경외심"이라는 트라이취케의 경구를 인용하는데, '지속에 대한 경외심'이 더 적절한 표현일 것이다.

23 보댕, 『국가에 관한 6권의 책』(제5권, 1장)[한국어판: 나정원 옮김, 아카넷, 2013]. "민족의 본성을 인식하는 방법에 대하여"라는 문제와 관련해 보댕은 이따금씩 점성술적 표현을 쓰고 있는데, 이에 대한 나의 의견을 삽입해 둔다. 중세 및 16, 17세기의 저술가들에게서 볼 수 있는 새로운 사상들이 오늘날에는 통용되지 않는 점성술적 표현에 담겨 있다는 이유로 심지어 훌륭한 역사가들에 의해서조차 간과되고 있다. 각 민족과 나라는 제가끔 특수한 성격을 지니며 이에 따라 풍습과 법률을 만든다는 것은 당시 사람들도 모르지 않았다. 다만 그

다. 즉, 이제는 민족이 객관적인 현실이 되었고, 민족정신을 생산하는 역사적 발전은 초인적인 창조자가 되었다.

셸링("역사 속에서 행동하는 것은 개인이 아니라 종족Gattung이다")은 초개인적인 실재를 기본적으로 자연철학의 차원에서 규정했을 뿐, 역사적 정향에 입각해서 보지 않았다. 이 두 실재들의 종합은 헤겔에 의해 비로소 달성되었는데, 이를 통해 그는 낡은 형이상학의 신을 퇴위시키는 첫 걸음을 내디딘 것이었다. 헤겔에 의해 합리화되어 국가로 발전한 민족과 역사, 즉 변증법적으로 발전하는 세계정신은 하나로 통일되었다. 물론 그의 형이상학에서 민족정신은 단지 세계정신의 도구에 불과한 것으로서 후자의 논리적인 진행 과정 속에서만 기능할 따름이다. 그렇지만 경험적으로 그리고 심리적으로도 민족정신에게는 매우 광대한 활동 영역이 주어졌기 때문에, 헤겔주의는 정치적으로 반동적인 방향과 혁명적인 방향을 동시에 포괄할 수 있었다. 인간 사회는 헤겔의 체계가 구상한 질서 속에서도 혁명의 효소로 남아 있으며, 이 체계가 혁명적으로 발전된 형태, 즉 마르크스주의에 이르렀을 때 민족은 프롤레타리아트로 모습을 바꿔 진정한 혁명 운동의 담당자로서 재차 등장했다. 이 담당자는 자신을 인류와 등치시켰을 뿐만 아니라 자신이야말로 역사의 주인이라는 자각을 가졌다. 그렇지 않았다면, 마르크스주의는 정당을 구성하고 혁명을 추진할 수 있는 힘을 갖지 못한 여타의 형이상학과 다를 바 없었을 것이다. 비록 그 자신에게는 아직 반동적인 요소가 남아 있었고, 또 그는 [전래된] 기독교 신학의 용어로 철학을 했지만, 그럼에도 불구하고 헤겔 이후로 기독교 형이상학의 낡은 신에게 돌아가는 길은 완전히 막혀 버렸다. 그래서 슈탈은 [헤겔에 비해] 자신이 우

들은 그 지식을 민족과 나라의 수호신Genius 혹은 상서로운 별이나 성좌에 대해 이야기하는 방식으로 표현했을 따름이다. 이것은 두루 통용되던 관념이었는데, 크리스토프 베졸트를 위시한 17세기의 지극히 통속적인 다작가Vielschreiber들은 [구태여] 상이한 민족들의 특별한 수호신 및 그들의 본성, 그리고 그들의 상이한 법률과 풍습에 대한 책들을 썼다.

월하다고 주장할 수 있었다. 왜냐하면 그는 헤겔주의가 기독교적 토대 위에 존립하던 구체제의 적이라고 확신했고, 그래서 1809년 이래 인격신을 다시금 인정하는 입장으로 되돌아간 셸링의 철학을 자신의 출발점으로 삼았기 때문이다.[24]

슈탈은 낭만주의자가 아니었다.[25] 낭만주의자의 정신적 입장에서 본질적인 것은 신들의 싸움에 자신의 주체적 인격을 개입시키지 않는 일이다. 낭만주의자의 입장은 다음과 같이 설명될 수 있다. 피히테 개인주의Individualismus의 영향으로 낭만주의자들은 자신들이 세계 창조자의 역할을 맡을 수 있고 또 제 힘으로 현실을 만들어 갈 수 있다고 믿을 만큼 자아가 강하다고 느꼈다. 동시에 그들은 공동체와 역사라는 두 가지 새로운 실재의 전령이

---

24 프랑스 학계에도 헤겔과 셸링 간의 대립과 유사한 대립이 재연되었다. 텐, 베르나르Bernard, 베르텔로Berthelot, 르낭Renan 등은 헤겔의 영향 하에 공부를 시작한 사람들로서 이들의 과학주의Scientismus에 맞서 셸링의 영향을 받은 라베송F. Ravaisson은 실증적 기독교를 옹호했다. 흥미로운 것은, 슈바르트K. E. Schubarth가 프로이센 국민이자 프로테스탄트로서 헤겔 철학이 인격을 파괴한다고 항의했다는 사실이다(『헤겔의 국가론이 프로이센 국가의 생활 및 발전의 최고 원칙과 부합할 수 없다는 사실에 관하여Über die Unvereinbarkeit der Hegelschen Staatslehre mit dem obersten Lebens- und Entwicklungsprinzip des preußischen Staates』, 브레슬라우, 1839). 그는 남부 독일 여러 나라에서 채택한 입헌주의 헌법을 기계론적 정신의 산물로 여겼다.

25 슈탈 자신에게 이 점은 전혀 문제 되지 않았다. 왜냐하면 그는 셸링의 자연철학과 낭만주의를 구별할 줄 알았기 때문이다. 그는 "낭만적" 귀족을 "중세의 유물Rest des Mittelalters"이라 불렀다 (『법철학』, 제2판, 제2권 2장, 94쪽). 그러니까 그는 낭만화된 주제와 낭만주의를 혼동하는 오류를 범한 것이다. 그러나 이 부차적인 용어의 문제는 더 깊이 다루지 않기로 하자. 『정치적 원칙으로서의 프로테스탄티즘Der Protestantismus als politisches Prinzip』(베를린, 1853, 31쪽)에서 그는 권위를 "점잔 빼는galant 낭만적 감성"을 국가 권력Obrigkeit의 이론 속에 "섞어 넣는 행위Einmischung"에 대해 경멸조로 이야기한다. "점잔 빼는"이라는 단어는 여기서 아주 꼭 들어맞는다. 다른 문제에 관해서는 그토록 명쾌하고 이론의 여지가 없는 글을 쓰는 에리히 카우프만Erich Kaufmann이 유감스럽게도 낭만주의와 비합리성의 철학Irrationalitätsphilosophie을 동일한 것으로 보는 관념을 따랐다(『군주주의에 입각한 국가론 연구 Studien zur Staatslehre des monarchischen Prinzipes』, 1906, 54쪽). 또한 마이네케도 "반합리적인, 그러니까 인격주의적-낭만주의적-유신론적인 세계관"이라는 용어를 사용하고 있다(『19세기 국가론에 있어서의 유기체 개념에 관하여Über den Begriff des Organismus in der Staatslehre des 19. Jahrhunderts』, 하이델베르크, 1908, 10쪽).

었는데, 이 실재들의 힘에 곧장 굴복하고 말았다. 그러나, 엘쿠스의 명확한 표현에 따르면, 그들에게는 모든 것이 "자아의 주권die Souveränität des Ich을 강화하기 위한 정신적인 수단"으로 쓰일 따름이다. 그들은 낭만적 자아가 어느 정도까지 [공동체와 역사라는] 새로운 세력과 일치될 수 있는지, 아니면 그것들을 자신들의 권력을 위한 수단으로 이용할 수 있는지의 물음들을 본능적으로 모호하게 남겨 두었다. 만약 천재적인 주체가 정말로 자신의 신적인 자족성Autarkie을 실제로 발휘하려 한다면, 그는 분명 더 이상 공동체를 감내하지 않을 것이다. 주체를 공동체와 역사 속에 합병시키는 것은 곧 세계를 창조하는 자기Selbst의 퇴위를 의미했다. 그들은 가톨릭교회에서 자신들이 찾던 것, 즉 거대한 비합리적 공동체, 세계사적 전통, 옛 형이상학의 인격신을 발견했다. 그들은 이 모든 것을 한데 뒤섞었다. 그 덕분에 그들은 [믿기 위해서는] 결단을 해야 한다는 사실을 모른 채 무작정 가톨릭이 되었다고 믿을 수 있었던 것이다. 여기에 낭만주의자들이 가톨릭주의에서 발견한 비밀과 매력이 존재한다. 하지만 내적으로 가톨릭주의에 압도되고 그래서 정말로 경건한 가톨릭교도가 되려 했을 때, 그들은 자신의 주관주의Subjektivismus를 포기해야만 했다. 그들은 포기했다. 물론 교회를 상대로도 천재적 주체 행세를 하려고 한참 애쓰긴 했지만(가령, 『대립론』에서 아담 뮐러가 예수회와 그들의 "시대착오적인 철학"을 규탄하려 했던 경우처럼). [주체성을] 확실히 단념하고 [문제의 핵심은] 양자택일Entweder-Oder에 있다는 인식을 하게 되면, 낭만주의적 상황은 종결된다.[26]

---

26 스투르자Stourdza와 바더Baader의 사례에서 보듯, 그리스 정교회도 로마 가톨릭 교회와 같은 작용을 할 수 있다. 만약 슐레겔이 러시아로부터 "아주 정중하고도 근사한 초대"를 받았다면, 그는 분명 응했을 것인데(아우구스트 빌헬름 슐레겔에게 보낸 1813년 1월 16일자 편지, 앞의 책, 537쪽), 설령 갔다 한들 그 결과는 바더의 경우와 별다르지 않았을 것이다(바더, 『역사의 철학Philosophie der Geschichte』, 빈, 1829, 제2권, 270-272쪽 참조). 낭만주의 상황을 종결지은 또 다른 방식이 존재한다. 이 방식을 따른 유일한 위인은 키에르케고르다(왜냐하면 나는 클라이스트를 낭만주의자로 보지 않기 때문이다). 그에게는 아이러니, 미학적 세계관, 가능과 현실의 대립, 무한과 유한의 대립, 구체적 순간의 감정 등 낭만적인 것의 모든 요소가 작

그러나 낭만주의적 상황 및 새로운 두 실재의 낭만적 의미를 이해하기 위해서는 가능성과 현실성 간의 낭만주의적 갈등에 의해 발생하는 어려움 Komplikation을 고려하지 않으면 안 된다. 낭만주의는 구세대에 맞서는 신세대의 운동으로 시작되었다. 자라나는 세대가 이미 많은 것을 가진 기성세대에 반대하기 위해 거창한 구호를 찾는 것은 자연스럽다. 그것을 이미 완성된 [기존의] 업적에서만 찾아내는 것은 불가능하기에, 그들은 자신들의 젊음 자체, 즉, 자신들이 가진 생동감과 힘과 활력, 다시 말해 그들의 가능성을 [전면에] 내세운다. 젊은 세대란 늘 질풍노도Sturm und Drang와 같고, 새로운 이상을 앞세우면서 자신들이 이룩할 업적의 발판을 마련한다. 그렇게 업적을 이뤄가는 중에 새롭게 자라나는 세대를 맞이하며 그들 자신은 늙은 세대가 되어 간다. 18세기 말에 등장한 낭만주의 세대는 특히 어려운 처지에 놓여 있었다. 그들의 앞 세대가 이룩한 업적은 이미 고전이 되어 있었다. 앞선 세대의 가장 위대한 대표인 괴테에 대해 그들이 할 수 있는 일이라고는 더욱 크게 경탄하고 열광하는 것뿐이었다. 낭만주의 세대가 이룬 업적은 [고작해야] 비평과 인상 비평이었다. 그들은 괴테를 능가하는 일을 할 수 있다고 큰소리쳤지만, 그것은 다만 가능성일 따름이었다. 그들은 저돌적인 계획을 세웠고, 대담한 약속을 내놓았으며, 새로운 전망을 암시하고 제시했다. 자신들의 약속을 실천해 달라는 [대중-독자들의] 요청에 그들은 항상 새로운 약속으로 답했으며, 예술에서 철학으로, 역사로, 정치로, 신학으로 거듭 후퇴했지만, 그들이 현실에 맞서 제시했던 그 모든 엄청난 가능성들은 결코 현실성으로 바뀌지 않았다.[27] 이러한 어려움에 대한 낭

동하고 있다. 프로테스탄트 기독교 신앙은 그를 단독자로, 즉 기독교의 신 안에 의식적으로 실존하는 유일한 개인으로 만들었다. 신과 직접적인 관계를 맺게 되면, 그 자체로 가치를 갖던 모든 인간 공동체가 지양된다. 정치적 낭만주의는 이 해결책을 염두에 두지 않는다.

27 프리드리히 슐레겔에 대해서는 일일이 인용하는 대신, 하임의 서술을 따르도록 한다. 아담 뮐러는 [사람들의] 기대감을 불러일으키는 데 있어서 가히 대가의 실력을 갖추고 있었다. 겐츠가 갓 출간된 그의 일기에 대해 실로 깊은 우애를 표현하는 가운데 이의를 제기했을 때,

만주의적 해결책은 가능성을 [다른 무엇보다] 높은 범주로 설정하는 것이었다. 그들은 세계를 창조하는 자아의 역할을 일상의 현실 속에서 수행할 수 없었다. 그들은 구체적인 현실의 제약보다 영원한 생성과 결코 완성될 수 없는 가능성의 상태를 선호했다. 왜냐하면 실현되는 것은 언제나 무수한 가능성들 가운데 단 하나일 뿐이기 때문이다. 그것이 실현되는 순간 다른 무한한 가능성들은 일체 배격되고, 하나의 세계가 좁은 현실로 인해 파괴되며, "수많은 이념Fülle der Idee"들이 보잘것없는 규정성을 위해 희생되기 때문이다. 따라서 말해진 모든 말은 이미 허위Unwahrheit다. 그것은 한계를 모르는 사유를 제한한다. 모든 정의는 습관에 의한 헛짓Ding이다. 이것이 정의할 수 없는 삶을 정의한다. 모든 근거 제시는 허위다. 왜냐하면 근거를 대는 순간 언제나 경계가 그어지기 때문이다.

그래서 이제 관계가 뒤집힌다. 가능성이 아니라 현실성이, 추상적 형식이 아니라 실질적인 내용이 공허한 것으로 돼 버렸다. 이는 철학적으로도 역전Umkehrung을 의미한다. 이 시대는 현실적 존재의 수수께끼 같은 비합리성을 지양하기 위해 실재를 추구했다. 만약 이 작업이 합리화Rationalisierung를 통해 이뤄져야 한다면, 삶의 무한성은 다시금 제거되고 말 것이다. 왜냐하면 그럴 경우 삶은 개념에 의해 협소화된 형태에 따라 정의될 것이기 때문이다. [당대] 철학자들의 모든 통찰력과 낭만주의적 견해들 가운데 일각의 들뜬 두뇌주의Zerebralismus가 갖는 의의는, 미답의 가능성들이 주는

이에 대해 뮐러가 응답을 시도한 거의 모든 편지들이 그에 대한 좋은 사례다(B.W. 107번 및 17, 20번 편지). 이미 『대립론』에서 뮐러는 새로운 국가 이론 및 사회 이론, 새로운 예술, 새로운 세계사를 [쓰겠노라] 약속했다. 마지막으로 그는 다음과 같은 각주를 달았다(72쪽). "식자들Kenner은 우리가 너무 많은 것을 암시하고 너무 많은 것을 약속한다고 말할 것이다. 하지만 그들은 이렇게도 말할 것이다. '저들에게는 많은 것을 암시하고 여러 가지를 약속할 권리가 있다. 저들은 올바른 길을 걷고 있으며, 저들이 무엇을 원하는지 알고 있다.'" 「새로운 화폐 이론」(라이프치히/알텐부르크, 1816, 239쪽)에서도 뮐러는 "수학 비판Kritik der Mathematik"을 저술해 모든 학문의 구형Kugelform에 관한 상세한 논의를 펼치겠다고 약속했고, 『신학적 토대』의 제3장, 각주 1번에서는 "전체 학문의 비판"을 하겠노라고 약속한다.

전율을 포기하지 않은 채 현존재Dasein를 파악하고 설명하려 했다는 점에 있다. 그러나 누구든 논증을 할 때는 비합리적 능력이 아닌 합리적 능력을 쓴다는 사실을 부인할 수 있는 논증은 없다. 지적 직관Anschauung이나 천재적 비약Aufschwung 혹은 다른 어떤 직관적 과정 — 이것들은 단순한 지성 Verstand(슐레겔의 용어로는 단순한 이성Vernunft)에게는 허락되지 않는 특별한 통찰Einsichten을 얻게 해 준다 — 을 거론할 수도 있겠지만, 그것들이 하나의 철학적 체계를 자처하는 한, 체계 내의 모순을 극복하는 것은 불가능했다. 그런가 하면, 낭만주의적 양식more romantico에 따라 창작된 단편Fragment 과 잠언Aphorismus을 통해 직관적 활동의 결과를 전달하고자 한 경우, 오직 비슷한 결을 지니고 비슷한 활동을 벌이는 영혼들, 다시 말해 낭만주의 공동체를 향한 호소만 가능했을 뿐이다. 철학을 통해 비합리적인 것에 도달하려던 모든 철학적 노력은 수포로 돌아갔다. 새롭게 등장한 실재, 즉 사회 societas가 어떤 독특한 형식을 통해 낭만주의자들을 제압한 다음 사회를 향해 호소하도록 그들을 강제했다.

가능적인 것과 현실적인 것 사이의 대립은 무한한 것과 유한한 것, 직관적인 것과 추론적인 것 사이의 대립과 융합된다. 문제의 근원을 양상樣相들 Modalitäten 간의 반목에서 찾았던 중세 신비주의자는 여기서도 역시 분쟁의 해결책을 신에게서 찾았다. 오직 신만이 무한한 가능성인 동시에 각양의 구체적인 현실성이다. 신은 무한한 것과 유한한 것, 운동과 정지, 가능성과 현실성 일체의 대립을 지양하는 것으로서 자기 안에서 가능posse과 존재esse를 통일시킨다. 니콜라우스 쿠자누스Nicolaus Cusanus의 독특한 조어를 차용하자면, 신은 "능재das Possest"다. 이것은 신비주의적 해결책이지만, 그래도 낭만주의는 아니다. 여기서도 재차 확인하게 되거니와, 낭만주의적 태도란 [언제 어디서나] 자신을 유보하는 주체의 태도다. 낭만적 주체는 중세 신비주의자가 신에게서 찾아낸 것을 직접 인계 받으려 했다. 그러면서도 그는 그와 같은 통합 작업은 인류와 역사라는 두 명의 새로운 조물주가 맡아야 한다는 신념을 버리지 않았다. 이미 루소가 인민Volk을 충분히 감상적인 형태의 감정 공동체로 만들어 버렸으며, 개인주의적 반항아로 출발했던 낭만주의자도 이제는 집단주의자Kollektivist로서 등장한다. 삶과 사유를 하나로 통일한 위대한 초인적 전체 개인Gesamtindividuum, 즉 선하고 고귀하며 넓은 도량과 확실한 직관을 가진 인민은 무한한 무의식에 내재한 온갖 비합리성과 정신을 동시에 넉넉히 품는 저수지Reservoir가 된다. 낭만주의자의 인격이 잃어버린 소박함Naivität을 지키고 간직하는 것이 실제로 존재하는 인민의 사명이다. 인민은 충실하고 인내심 강하며 태연하고 까다롭지 않기에, 참을성 없고 성마르며 까다로운 지성인은 인민에 대해 그저 감동하고 감탄할 수밖에 없다. 루소적 형상들 — 정직한 장인 l'honnête artisan, 너그러운 일꾼la généreux laboureur, 현명한 노인le sage vieillard, 정숙한 주부la chaste menagère — 은 낭만주의 작품들에 빠짐없이 등장한다. 심지어 메테르니히 복고 정치의 [어용] 언론인 아담 뮐러마저 1819년에 다음과 같이 적었다. "매일매일 계절과 신의 은총에 따라 살아가는 순박한 농민, 과묵한 수공업자Handwerker, 눈에 띄지 않게 공공 단체의 일에 봉사하는 사람들이야말로 우리의 신분제와 자유를 지킨 사람들, 유럽을 위대하게 만든 신조Gesinnung를 구해낸 사람들이다." 여기서 그는 귀족에 대해서는 한 번도 언급하지 않는다. 정치적인 이유에서 인민이란 단어도 그는 피하고 있지만, 여기서 인민이 낭만적인 기능을 맡고 있는 것은 분명하다. 십년 전 『국정원론』에서도 마찬가지였다. 이 책에서 그는 항상 인민 대신 국가를 말했고, 국가를 모든 가능성의 궁극적인 기반으로 칭송했다. 국가의 의지는 법Gesetz이며, 진리의 목소리인데, 이는 비단 법적으로만 그런 것이 아니라 진리의 차원에서도 그렇다. 개인들에게 더 큰 요구를 할수록 국가는 더욱 사랑받는다는 노발리스의 사상을 토대 삼아 뮐러는 낭만주의 지폐 이론Papiergeldtheorie을 구축했다. 그러나 새로운 실재인 "인민Volk"과 낭만주의의 대상으로서의 "민족Volk"을 혼동해서는 안 되며, 또한 낭만주의자들을 새로운 민족 정서 혹은 국민 정서의 발견자로 여겨서도 안 된다. 왜 냐하면 그들은 실재를 성급하게 낭만주의화romantisieren하려고 했기 때문이다. 위에 인용한 발언에서 뮐러가 눈에 띄게 인민이란 단어를 피했다는 사실에서 이미 본질적인 차이를 볼 수 있다. 낭만주의의 대상인 민족은 혁명의 힘줄이 잘린 민족이다. 이 민족은 소진되지 않는 가능성의 원천으로 존재하라는 과제를 자신에게 부여하는 낭만적 주체를 위해 봉사한다. [하지만] 실제로in praxi 그에게 주어진 의무는 계몽주의를 멀리하라는 것이다. 왜냐하면 읽기와 쓰기를 위시한 [이른바] 교양의 온갖 속임수들은 [끝내] 위대한 무의식을 절멸시킬 것이기 때문이다.

어린아이들 역시 낭만주의자가 멋대로 주무르는 비합리적 요소를 가득 지닌 존재들이다. [물론] 모든 어린아이가 다 그런 것은 아니다. 이는 "여리고 약한 응석받이 아이들"이 아니라, 노발리스의 말처럼 "도무지 종잡을 수 없는 아이들indeterminierten Kindern"에게만 해당된다. 여러 낭만주의자들과 다르지 않게, 쉴러도 소박 문학과 감상 문학을 다룬 논문에서 이러한 생각을 표명한 바 있다. 즉 어린아이가 주는 감동이란 그가 아직 규정되지 않고 제약 받지 않았다는 점, 그리고 어른들이 오래전에 상실한 무한한 가능성을 품고 있다는 점에서 나온다는 것이다. 어린아이와 같은 인류, 즉 원시부족들도 그처럼 제한되지 않은 가능성을 지니고 있다. 합리적인 한정성과 비합리적인 가능성의 충만 사이에서 발생하는 모순을 낭만주의자들은 다음과 같은 방식으로 극복했다. 즉, 한정된 하나의 현실에 대해 아직 제약을 받지 않은 다른 실제 현실을 맞세우는 것이다. 다시 말해, 합리주의적-기계주의적 국가에 대해 어린아이 같은 인민을, 직업 및 그에 따른 업무에 의해 이미 제한된 어른에 대해 모든 가능성을 가지고 뛰노는 어린아이를, 고전적인 것의 분명한 윤곽에 대해 무한히 다의적인 원시성Primitivität을 제시하는 것이다. 한정된 현실은 공허하며, 실현된 가능성과 이미 내려진 결정은 마력을 잃고 환멸을 안겨 줄 뿐이다. 그것은 당첨되지 않은 복권이 주는 미련한 우울Melancholie이며, "지난해의 달력"이다. 원시적인 소박함이란 행복한 상태다. 하지만 이 행복은 다만 부정적인 행복일 뿐, 긍정적인 내용으로 채워진 행복이 아니다. 그것은 아직 부서지지 않은 환상이고, 영원한 힘에 대한 영원한 약속이며, 영원히 보존되는 환상이다. 왜냐하면 그것은 영원히 실현될 수 없는 가능성이기 때문이다.

두 명의 새로운 조물주 가운데 다른 하나인 역사도 마찬가지로 낭만주의에 활용되었다. 매 순간마다 시간은 인간을 규정하고, 가장 강력한 인간의 의지마저 [거세게] 압박한다. 이 때문에 모든 순간은 모든 권력을 압도하는 무시무시하게 유령적인 사건이 된다. 매 순간은 무수한 가능성을 파괴한다. 존재하는 모든 가능성을 끊임없이 부정하는 것이다. 시간의 권능에서 벗어나려고 낭만주의자는 역사로 도피한다. 과거는 현재의 부정이다. 현재가 부정된 가능성이라면, 과거 속에서 그 부정은 다시 부정되며 이로써 제한이 폐기된다. 과거의 사실은 존재론적으로 현실적인 것의 성격을 띤다. 그것은 구체적이고 실제적이다. 자의적인 허구가 아닌 것이다. 그렇지만 그것은 실존하는 개별 인간으로서 낭만주의자를 매 순간마다 압박하는 현재적 실재의 집요함을 갖고 있지 않다. 그렇다고 할 때, 역사는 실재인 동시에 비실재Nicht-Realität라고 할 수 있다. 역사 역시 해석될 수 있고, 조합될 수 있으며, 구성될 수 있다. 역사는 흐르는 시간이다. 인간들은 그것을 한 움큼 잡아 올려 거기서 놀라운 형상들이 나타나도록 만들 수 있다. 공간적으로 멀리 떨어져 있는 실재 또한 현재적 실재로부터 도피하는 수단으로 이용될 수 있다. 1802년 베를린 강연에서 아우구스트 슐레겔A. W. Schlegel은 다음과 같이 발언한 바 있다. 프랑스인에게 영국은, 적어도 전쟁 전에는 품위 있는 귀족들Lords이 나고 자라는 낭만적인 나라였는데, 이에 반해 만약 한 영국의 소설가가 어떤 감탄할 만한 것을 쓰려고 한다면 그는 주로 남유럽, 즉 이탈리아나 스페인을 배경으로 삼는다는 점에서 독일의 소설가와 공통분모를 갖는다. 이와 같은 낭만주의적 치환Vertauschung의 단순성 측면에서 본다면, 까다롭기 그지없는 낭만주의적 문인은 진부하기 짝이 없는 소설가와 별반 다를 것이 없다. 하지만 낭만주의적 대항 운동Gegenspiel에 내재된 비합리적 요인에는 합리화 과정과 직결된 공간보다는 시간이 더 적격이다. 그래서 18-19세기 전환기에 낭만주의자들은 중세로 날아갔다. 당시, 그러니까 프랑스 혁명과 프랑스 제국 시대에 고대로 도피한다는 것은 현재에 그대로 머무르는 것과 마찬가지였다. 왜냐하면 그 시대는 스스로를 로마적 고대로 온통 치장했기 때문이다. 차라리 그리스가 낭만주의적 알리바이Alibi에 더 도움이 될 법한 상황이었다. 하지만 낭만적인 것의 개념과 관련해 가장 중요한 것은 다음의 사실이었다. 즉, 시간적 혹은 공간적으로 멀리 떨어져 있는 대상 — 그것이 고대의 장엄함이든 중세의 고귀한 기사도이든 아니면 아시아의 압도적인 광대함이든 — 은 그 자체로 흥미의 대상이 된 것이 아니라는 사실. 그것은 [그들이 진부한] 일상, 즉 실제의 현재적인 현실에 맞서 내놓는 히든카드Trumpf였던 것이다. [이 카드로] 그들은 현재를 부정하려 했다. 멀리 있는 것, 진기한 것, 환상적인 것, 프로테우스적인 것Proteusartige, 경이로운 것, 비밀스러운 것, 이 모든 것을 어떤 사람들은 낭만적인 것의 정의에 원용하지만, 그것들은 그 자체로서는 아무 의미가 없다. 그것들의 낭만적 기능은 오직 '오늘'과 '여기'를 부정하는 데 있다.

태초의 선한 인간, 인류 최초의 민족, 빛의 아들들, 순결한 사제들, 최초의 인류, 태곳적의 거룩한 자연의 지혜 따위의 표상들에 대해 낭만주의자가 아무리 친숙했고 또 그 표상들이 현재에 대한 낭만주의적 비판과 아무리 자주 결부된다고 해도, 실낙원에 대한 종교적 혹은 신비적 표상은 낭만주의의 그것과는 다르다. 종교적이고 신비적인 표상들은 영지주의적gnostisch 이념이나 전통주의적 논법과 마찬가지로 낭만주의적 관점을 위해 이용될 수 있다. 과거는 현재를 지탱하는 더 나은 기반으로 나타난다. 그러니까, 현재는 과거의 기생충인 것이다. "우리는 더 좋았던 시대의 열매를 먹

　　　　　　　　　　　　　　정치적 낭만주의

고 산다"(노발리스). "우리는 선조들의 재산을 탕진하고 있다"(뮐러). 이 진술들에서 낭만적인 것은 오직 현재를 부정하기 위해, 당면한 구체적 현실의 속박에서 벗어나기 위해 과거를 이용한다는 점뿐이다. 이것은 이를테면 불교적인 느낌이 아니다. 낭만주의는 무Nichts로 도피하지 않는다. 그는 구체적인 실재를 찾는다. 다만 그 실재가 자기를 방해하거나 부정하지 않는 실재여야 할 뿐이다. 또한 낭만주의자는, 자유주의적 헤겔주의자의 주장과는 달리, 기독교적 초월과도 아무런 내적 관련이 없다. 왜냐하면 기독교가 말하는 저 세상은 피안으로서, 이 세계의 무시무시한 결정 ― 영원한 지복이냐, 영원한 저주냐 ― 은 모든 낭만주의적 변덕Anwandlung을 [일거에] 부조리한 무로 만들어 버릴 수 있기 때문이다. 또한 기독교에서 말하는 천국도 [아름다운] 음악으로 가득 차 있지만, 이 영원한 화음을 듣기 전에 먼저 심판을 받아야 하기 때문이다. 기독교적 초월은 낭만주의자가 [꿈꾸는] 다른 곳Anderswo이나 다른 때Anderswann가 결코 아니다. 끝으로, 낭만주의적 세계는 유토피아적이지도 않다. 왜냐하면 유토피아에는 가장 중요한 것, 즉 "실재"가 빠져 있기 때문이다. 물론 그것은 실현될 것이다. [하지만] 낭만주의자는 그런 미래에는 관심이 없다. 낭만주의자는 [이미] 오늘 가지고 놀 수 있는 실재를 가지고 있다. 그는 [차후] 구체적으로 실현해야 하는 부담스러운 과제는 원치 않는다.

괴테가 정치적 사건들로 발생한 소요를 피해 동양의 "가부장적 분위기Patriarchenluft"로 물러났을 때, 사람들은 그것을 도피Flucht라고 불렀다. 누구든 원한다면, 그것을 도덕적인 관점에서 평가할 수는 있다. [하지만] 그것은 낭만주의적 행태는 아니었다. 어떤 사람이 항상 도주 중이라면, 그것을 두고 [흔히] 낭만주의자의 특징이라고들 한다. [그러나] 이것은 더 높은 것을 향한 동경 따위로 [낭만주의를] 설명하는 것과 마찬가지로 전혀 정곡을 찌르지 못한다. 낭만주의자는 현실을 회피하지만, 아이러니에 기대어ironisch 마치 음모Intrige를 꾸미듯 그렇게 한다. 아이러니와 음모는 도망치는 인간이 가질 수 있는 기분 같은 것이 아니다. 그것은 새로운 현실을 창조하는 대신 하나의 현실에 대해 다른 현실을 맞세워 그때그때 현전하는 편협한 현실을 마비시키는 활동이다. 낭만주의자는 아이러니를 통해 [자신을] 압박하는 객관성을 기피하고, 무언가에 얽매일 위험 앞에서 자신을 지킨다. 아이러니 안에는 모든 무한한 가능성에 대한 유보Vorbehalt가 들어 있다. 그래서 그는 자신의 천재적인 내면의 자유를 보지保持하는 것이다. 이 자유는 어떤 가능성도 포기하지 않는 데서 성립하는 자유다. 그런데 그는 자신의 허세를 꿰뚫어 무너뜨릴 법한 항변에 대해서도 아이러니를 통해 방어한다. 그 항변은 다음과 같다. 즉, 다른 사람들의 제한된 업적에 맞서 낭만주의자가 제시한 모든 약속과 거창한 계획 들은 다름 아닌 그 자신이 실제 결과물로 내놓은 것들에 의해 사기였음이 폭로될 수 있다는 것. 낭만주의자에게 현실 속에서 구체적으로 이뤄진 업적들은 모두 쓰레기에 지나지 않는다. 그는 자신과 자신의 [어떤] 표현이 실제 현실의 제약을 받는 것에 대해 항의한다. 제약을 받는 그는 그가 아니며, 그의 자아도 아니다. 그는 언제나 무한하고 무수한 타자이며, 동시에 어떤 구체적인 순간 혹은 특정한 표현 속에서 언젠가 자신이 드러낸 모습을 무한히 초과하는 존재다. 그는 진지하게 대우받는 것을 능욕으로 여긴다. 왜냐하면 그의 무한한 자유는 그때그때의 [제한된] 현실과 혼동되어서는 안 되기 때문이다.

　낭만주의의 적Feind이었던 아르놀트 루게는 플라톤적, 다시 말해 소크라테스적 아이러니는 선량善良Bonhomie을 향한 노력을 멈추지 않는 것인 데 반해 슐레겔적 아이러니는 "배척하는 조롱exkludierende Persiflage"[일 뿐]이라고 생각했다. 이것은 개별적으로 볼 때만 옳다. 연원을 따지자면, 낭만적 아이러니는 합리주의의 잔재다. 왜냐하면 낭만주의는, 다른 경우들에서도 마찬가지지만, 합리주의와 비합리주의 사이에서 결단을 내리지 못하기 때문이다. 낭만적 아이러니는 본질상 객관성 앞에서 자기를 유보하는 주체가 사용하는 지적인 수단이다. 여기서 우리는 낭만주의자의 아이러니가 비단 희극 문학에서 뿐 아니라 더 나아가 실제적인 현실, 그러니까 아주 일상적인 현실 속에서도 얼마나 자가당착적인지만 확인하면 된다. 정신적인 일을 하는 사람들 중에서 전형적인 낭만주의자인 아담 뮐러보다 자기 아이러니Selbstironie가 없는 사람은 찾기 어려울 것이다. 그것의 성공 혹은 실패 여부를 떠나, 그의 수많은 편지와 강의 그리고 강연을 아무리 뒤져봐도 도무지 자기 아이러니는 발견할 수 없다. [한편] 프리드리히 슐레겔의 경우, 객관적 상황에 대한 아이러니가 종종 너무나 우스꽝스럽게 작동하는데, 이때 그는 소크라테스에 비견되어야 마땅한 아이러니의 선구자인 자신이 그런 쉬운 아이러니를 결코 놓칠 리 없다는 식으로 말한다. 여기서도 자기 아이러니는 실로 완벽하게 결여돼 있어서, 이로 인해 슐레겔의 상황을 너무도 곤혹스러운 것으로 느끼게 된 독자들은 차라리 침묵을 택한다. 자기 아이러니에 내재된 객관화는 주관주의적 환상의 마지막 잔재를 포기하는 것으로서 낭만주의적 상황을 위태롭게 한다. 그래서 낭만주의자는, 그가 낭만주의자로 머무르고자 하는 한, 본능적으로 그것을 피하게 된다. 낭만주의자가 구사하는 아이러니의 공격 목표는 주관이 아니라, 주관에게 아무 관심을 두지 않는 객관적 현실이다. 그러나 아이러니는 실재를 파괴해서는 안 되며, 대신 실제적인 존재의 성질을 유지하면서 주체가 실재를 수단으로 이용할 수 있게 하고 또 모든 규정성Definitivum을 기피할 수 있게 해주어야 한다. 그래야만 더 높고 더 참된 실재에 대한 요구를 포기하지 않을 수 있다. 물론 이처럼 애매한 입장에 낭만적 주체가 오래 머무를 수는 없다. 낭만주의를 처형한 헤겔은 이미 국가와 세계정신을 더 높은 아이러니와 음모의 주체로서 등장시켰으며, 이 양자는 [모든 천재들 중에서도] 가장 천재적인 자아마저 자신들의 아이러니를 위한 제물로 삼았다.

주관주의적 유보의 결과는, 낭만주의자가 자신이 추구한 실재를 자기 안에서도, 공동체 안에서도, 심지어 세계사의 발전 속에서도 찾을 수 없었다는 것이다. 심지어 그가 낭만주의자로 머무르는 한, 그는 옛 형이상학의 신에게서도 그것을 찾을 수 없었다. 하지만 실재를 향한 동경은 실현Erfül-lung을 요구했다. 낭만주의자는 아이러니의 도움으로 개별 실재들로부터 자신을 지킬 수 있었다. 그러나 그것은 주체가 자신을 방어하는 무기에 지나지 않았다. 실재 자체는 주관주의를 통해 획득할 수 있는 것이 아니었다. 그래서 무언가 다른 것, 일견 더 거대한 것, 즉 전체가 실재를 밀어내게 되었다. 온 우주와 모든 학문과 수많은 예술로 구성된 [무한한] 복합체in complexu를 주체는 단박에 장악한다. 그는 이 작업을 위한 지렛대를 자연철학의 무기고에서 가져온다. 철학적인 구성은, 예컨대 요한 야콥 바그너에서 볼 수 있는 것처럼 아무런 방해 없이 사물의 경험적 현실에 대한 관심을 떨쳐낸 구성의 욕망이 발산된 것처럼 보이는 곳에서조차, 낭만주의적인 것이 아니다.[28] 낭만적인 것은 기하학적인 선이 아니라 아라베스크 무늬다. 데카르트에 의한 거대한 전환이 발생하기 전, 르네상스 시대의 자연철학 역

---

28 바그너J. J. Wagner의 『국가Der Staat』(뷔르츠부르크, 1815)가 이에 대한 빼어난 사례다. 헤겔에게서는 언제나 새로운 종합으로 진행되는 발전은 바그너에게 와서는 4개의 도식Schema 속에서 원(혹은 타원) 운동으로 순환한다. 그 도식은 다음과 같다. 신(태초Urbeginn)은 정신-자연으로 나뉜다(이것은 다시 기원의 통일Ursprungseinheit 속에서 통일될 것이지만, 지금으로서는 발전을 계속한다). 즉, 우주가 되는 것이다. 이러한 사각 관계Tetrade는 어디서나 나타난다. 역사적으로 존재했던 국가는 예컨대 다음과 같이 구성된다. I. 토지 관계(이것은 민법적 관계의 총괄 개념이다. 즉 1. 인격, 2. 사물, 3. 생업, 4. 소유를 포괄한다. 인격은 다시 1. 국가, 2. 공동체Gemeinde, 3. 단체Korporation, 4. 가족 등을 포괄한다). II. 삶(감정의 삶과 개념의 삶). III. 정신(사제 계급과 학문). IV. 국가(국가법: 1. 정의, 2. 집행, 3. 입법, 4. 다른 모든 형식들의 응축Zusammenfassung으로서의 국가법. 이것은 다시 1. 민주정, 2. 귀족정, 3. 군주정, 4. 폭정을 포괄한다). 이 모든 것은 다시 사각 관계로 돌아간다. 예컨대, 개념의 삶은 1. 자기 지배(인류에 대한 국가의 지배, 형법 등), 2. 무역, 3. 수공업, 4. 토지 노동으로 나뉘며, 토지 노동은 다시 1. 광업, 2. 임업, 3. 경작, 4. 목축으로 나뉜다. 광업은 다시 1. 금속, 2. 채석, 3. 토양, 4. 소금으로, 임업Holzkultur은 다시 1. 활엽수, 2. 침엽수, 3. 목재, 4. 관목으로, 경작은 다시 1. 과수, 2. 관엽, 3. 경채 蕈菜, 4. 근채根菜로, 목축은 다시 1. 생선, 2. 조류, 3. 야생, 4. 가축으로 나뉜다. 개인이 지닌 악은 1. 지배욕, 2. 소유욕, 3. 망상, 4. 식탐으로 나뉜다. 마지막으로, 이 책은 400개의 문단으로 되어 있는데, 400쪽이 아닌 398쪽으로 되어 있는 점이 거슬린다. 이 책에는 훌륭한 고찰과 합리적 판단이 많이 들어 있다. 낭만주의와의 관련성은 다만 피상적인, [다시 말해] 셸링의 자연철학에서 파생되어 나온 유사성에 의해 매개된 것일 따름이다. 낭만주의자라면, 아이러니가 아니고서야 이처럼 몰취미를 용인할 리 없을 것이다. 아담 뮐러조차 보날의 삼각 도식을 1820년이 지나서야 차용했다.

시 낭만적인 것은 전혀 갖고 있지 않다. 셸링의 자연철학에는 그런 면이 어느 정도 있지만, 자연철학으로서 그런 것은 아니다. 신비주의, 신학, 철학을 위시한 모든 정신적인 소여가 그랬던 것처럼, 자연철학도 낭만주의에 의해 이용되었다. 자연철학적 구성은 역사적 구성 및 심리학적 구성과 마찬가지로 낭만주의화되었다. 낭만주의화는 갖가지 상이한 형태들로 일어났는데, 이 형태들이 외면상 여타의 비낭만적인 과정[사건]들과 유사했던 탓에 [낭만주의(화)라는] 단어의 외연은 가없이 확장되고 말았다. 왜냐하면 사람들은 낭만주의자의 흥미를 끌고 낭만주의적 생산성을 촉진시키는 모든 것은 그 자체로 낭만주의적인 것으로 보아야 한다는 생각에서 벗어나지 못하기 때문이다.

낭만주의자들이 일기를 적고 편지를 쓰며 자신과 다른 사람을 분석하고 논평하며 묘사하고 성격을 특징짓는 등의 일을 할 때, 이 작업들이 새로운 두 실재, 즉 공동체와 역사를 지향했음은 물론이다. 그들은 모든 사상을 사교적인 회화로, 모든 순간을 역사적 계기로 변화시켰다. 그들은 단 일 초라도, 단 하나의 음이라도 그냥 지나치지 않았으며, 거기서 흥미를 느꼈다. 이뿐만이 아니다. 그들에게는 모든 순간순간이 하나의 구성점Konstruktion-spunkt으로 보였다. 그래서 마치 [조그만] 점이 동시에 하나의 원Kreis이고 반대로 [거대한] 원이 동시에 하나의 점일 수 있는 것처럼, 그들의 감정은 압축된 자아와 우주적 팽창 사이를 부단히 왕래했다. 공동체는 확대된 개인이며, 개인은 응축된 공동체다. 모든 역사적 순간은 위대한 역사철학적 환상 속의 도약점이다. 이 환상은 [낭만주의자로 하여금 다양한] 민족들과 [상이한] 시대들을 마음껏 주무를 수 있게 해 준다. 이것은 실재에 대한 낭만주의적 지배권을 보장해 주는 길이다. "우리 삶의 모든 우연은 우리가 원하는 것을 만들 수 있게 해주는 질료들이다." 모든 것은 "무한 계열의 첫 마디이며, 끝없는 소설의 출발점이다"(노발리스). 여기서 낭만적이란 단어가 다시금 본래 어원에 맞춤하게 쓰이고 있다. 현실은 [무한한] 점들로 미분

되고punktualisiert, 그 모든 점들은 제각기 [낭만주의] 소설의 연결점Anknüp-fungspunkt이 된다.

사람들이 [흔히] 낭만적 합리주의와 주지주의Intellektualismus로 여기는 것은 [알고 보면] 이처럼 아이러니를 통해 세계를 환상적인 구성물로 탈현실화Entwirklichung하는 작업이다. 이를 통해서 새로운 두 실재 — 인간과 역사 — 도 인간이 [마음대로] "주무를handhaben" 수 있는 것이 된다. 낭만주의자의 자기 소묘Selbstbespiegelung에 서간 소설Selbstobjektivierung이 결여되어 있는 것은 그들의 공동체 철학Gemeinschaftsphilosophie에 정치사상이, 또 그들의 역사적 구성에 역사적 감각이 결여되어 있는 것과 나란하다. 그들의 모든 것, 그러니까 일기, 편지, 대담, 사교 행사, 역사 연구를 망라하는 온갖 것들에서 그들은 사실상 오직 자기 자신에게만 관심을 쏟았다. 그래서 매우 진지한 역사가들이 낭만주의를 역사적 감각의 창시자로 간주하는 것은 우스꽝스럽기까지 하다. 낭만주의 운동의 전형적인 표현으로 베티나 폰 아르님Bettina von Arnim[29]의 서간 소설들을 들 수 있는데, 이 소설들은 [아무렇게나] 전설을 꾸며내는 쾌활한 경박함을 통해 독자들에게서 역사적 진실성에 대한 욕구를 불러일으킬 수 있다고 믿는 작품들이다. 낭만적인 것의 영역에서는 사회, 역사, 우주, 인류 등 모든 것이 오로지 낭만적인 자아의 생산성을 위해 복무한다. 루소는 자기 자신에 대해 이렇게 말했다. "하지만 혼자일 때 나는 대체 무엇을 즐겼더란 말인가? **나 자신을, 전 우주를** Mais de quoi joussai-je enfin quand j'étais seul? **De moi, de l'univers entier**." 1805년 겐츠에게 보낸 한 편지에서 아담 뮐러는 자신의 점성학 연구에 대해 "고귀한 스타일로 자연과 교제Umgang"하는 것이라는 표현을 썼다. 또한 같은 시기에 그는 자신이 겪는 정신 착란의 원인을 "너무 무절제하게 나 자신과 놀아났기" 때문이라고 단언했다. 정말로 그렇다. 낭만주의자에게 자연과의 교

29　[옮긴이] 베티나 폰 아르님(1785-1859): 독일 낭만주의 작가.

섭은 사실상 자기 자신과의 교섭이었다. 우주도, 국가도, 민족도, [심지어] 역사의 발전도 그 자체로 흥미로운 것이 아니었다. 자기 자신에게만 관심을 쏟는 주체의 손이 모든 것을 저 내키는 대로 빚어내는 것이다. 개념Begriff과 삶Leben의 대립을 셸링의 자연철학은 적어도 동일성의 철학을 통해 거대한 사유의 체계 안에서 극복해 보려고 노력했다. 낭만주의자들은 체계 따위는 아랑곳하지 않은 채 셸링이 공들여 고안해 낸 [철학적인] 표현들Formulierungen을 마음대로 써먹었다. 자연을 파괴했다며 피히테를 비난한 셸링의 말은 그의 언어를 윈껏 가져다 쓴 낭만주의자들에 의해 [거꾸로] 파괴를 향한 진짜 폭주가 되어 버렸다. 모든 것은 점Punkt으로 환원된다. 제한 혹은 제약이라는 이유에서 낭만주의자들이 그처럼 멀리하던 정의Definition는 실체 없는 점이 되어 버린다. 정신은 ……이다, 종교는 …… 이다, 미덕은 ……이다, 학문은 ……이다, 의미는 ……이다, 동물은 ……이다, 식물은 ……이다, 위트Witz는 ……이다, 우아함Anmut은 ……이다, 초월적인 것은 ……이다, 소박한 것은 ……이다, 아이러니는 ……이다, 등등. 모든 대상을 하나의 점으로 만들려는 충동은 수많은 단언들에 등장하는 "다름 아니라nichts anderes als……"를 통해 [계속] 강화된다. 그 단언들은 특별히 강조된 개념적 한정을 포함하는 것이 아니다. 그것들은 [모든 것을] 점으로 응축시키는 독단적 동일시apodiktische Identifikation다. 이 점에 있어서 아담 뮐러는 다른 모든 이들을 능가한다. 최고의 미는 다름 아니라 ……이다. 예술은 다름 아니라 ……이다. 돈은 다름 아니라 ……이다. 인기Popularität는 다름 아니라 ……이다. 이상과 현실의 괴리는 다름 아니라 ……이다. 긍정적인 것과 부정적인 것이란 다름 아니라 ……이다. 온 세상은 다름 아니라 다른 것이 아니다(그래서 낭만주의자는 또한 이를 데 없이 조야한 감각주의를 [거리낌 없이] 표명할 수 있었다. 그러니까 세계는 있는 그대로의 세계라는 것이다). 한편, 점 자체도 다름 아니라 원의 응축이며, 원은 점의 확장이다. 실체적인 현실은 극복되었다. 개념 또한 극복되었다. 그렇기 때문에 점으로 응축하기Punktualisierung와 원으로 확장하기Zyklisierung로 구성된 이 놀이 전체는 분석과 종합, 원자론적 사유 및 역동적 사유와는 더 이상 아무 관련이 없다.

두려웠던 찰나, 순간 역시 하나의 점으로 변한다. 그렇다. 현재란 다름 아니라 [무한히 작은 무한한] 점들로 과거와 미래를 가르는 경계다. 현재는 "제약Beschränkung을 통해" 양자를 연결한다. 그래서 현재는 "경직硬直 Erstarrung이자 결정Kristallisation"이다(노발리스). 현재를 중심으로 원을 그릴 수 있다. 현재는 또한 무한성의 탄젠트가 유한자의 원에 접하는 점이다. 하지만 그것은 또한 무한으로 뻗어 나가는 선, 어느 방향이든 마음대로 갈 수 있는 직선의 출발점이기도 하다. 이렇게 해서 모든 과정은 꿈처럼 환상적인 다양성을 띠게 된다. 그리고 모든 대상은 제각각 무엇이든 될 수 있다. "우주는 내 연인의 확장판Elongatur이다." 하지만 거꾸로 "연인은 우주의 축소판이다." "모든 개인은 [우주라는] 유출 체계의 중심이다." 유출은 신비로운 힘이 아닌 기하학적 선이고, 세계는 여러 가지 수학적 도형Figur들로 풀리는 것이며, [낭만주의자의] 목표는 [원하는 대로] "우주를 주무르는 것이다."[30] 실체 없는 형식은 아무 내용과도 결부될 수 있다. 낭만주의적 무질서Anarchie 안에서는 모든 사람이 제가끔 자기[만]의 세계를 만들 수 있고, 모든 말과 모든 소리를 무한한 가능성을 담은 그릇으로 예찬할 수 있으며, 모든 상황과 모든 사건을 낭만적으로 변화시킬 수 있다. 예컨대 베티나 폰 아르님이 자신의 서간 소설에서 그렇게 한 것처럼 말이다. 노발리스가 빵과 포도주의 형태를 믿는다고 말한다면, 누구도 그가 가진 신앙에 반하는 견해를 표명할 수 없다. 왜냐하면 노발리스는 모든 것이 빵과 포도주로 변할

---

30 『꽃가루』, 단편 제2번(미노어Minor 편집본, 제2권, 111쪽). "또 하나의 명령어, 즉 '전진하라'는 명령이 군대를 움직인다." 이는 『신앙과 사랑』의 텍스트에 나오는 단편 4번과 12번(미노어 편집본, 제2권, 146, 147, 149, 150, 151번)과 견줄 만하다; 27번, 66번, 102번, 116번, 119번, 124번(제2권, 136, 140, 141번); 『연구용 편집본』, 1108번(제3권, 373번); 뮐러, 『국정원론』, 제3권, 192-193, 228-229, 256쪽.

수 있다고 믿기 때문이다. 그는 성서를 믿는다. 하지만 모든 참된 책은 성서다. 그는 천재를 믿지만, 모든 사람이 천재다. 그는 독일 사람을 믿지만, 독일 사람은 어느 곳에나 있다. 낭만주의자로서 역사적 감각을 가졌음에도 불구하고, 그에게 독일성Deutschheit이란 독일 국가와 독일 민족, 심지어 독일 땅에도 국한되는 것이 아니었다. 특별히 프랑스인들은 1789년의 혁명을 통해 어느 정도 독일성을 얻었다. 그는 고대를 찬미하는데, 고대는 진정한 정신이 존재하는 곳이면 어디든 존재한다. 그는 왕권주의자와 군주주의자Monarchist를 자처하지만, "모든 인간은 왕위에 오를 자격을 갖는다." 그는 오직 자신의 부인만을 사랑한다. 하지만 환상의 도움으로 그는 그녀를 수천 명의 다른 여자들로 변신시킬 수 있다. 이 모든 해체Auflösung, 환상의 마술 놀음이 [자기만의] 고유한 영역에 소롯이 머무른다면, 그렇게 폐쇄된 영역 안에서 벌어지는 일에 대해 [외부의 관점에서] 왈가왈부할 수는 없을 것이다. 그런데 이 마술 놀음은 일상적 현실의 세계와 아무렇게나 제멋대로 뒤섞인다. 거의 모든 개념들이 뒤섞이거나 뒤바뀌고 또 언어들이 끔찍할 정도로 혼잡해져서, 모든 것이 설명 가능한 동시에 설명 불가능해지고, 동일하면서 동시에 대립적인 것이 되며, 어떤 사물이든 서로 바꿔치기해도 무방하게 된다. 정치적인 현실의 문제들과 그에 대한 논의에 예술이 적용되어 "모든 것을 소피아[지혜]Sophie로 변화시키고 또한 그 역逆도 가능하게 만든다." 이처럼 보편적인 "그 역도und umgekehrt"는 어떤 똥이라도 금으로 바꿀 수 있고 거꾸로 어떤 금이라도 똥으로 바꿀 수 있는 언어의 연금술에 쓰이는 현자의 돌인 셈이다. 모든 개념은 자아이며, 거꾸로 모든 자아는 개념이다. 모든 체계는 개인이고, 모든 개인은 체계이다. 국가는 연인이다. 국가는 인간이 되며, 인간은 국가가 된다. 혹은 뮐러의 『대립론』에서 인용하자면, 만약 긍정과 부정이 객관과 주관처럼 서로 대립한다면, 그것은 객관과 주관에 다름 아닐 것이다. 하지만 그것들은 또한 공간과 시간, 자연과 예술, 학문과 종교, 군주제와 공화제, 귀족과 시민, 남성과 여성, 연사와 청중도 될 수 있다. 『대립론』은 "전 세계를 관통하며passieren", "세계를 완벽하게 정돈하며einreihen", "우주[의 질서]를 증명하는" 공식Formel이다.

과연 그렇다. 다만 그것은 세계나 우주가 아니라 하나의 작은 인공 도안 Kunstfigur에 불과하다. 실재를 향한 의지는 가상을 향한 의지로 귀착되었다. 낭만주의자들은 세계의 현실을, 세계 전체와 우주의 총체성을 일거에 거머쥐려 했다. 하지만 실제로 그들이 한 일은 투사물과 흡수체, 확장판과 축소판, 점, 원, 타원, 아라베스크 무늬 등을 만들어 낸 것, 요컨대 혼신의 힘을 다한 ─ 다시 말해 지극히 주관적인 ─ 공놀이ludus globi였을 뿐이다. 그들은 사물의 실재에서 벗어나는 데 성공했지만, 그 대신 사물들도 그들에게서 벗어났다. 그들의 저작, 편지, 일기 등을 통해 우주를 주무르는 데 여념이 없는 그들의 모습을 보노라면, 최고로 교활한 자들을 위해 마련된 스베덴보리의 지옥에 떨어진 자들이 이따금씩 연상된다. 그들은 좁은 통 속에 앉은 채로 머리 위에 맴도는 희한한 도형[형상]들을 쳐다보면서, 그것들이 곧 세계라고, 그리고 자신들이 그 세계를 지배해야 한다고 믿는 자들이다.

2 낭만주의의 기연주의적 구조

날마다 실제적인 권능을 자랑하던 실재는 비합리적인 세력으로서 어둠 속에 묻혔다. 더 이상 존재론적 사유는 없다. 낭만주의 정신에 의해 영향을 받은 세기[19세기]는 하나의 독특한 분위기에 깊숙이 침윤되어 있었다. 그래서 체계의 층위에서든 감정의 층위에서든 서로 너무도 다른 전제, 결론, 방법 등이 등장한 것과 별개로, 또한 낙관주의와 비관주의 간의 구별을 초월한 지점에서 모든 개인이 불안을 느꼈고 속았다는 느낌을 가졌다는 사실이 감지된다. 우리는 우리를 농락하는 권력 앞에서 무기력하다. 우리는 아이러니를 통해 인간과 세계를 농락하고 싶다. 셰익스피어의 『템페스트』에 나오는 프로스페로Prospero처럼, 인간이 [역사라는] 드라마의 "조종간Maschinenspiel"을 수중에 쥐고 있다고 상상하는 것은 짜릿한 일이다. 그래서 낭만주의자들은 자유로운 주체가 소유한 비가시적 권력에 대한 공상을 펼쳤다. 비밀 결사가 가진 권력에 대한 환상은 비단 18세기 말과 그 이후로 [유행한] 삼류 소설Hintertreppenromane에 필수적인 장치로만 그치는 것이 아니었다. 그 세기에 살았지만 낭만주의에 동조하지 않은 사람들조차 예수회, 일루미나티Illuminaten, 프리메이슨 등 [비밀 결사들이] 은밀하게 음모를 꾸미고 있다고 믿었다. 특별히 악한 소수의 사람들, 즉 은밀한 "배후hinter den Kulissen" 세력이 인간의 역사를 눈에 띄지 않게 조종하고 있다는 식의 생각 속에서 인간의 의식이 역사적 사건들을 지배한다는 합리주의적 신념과 거대한 사회 권력에 대한 마술적-환상적 공포가 뒤섞이며, 때로는 여기에 섭리에 대한 세속화된 신앙도 가세한다. 낭만주의자는 여기서 아이러니를 통해 현실을 뒤집고 또 그것에 대해 음모를 꾸미려는 자신의 충동에 맞춤한 주제를 발견했다. 그것은 은밀히 사람들을 농락하려는 무책임한 권력욕이었다. 가령, 티크Tieck의 초기 소설들에는 다른 사람들을 제 의지와 자신이 꾸민 계략에 따라 마치 인형처럼 움직이게 만드는 뛰어난 인물들이 등장한다. 그들은 "배후에서 모든 것을 조종하는 위대한 연출가Maschinisten"로서 실험을 하고 있으며, 따라서 극을 이끌어 가는 모든 실마리를 수중에 쥐고 있다. 그러나 그들도 결국 인정하지 않을 수 없었던 것은 "결국에는 운명이 제 방식대로 우리를 가지고 논다는 사실이다. …… [이] 위대한 연극, [아니] 소극笑劇에는 끔찍한 형상Gestalt들이 기묘한 형태로 뒤얽혀 있다." 주변 사람들의 운명을 자신의 우월한 아이러니를 통해 지배할 수 있다고 믿은 로벨Lovell은 그 자신이 안드레아Andrea가 창조한 아이러니의 도구가 되고 말았다. 안드레아의 아이러니는 다음과 같은 말에서 절정을 이루며 끝에 이른다. "그런데 도대체 **나**는 무엇인가? ──여기서 이처럼 진지하게 펜을 잡고 피곤한 줄도 모른 채 글을 써 나가는 존재는 누구인가? 결국 나는 내가 하는 일과는 다른 존재다. 눈에 띄지 않는 비밀 도적 떼의 두목이 되고, 온 세상을 바보로 만들면서 나는 즐거워했다. 그런데 이제 이런 의문이 떠오른다. 그런 일을 하느라 진을 빼는 나 자신이야말로 최악의 바보가 아닌가? …… 이처럼 나 자신과 다투고 있는 이 기묘한 자아는 누구인가?"

셸링의 철학에서도, 그리고 그의 영향을 받은 루덴Luden의 역사철학에서도 아직 두드러지지 않았던 것, 즉 어떠한 도덕적 요소가 헤겔에 이르러서는 너무나 자연스런 이치인 양 자리 잡게 되었다. 그 요소란, 개인은 변증법적 과정 속에서 스스로 전개되는 이성이 사용하는 도구라는 생각이다. 개인의 자유 위에는 더 높은 무의식적 필연성이 떠 있으며, 개인의 의식적인 의지를 능가하는 역사는 자의적이지 않은 방식으로 스스로를 실현한다(셸링). 인간, 민족, 세대는 생의 정신이 필요로 하는 도구에 지나지 않는다. 생의 정신은 그들을 통해 시간 속에서 그들에게 자신을 계시한다(루덴). 민족은 저 세계정신의 도구로서, 즉 세계정신의 영광을 증거하고 그것의 실현을 완수하는 자로서 그 보좌 옆에 서 있다. 개인은 "이성의 지략"을 위해 바쳐지는 제물이다. 인간이 가진 지성Verstand과 그것으로 사유하는 [모든] 것은 "사기Betrug"다(헤겔). 혹은, 인간과 계급은 거대한 생산 과정의 도구인 동시에 효과인데, 이러한 생산 관계 안에서 인간과 계급은 자신들의 계획Berechnung과는 무관하게 계속 앞으로 떠밀린다(마르크스). 혹은, 어떤 무의식적이고 불가해하며 충동적인 의지가 모든 개별 현상과 사건을 주재하는 가운데 세계의 온갖 희비극을 이끌어 나가면서 스스로 그 대가를 치루고 있다. 그러면서도 그것은 [마치 관객처럼] 자기 자신을 관찰한다. 그러니까 [결국] "인생은 계속되는 사기다"(쇼펜하우어).

진리는 결코 개인이 파악하거나 의지하는will 것 안에 존재하지 않는다.

왜냐하면 모든 것은 그의 의지와 상관없이 움직이는 실재의 기능이기 때문이다. 헤겔 및 그보다 훨씬 더 소박한 바그너의 낙관주의Optimismus는 이 사실을 불안Unruhe의 원인으로 인식하지 못한 탓에 성립한 것이다. 그들은 자신들의 철학적 인식이 그들을 권위 있는 법정의 일원Mitglieder, 아니면 적어도 그곳을 잘 아는 소식통Eingeweihte으로 만들어 준다고 느낀다. 그들에게 **참된** 근거란 개인이 의식할 수 있는 가시적 근거와는 다른 무엇이다. 그것은 미지未知의 그러나 의식적인 적법성Gesetzmäßigkeit 안에서 작동하는 보다 높은 힘Macht의 작용-Wirkung이다. 이 같은 힘은 필연적으로 의식성과 적법성을 보유할 수밖에 없다. 헤겔의 세계정신은 결국 의식적이고 논리적인 적법성에 다름 아니라는 사실은 그의 범논리적panlogistisch 방법론을 통해서도 설명될 수 있다. 하지만 쇼펜하우어의 무의식적 의지, 즉 세계의 연극을 직접 상연하는 동시에 그것을 관람하는 의지 — 이것은 우주적 차원으로 투사된 낭만적 주체다 — 역시, 그에 역행하는 모든 형이상학적 전제들에도 불구하고, 결국에는 의식적이고 적법한 것이 된다. 왜냐하면 사실상 그 의지는 홀로 활동하기 때문이다. 마르크스주의 역사철학에서는 생산력이 적법하게 기능하는 심급으로 등장하는데, 이 심급은 심지어 [자기 자신에 대한] 과학적 설명을 자체 생산할 수도 있다. 이러한 변증법은 마음의 무의식적 과정에 대한 현대 정신분석학의 연구에서 가장 돋을새김된 형태로 되풀이되고 있다. 즉, 꿈을 비롯해 일견 무해한 듯 보이는 인간의 무의식적 활동이 취하는 우연한 형식들은 더없이 의도적이고 너무나 목표 지향적인 메커니즘Mechanik을 따르는데, "진짜" 힘을 가진 어떤 세력들Kraft이 자신들의 목표를 위해 이 메커니즘을 활용한다.

근대의 두 조물주 — 인간과 역사 — 는 도처에서 다시 활동 중이다. 개인은 사회학적 환경의 도구 혹은 세계사를 통해 스스로를 전개하는 세계정신의 도구, 아니면 이 두 인자가 극도로 상이한 형태로 이룬 조합Kombination의 도구가 된다. 이것이 [반드시] 숙명론적이나 정적주의에 의해 인간의 능동성을 포기하게 만드는 쪽으로 귀결될 필요는 없다. 왜냐하면 개인은 자신이 한 민족의 일원임을 느끼고, 각자의 위치에서 [민족의 일에] 참여/기여mitwirken할 수 있기 때문이다. 드 메스트르처럼 활동적이고 적극적인 사람도 모든 인간은 신의 도구라는 견해를 가졌는데, 이것은 비단 이론적 구상에만 그치는 것이 아니라 감정적 진심의 발로이기도 했다. 하지만 우리는 또한 그에게서 벌써 다음과 같은 징후를 발견한다. 즉 [드 메스트르에게는] 신에 대한 의존이 민족 공동체 및 그것의 역사적 발전에 대한 의존과 너무 긴밀히 결합되어 있어서 여기서 한 걸음을 떼지 않아도 이미 양자를 혼동할 수 있을 정도였던 것이다. 플루타르코스를 인용하면서, 전래의 고전적 세계관을 받아들이면서, 그는 육체를 영혼의 도구라고 불렀다. 같은 의미에서, 영혼은 신의 도구다. 도토리가 땅에 떨어져 자라나듯 인간은 자신이 속한 민족 공동체 안에서 성장한다. 그럼에도 불구하고 그는 자신이 무언가를 해낼 수 있다고 생각한다. 하지만 이것은 마치 "흙손이 건축기사를 자처하는 것"과 다름없는 일이다. 정치적 문제의 영역에서 횡행하는 "조작Machen", 머리 좋은 개인들의 셈법에 따라 인위적으로 만들어지는 헌법, [다시 말해] 헌법 제조업자 및 정치 공학자 들의 행태에 대해 버크와 드 메스트르와 보날이 느낀 혐오감은 모든 역사적-정치적 사건의 원인은 초개인적 권능에서 찾을 수 있다는 생각에서 나온 것이다. 그들이 여기서 "원인"이라 부른 것은 인과적인 설명뿐 아니라 규범적 정당화, 곧 합법화를 의미하는 것이기도 하다. 낭만주의자들은 이 사상을 자신들의 주관주의적 세계 구상과 뒤섞어 버렸으며, [그랬던 탓에] 보다 상위의 유기체에 속한 구성원이라는 자각을 흔쾌히 가질 수 있었다. "춤추기, 먹기, 말하기, 연대감 갖기, 일하기, 함께 있기, 듣기, 보기, 느끼기 등 이 모든 것이 보다 고차원적인 복합적인 인간, 즉 천재의 조건이자 계기이며, 그것들 자체가 이미 그 위력의 발현이다"(노발리스). 현실성과 가능성, 유한성과 무한성으로 분열된 세계에서는 [과거] 기독교 형이상학에서 신이 담당하던 역할을 공동체와 역사가 [나눠] 맡는다. 그래서 이제 그것들은 모든 사물을 다만 하나의 **계기**로만 삼는 진정한 원인Ursache이 된다. 하지만 더 자세히 따져 보면, 그 두 조물주 — 인간과 역사 — 가운데 어느 한 쪽이 아니라, 낭만적 주체 자신이 모든 것을 계기로 삼는다[는 사실을 알 수 있다]. 피히테의 "자아"가 상정하는 활동에 낭만적 생산성을 대립시켜 보는 것은 낭만주의의 본질을 설명하는 데 적절한 출발점이 될 것이다. 왜냐하면 다름 아닌 피히테의 "자아"가 낭만적 주체로 바뀐 것이기 때문이다.

피히테에게 세계, 즉 "비아Nicht-Ich"는 가공되어야 할 소재였다. 그것은 "절대적 인과성absolute Kausalität"과 절대적 활동성으로 개조되지umgestaltet 않으면 안 된다. 하지만 이로 인해 외적 실재의 인과 관계를 작동시키는 메커니즘에 대한 개입이 필요해지며, 계산할 수 있는, 다시 말해 원인과 결과의 측면에서 타당한 맥락이 있음을 받아들여야 하게 된다. 자아와 비아의 인과 관계는 지난 세기의 합리주의와 접속하는 것이라는 사실, 즉 [피히테 철학] 체계의 역사적 불완전성을 내보이는 것임을 헤겔은 이미 1801년에 천재적인 안목으로 확실히 간파했다. 이러한 철학적 감식안을 갖지 못한 낭만주의자들은 여전히 피히테의 지적 우월성에 홀려 있었다. 하지만 적어도 슐라이어마허Schleiermacher는 그러한 대립을 인지했으며, 이 사실을 —『아테네움Athenäum』에 기고한 글에서 — 넌지시 암시하기도 했다. 그가 보기에 [낭만주의가 상정하는] 그러한 세계 지배는 너무나 기계적이고 기술적인 것이었다. 틀림없이 여기가 결정적인 지점이다. 다시 말해, 만약 낭만주의를 총체적으로 정의할 수 있는 무언가가 존재한다면, 그것은 [낭만주의 철학이] **원인**causa과는 어떠한 관계도 맺을 수 없다는 특성일 것이다. 낭만주의는 단지 절대적인 인과성, 즉 **원인과 결과**Ursache und Wirkung 간의 적합한 관계를 절대적으로 계산할 수 있다는 생각 — 이는 과학적 메커니즘이 전제할 수밖에 없는 생각이다 — 만을 거부하는 것이 아니다. 유기적 생명체에 관한 과학을 주도하는 **자극-반응**Reiz und Wirkung [이론] 역시 어떤 일정한 범위 안에서는 [인과를] 계산할 수 있고 또 적합한 것으로 여기는 것이[므로, 낭만주의는 이것 또한 거부한]다. "사태"를 의미한다는 점에서 원인이라는 단어는 또한 목적론적이거나 규범적인 구속 혹은 정신적이거나 도덕적인 강제 — 이것 역시 [나름대로 어떤] 적합한 관계를 상정한다 — 의 의미도 지닌다. 이와는 반대로 **기연**occasio**과 결과** 사이에는 절대적으로 부적합한 관계가 성립한다. 이 관계 — [이에 따르면,] 온갖 구체적이고 사소한 것들이 예측할 수 없는 효과를 낳는 "기연"이 될 수 있다. 예컨대, 오렌지를 한번 흘깃 본 것이 모차르트에게는 이중창 〈우리 손을 맞잡고la ci darem la mano〉를 작곡하는 계기가 되었다는 식이다 — 는 결코 약분할 수 없는 관계, 모든 객관성Sachlichkeit을 기피하는 관계, 비-합리적인a-rational 환상의 관계다.

　이러한 관계가 어떻게 세상을 개조할 수 있을까? 노발리스는 다음과 같이 답한다. "우리 삶의 모든 우연은 우리가 원하는 것을 만들 수 있게 해주는 질료들이다. 모든 것은 무한 계열의 첫 마디이며(여기까지 보면 이 문장은 마술적 신비주의라고 할 수 있으나, 마지막 부분은 낭만주의를 드러낸다), 끝없는 소설의 출발점이다." 이 단편(66번)은 낭만적인 것의 고유한 양식을 보여주고 있다. 이것이 예외적인 경우가 아니라는 것은 (당연히 노발리스와 낭만주의 전체에서 발견되는 [다른] 많은 경우들에서도 그렇지만) 노발리스가 괴테에 관해 쓴 다른 단편에서 잘 드러난다(29번). 괴테는 작고 사소한 일을 중요한 사건으로 연결하는 능력을 가졌다. 그런데 인생은 그런 우연들로 가득차 있다. "우연들은 놀이를 만든다. 그리고 모든 놀이가 그러하듯 [우연의] 놀이 역시 놀라움과 속임수로 끝난다." 노발리스에 따르면, 낭만주의가 애호하는 개념인 대화도 결국에는 "언어유희Wortspiel"다. 또 프리드리히 슐레겔에 따르면, 대화의 주제는 대화하면서 즐거움을 얻기 위한 "수단Vehikel"에 지나지 않는다. 하지만 무엇보다 낭만적 실천Praxis의 [가장] 출중한 사례는 베티나 폰 아르님의 서간 소설이 보여준 현실의 자의적인 변형이다.

거기서는 모든 흥미로운 만남이 소설의 계기가 된다.[31] 이렇게 해서 낭만적인 것 안에서도 세계의 개조가 이루어지게 된다. 하지만 이 개조는 피히테가 상정했던 것과는 다른 것이다. 그것은 단지 놀이와 환상 속의 변화였다. 그것은 "시화Poetisierung"로서, 바꿔 말하면 구체적으로 주어진 것, 심지어 감각적 지각마저 "우화"와 시와 미적 감흥의 계기로 삼는 행위다. 혹은 — 사실은 이것이 낭만주의라는 단어의 어원에 가장 충실한 용례인데 — 그것은 소설Roman의 계기가 된다. 이로써 일견 혼잡해 보이는 낭만적 현상이 해명된 셈이다. 피히테의 절대적 자아는 감정적-미학적 자아로 왜곡되었고, 이 자아는 활동이 아닌 기분과 환상을 통해 변화된 세계를 만들어냈다.

낭만적 생산성은 한 원인이 가질 수 있는 모든 맥락을 의식적으로 거부하며, 그와 더불어 가시적인 세계의 실제적인 맥락에 개입하는 활동도 거부한다. 그럼에도 불구하고 그것은 피히테의 자아와 마찬가지로 절대적 주관성 속에서 절대적으로 창조적일 수 있다. 왜냐하면 그것은 환상을 생산하고, [모든 것을] "시화poetisiert"하기 때문이다. 그것의 본질을 이해하려 한다면, 이제까지 대개 그랬던 것과는 달리, 낭만화하는 주체가 아닌 낭만화된 대상(예컨대 중세나 고성古城)에 대한 고찰에서 출발해서는 안 된다. 샤프츠베리의 용어를 빌린다면, **미화 행위**Beautifying가 아니라 **미화된 것**Beautified에서 출발해서는 안 되는 것이다. 외부 세계와 역사적 현실은, 앞서 인용한 노발리스의 표현을 빌린다면, 소설의 출발점이 될 수 있을 때 비로소 낭만주의적 작업Leistung의 관심을 끌게 된다. 주어진 사실은 정치적, 역사적, 법적, 도덕적 맥락에서 객관적으로 고찰되는 것이 아니다. 그것은 낭만주의자의 열정에 불을 붙이는 미학적-감정적 흥미의 대상일 뿐이다. 이러

---

31 베티나 폰 아르님의 서간 소설에 대해서는 욀케W. Oehlke(『팔라이스트라』, 제41권, 베를린, 1905, 41쪽)가 우선 추천할 만하지만, 이 책은 저자의 하류 낭만주의적 사이비 윤리학으로 인해 어그러진 저작이다. 특히 서론은 속임수Schwindel에 대한 감동적인 변론이다.

한 종류의 생산성을 위해 중요한 것은 전적으로 주관적인 것, 즉 낭만주의적 자아가 자신의 고유한 내면에서 꺼내어 부가하는 것이다. 그래서, 제대로 뒤살펴면, 여기서 객체나 대상은 전혀 언급할 계제가 아님을 알 수 있다. 왜냐하면 대상은 단지 "계기", "출발점", "도약점", "자극제Inzitament", "수단" 따위에 지나지 않기 때문이다. 군이 이 말들이 아니라도, 낭만주의자가 **기연**을 대신해 제시하는 무슨 말이든 상관없다. 프리드리히 슐레겔이 그의 형에게 쓰고 있듯이(1791, 발첼 편집본, 32쪽), 우리가 사랑하는 여인에게서 발견하는 보다 높은 것들은 모두 결국 우리 자신의 작품이며, 그녀는 여기에 아무런 공로가 없다. "그녀는 단지 계기였을 뿐이다."『루친데』에 적혀 있는바, 그녀는 "너의 환상이 만들어낸 기적의 꽃Wunderblume deiner Phantasie"에 지나지 않는다. 이렇게 낭만적 생산성에 탐닉하는 행위에는 가시적인 외부 세계와 맺을 수 있는 적합한 관계에 대한 의식적인 포기가 수반된다. 모든 실제적인 것은 단지 하나의 계기일 뿐이다. 대상은 아무런 실체도, 본질도, 기능도 갖지 않는 하나의 구체적인 점이며, 이 점을 둘러싸고 낭만적인 환상의 유희Phantasiespiel가 펼쳐진다. 이 구체적인 것은 언제나 연결점으로서 존재하는 것이지만, 낭만주의에서 유일하게 본질적인 것이라고 할 수 있는 탈선Abschweifung과는 아무런 공통분모도 갖지 않는다. 그런 까닭에 [여기에는] 어떤 낭만적 대상을 다른 대상—여왕, 국가, 연인, 성모—과 명확히 구별할 수 있는 가능성이 결여되어 있다. 왜냐하면 그것들은 더 이상 대상이 아니라, 오직 **기연들**occasiones로서만 존재하기 때문이다.

철학사에서 기연의 개념은 이른바 기연주의Occasionalismus 체계, 즉 제로드 드 코르드무아Géraud de Cordemoy[32], 횔링크스Geulincx[33], 말브랑슈 등의 사

---

32 [옮긴이] 제로드 드 코르드무아(1626-1684): 프랑스의 철학자, 역사가.

33 [옮긴이] 아르놀트 횔링크스(1624-1669): 벨기에 철학자.

유에서 찾아볼 수 있다. '기연'이란 명칭을 온당하다고 볼 수 있는 것은 이들이 그것을 **원인**에 대치되는 개념으로서 자신들의 형이상학적 구성에 결정적인 지점으로 설정했기 때문이다. 물론 그들은 대개의 경우 기연의 개념을 엄밀하게 규정하지 않고 사용했다. 가령, 말브랑슈는 심지어 "기연적 원인causes occasionnelles"이라는 표현까지 썼는데, 이 때문에 그의 사유 체계 전체가 혼란에 빠지고 말았다. 이에 대해 그의 동시대인들이 [기연을 두고] 너무도 불투명한 개념이라고 비난한 것은 당연한 처사였다. 그럼에도 불구하고 여기서 원인과 대립하는 아주 독특한 개념이 등장하게 되었다는 사실은 결정적인 중요성을 갖는다.[34] 왜냐하면 그 덕분에 아주 새롭고 특이한 유형의 형이상학적 태도가 등장했기 때문이다. 물론 초기 단계에는 기연적인 것의 표상 속에 잠재적으로 들어 있는 위력, 즉 해방Entfesselung시키고 해체시키는 힘이 완전히 드러나지는 않았지만 말이다. 방금 언급한 철학자들은 전통적인 기독교 형이상학에서 이야기되는 신을 여전히 믿었다.

---

34 개념적 대립을 명백히 하기 위해 성 보나벤투라의 오래된 정의를 인용할 수 있을 것이다(비세티아, 루비노 편집본, 『보나벤투라 사전Lexicon Bonaventurianum』(베네치아, 1820, 39쪽)). **원인에 의하여per modum causae** 무언가에 이르는 것은 "결국 자신이 규제의 원리를 갖고 있다intra se rationem ordinationis ad finem." 그러나 "진실로 **기연에 의해** 유도되는 것은 마지막까지 자신 가운데 규제의 원리를 지니지 않는다quod vero ducit **per modum occasionis** nullam habet intra se rationem ordinationis in finem." 말브랑슈에 관한 방대한 문헌을 보면 기연 개념의 핵심적인 의미를 이해할 수 있다고 말하기는 어렵다. 이 점에 관한 한, 말브랑슈 자신이 이미 모순으로 가득 차 있다. 하지만 이 사실로 인해 핵심적인 의미가 달라지는 것은 아니다. 매우 부정확한 [설명을 담고 있는] 많은 저작들 가운데 나는 제임스 레빈James Lewin의 학위 논문 「말브랑슈의 이념에 관한 학설Die Lehre von den Ideen bei Malebranche」(1912)을 강조하고 싶다. 여기에는 두 가지 이유가 있다. 첫째, 이 논문은 말브랑슈가 신비주의자가 아니라는 것을 정확하게 이해하고 있다(물론 22쪽에 나온 테제, 즉 종교적 신앙은 언제나 신비적인 요소를 갖는다는 주장은 나에게는 옳지 않아 보인다. 반대로 신비적인 것이 종교적인 영역에 속하는 것이다). 둘째, 이 논문은 말브랑슈가 범한 수많은 모순들의 기원을 탁월하게 밝혀냈기 때문이다. 즉, 실재와 현상성Phänomenalität 간의 관계는 단순한 방식으로 설정할 수 없다는 사실을 밝힌 것이다. 역설적으로 말해서, 기연주의의 관계는 파악 불가능한 관계의 관계, 모든 가능성을 열어 두는 비관계Nicht-Beziehung의 관계, 다양한, 아니 무한한 해석 가능성의 관계, 근본적으로 환상적인 관계다.

그런 탓에 그들의 경우 세계에 대한 기연주의적 태도의 특징은 단지 간접적으로만 드러난다. 왜냐하면 [그들이 보기에] 세계와 그 안에서 일어나는 모든 일들은 물론 한낱 계기에 불과하긴 하지만, 그럼에도 그것들은 신이 법Gesetz과 질서를 회복시킬 수 있도록 돕는 계기이기 때문이다.

참된 원인의 문제가 기연주의의 출발점이었다. 기연주의는 신에게서 모든 참된 원인을 발견하며, 이 세계의 모든 일들은 순전히 기연적인 계기라고 언명한다. 여기서 다시금 낭만주의 정신의 구조에 대한 논의를 데카르트에서 시작한 것이 옳았음이 입증된다. 데카르트는 "나는 생각한다, 고로 존재한다"는 논법, 즉 사유에서 존재를 추론하는 데서 상호 작용 외면, 영혼과 육체, 사유res cogitans와 연장res extensa의 구분으로 나아갔다. 그 결과 양자는 서로에게 어떻게 작용하는가, 또 영혼과 육체의 상호 작용은 어떻게 해명할 것인가,라는 논리적이고 형이상학적인 곤란이 발생했다. 제로드드 코르드무아, 횔링크스, 말브랑슈의 사유 체계에 의해 제시된 기연주의적 해결책은 신을 심리적이고 물리적인 모든 사건의 진정한 원인으로 간주함으로써 곤란을 제거했다. 신은 영혼과 육체의 현상들을 설명할 수 없는 방식으로 합치시킨다. 의식의 사건, 의지의 충동, 근육의 움직임, 그리고 그 밖에 모든 것들은 신의 활동을 위한 단순한 계기에 불과하다. 실제로 행동하는 것은 인간이 아니라 신이다. 코르드무아는 말한다. "우리는 우리의 것이 아닌 힘의 도움 없이는 아무것도 할 수 없다nihil facimus nisi auxilio potentiae quae nostra non est." 여기서 그가 생각한 것은 자연의 사건이지, 어떤 [기적적인] 은총의 작용이 아니다. 모든 개별적인 사건들에서 정말로 작용하는 힘die eigentliche Wirksamkeit, 즉 고유한 효력efficacité propre은 신의 개입이다.

이 과정을 설명하기 위해 기연주의자들은 다소 낭만주의적 정취를 풍기는 표현과 비유를 고안하기도 했다. 가령 내가 집을 짓는다면, 설계도를 그려 주고 내 손을 이끌어 주며 돌들을 옮겨주고, 그래서 결국 나의 집을 지어주는 것은 [내가 아닌] 보다 높은 어떤 힘이다. "이 장면에서 나는 관객이지, 배우가 아니다Spectator sum in hac scena, non actor"(횔링크스). 앞서 언급한 티크의 『로벨』에도 인용되었지만, 그 외에도 흔히들 인용하는 사례, 즉 글 쓰는 펜의 비유를 여기서도 언급할 수 있을 것이다. 내가 글을 쓰면, 신이 펜을 움직이고, 내 손을 움직이며, 손을 움직이는 나의 의지를 움직인다. 결국 글쓰기는 신의 움직임이다. "인간이 펜을 움직일 때, 결코 인간이 펜을 움직이는 것이 아니고, 펜의 움직임은 신이 펜 속에 생기게 한 우연이다 quando homo movet calamum, homo nequaquam illum movet, sed motus calami est accidens a Deo in calamo creatus." 그러나 가상Schein과 본질을 거칠게 구별하고 구체적인 현실을 신비주의를 통해 공허하게 만든다고 해서 — 비록 낭만주의자들이 이러한 모티브를 빈번히 써먹기는 하지만 — 이것만으로 기연주의가 낭만주의적 정신 구조와 특별히 연관된다고 할 수는 없다. 말브랑슈는 외견상 합리주의를 신봉했음에도 불구하고 "몽상가rêveur"로 간주됐는데, 생트 뵈브Sainte-Beuve(『포르루아얄』, 제5권, 237쪽)의 탁월한 심리학적 분석에 따르면, 실제로 그는 환상에 사로잡혀 있었다고 한다. 물론 이 사실은 나름대로 의미가 있다. 하지만 결정적인 사실은 아니다. 보다 더 중요한 것은 말브랑슈가 전형적인 고전적 인물인 세네카Seneca와 카토Cato 그리고 스토아적 현자의 이념을 격렬하게 공격했다는 사실이다(『진리의 탐구Recherche de la vérité』, 제1권 2장, 제3부 4장 「세네카의 영감De l'imagination de Sénèque」). 딜타이가 스토아 철학의 전통이 17, 18세기에 광범위한 영향을 미쳤음을 지적한 이후로 우리는 [말브랑슈의] 그러한 공격을 더 이상 간과할 수 없게 되었다. 끝으로 언급할 사실은 말브랑슈가 프랑스 계몽주의의 추상적 합리주의 편향을 바로잡은 작가, 즉 몽테스키외의 사상에 적지 않은 자양분을 공급한 원천이었다는 것이다. 대부분의 사람들은 이 사실을 모르지만, 그가 몽테스키외에게 끼친 영향은 생각보다 크다. 특히 인간 정신은 기후와 지리적 특수성에 의해 [크게] 좌우된다는 몽테스키외의 학설은 말브랑슈에게서 차용한 것이다. 여기서 말브랑슈가 테르툴리아누스Tertullian에 관해 밝힌 견해도 [또] 하나의 놀라운 사례로 들 수 있을 것이다.[35] 하지만 역시 결정적인 것은 기연주의의 구조적 특수성이다.

그 특수성이란 다음과 같은 것이다. 즉, 기연주의자는 이원주의를 표방하지는 않지만 존립하도록 방임한다. 하지만 [정작] 그 자신은 포괄적인 제삼자ein umfassendes Drittes를 향해 도피함으로써 이원주의를 환영으로 만들어 버린다. 만약 심리적이고 물리적인 모든 사건이 오직 신의 행위로만 나타난다면, 영혼과 육체의 상호 작용을 인정하는 가설에 내재한 [이론적] 어려움은 자체적으로는 해결할 수 없게 되며, 따라서 우리는 문제의 결정을 보지 못하게 된다. [그래서 우리의] 관심은 이원주의의 출구를 빠져 나와 보편적인 "보다 높고" "참된" 통일로 지체 없이 이동한다. 이것은 신을 믿는 인간에게는 결코 피상적인 해결책, 즉 기계 장치의 신Deus ex machina에 의해 마련된 해결책으로 보이지 않는다. 오히려 그는 그것을 가장 "유기적"인 해결책으로 받아들일 공산이 크다. 왜냐하면 그는 본질상 신은 이원주의를 허락할 수 없다고 믿기 때문이다. 기연주의 사유 체계의 신은 본질적으로 참된 실재로서 존재하는 기능을 맡는다. 이 실재 안에서 영혼과 육체의 대립은 흔적도 없이 사라진다. 이 신은 셸링의 절대적 무차별성과는 다른 존재다. 사유가 원운동을 하는 한, 그것은 기연주의라고 할 수 없다. 왜냐하면 대립의 순환을 벗어날 수 없기 때문이다. 그러나 만약 "유기체Organismus"를 여러 대립항對立項들로 단순히 양극화하지polarisiert 않는다면 — 가령 낭만주의자들이 그렇게 했는데, 이것은 물론 셸링의 철학이 제공

---

35 「진리의 탐구Recherche de la verité」, 『주해』, 9권. 프랑스와 아프리카는 분명 다른 정신을 낳았다. 프랑스인의 천성은 자연적이고 합리적이며, 도를 넘는 행태라면 무엇이든 적대시한다. 이에 반해 테르툴리아누스의 환상imagination은 분명 아프리카의 더위와 관련이 있다! 부스E. Buß의 「몽테스키외와 데카르트: 프랑스 계몽주의 문학의 역사에 대한 기고Montesquieu und Cartesius, ein Beitrag zur Geschichte der französischen Aufklärungsliteratur」(『철학 월보 Philosophische Monatshefte』, 베를린, 1869/1870, 제4권, 1-3쪽)는 말브랑슈와 몽테스키외를 관련지은 유일한 연구로서의 공적은 인정할 수 있지만, 이 구절에 대해서는 주의를 기울이지 않았다. 또한 빅토어 클렘퍼러, 『몽테스키외』(하이델베르크, 1914/1915)도 참조하라.

하는 여러 가지 아이디어에 의해 그들의 사상이 퇴색하지 않았다는 전제 하에서만 타당한 진술이다 — 그러면 "보다 높은 제삼자"가 대립을 지양한다. 나아가 그 지양은 서로 대립하던 사물들이 "더 높은 제삼자" 속으로 사라지고, [그것들 간의] 대립이 "보다 높은 제삼자"의 계기로 바뀌는 방식으로 이뤄진다. 성별 간 대립은 "전인Gesamtmensch"에 의해, 개인들 간의 대립은 보다 높은 유기체, 즉 "국가" 혹은 민족에 의해, 국가들 간의 반목Zwiespalt은 보다 높은 조직, 즉 교회를 통해 지양된다. 대립을 보다 높은 단독적 권능의 계기로 삼을 수 있는 힘을 가진 존재가 바로 더 높고 참된 실재다.

언제나 매개와 상호 작용에 관해 말하기를 좋아하던 아담 뮐러도 이 경우에 해당된다. 그의 사유 안에서는 셸링적 요소와 슐레겔적 요소 그리고 그 밖에 수많은 다른 요소들이 다채롭게 함께 작용하고 있는데, 만약 여기서 [그만의] 고유한 무언가를 식별해 낼 수 있다면, 그것은 이런 점이다. 뮐러는 [셸링의] 절대적 동일성을 "유명한 오해berühmtes Mißverständnis"라며 명백히 거부했고, 일종의 "반립적 종합antithetischer Synthese", 다시 말해 대립을 궁극적인 원리로 선언했다. 모든 사물은 대립에 다름 아니다. 자연은 반예술이고, 예술은 반자연이며, 꽃은 꽃의 반대Anti-Blume의 대립이다. 그래서 결국 대립 자체마저 반대립에 종속된다. 여기서 우리는 샤프츠베리와 버크에게서 관찰되는 자유주의의 낡은 균형 관념이 [뮐러에게서도] 보란 듯이 작동하고 있음을 쉽게 확인할 수 있다. 하지만 동시에 뮐러는 대립의 극복은 "기계적" 상호 작용에 의해서는 실현될 수 없으며, 더 높은 어떤 것, 즉 "이념Idee"에 의해서만 발생할 수 있다고 말한다. 인류의 이념을 실현하기 위해서는 [기본적으로] 남자와 여자 두 사람이 필요한 법이라고 그는 늘 강조했다. 마찬가지로 모든 계약은 양측의 당사자Parteien를 전제하지만, 더 나아가 양측을 포괄하는 제3의 공통분모도 있어야 한다고 말한다. 현실 속에서 그가 매번 새롭게 발견한 대립은 때로는 낡은 자유주의적 방식에 의해 단순한 "균형으로 가공balanciert"되었지만(예컨대, 『잡다한 저작들Verm.

Schriften』, 제1권, 81쪽), 또 어떤 때에는 더 높은 동일성의 유출로 나타나기도 했다. 이러한 사유의 과정 속에서 새로운 세계관은 한물간 지난 세기의 분석적 합리주의와 "기계적" 균형 이론에 견주어 자신이 월등히 우월하다는 사실을 확인했다. 그러나 여기서 유출의 표상이 우선적인 것은 아니다. 문제의 출발점은 구체적으로 현존하는 것과 현실적인 것 간의 대립성이며, 이것은 지양되어야만 한다. 그리고 이 지양은 보다 높은 제삼자(어느 때는 이념이고 어느 때는 국가지만, 결국에 가서는 신이다)가 대립을 자신의 더 높은 권능을 위해 사용하는 계기로 받아들임으로써 이루어진다. 이때 두 가지 사실에 주의해야 한다. 첫째, 사유의 과정은 언제나 구체적인 대립성에서 출발해 구체적인 타자(더 높은 제삼자)로 넘어간다. 둘째, 대립에 의해 집단을 이룬 구체적인 사물들은 매번 대립을 계기로 삼아 스스로를 표현하는 더 높은 힘, 중재하는 힘 die höhere vermittelnde Kraft이 하는 일을 돕는 심부름꾼일 뿐이다. 말브랑슈가 고유한 권능을 가진 "소통communication"에 대해 말했다면, 아담 뮐러는 "중재"에 관해 말한다. 낭만주의자들은 모든 것을 그렇게, 즉 구체적인 대립성과 다양성이 더 높은 것 안에서 소멸한다는 식으로 설명한다. 더 높은 제삼자의 역할은 예컨대 공동체가 맡을 수 있다. 이 경우 모든 것은 "교제Geselligkeit"와 "연합Assoziation"의 관점에서 생각된다. 위트는 논리적 사교성이고, 정신도 논리적 사교성이며, 돈은 그 자체가 바로 사교성이다. 하지만 낭만주의적 관점에 따르면, 공동체는 개별적 요인들의 산물이 결코 아니다. 개별 요인들은 공동체의 "계기 아니면 그 자체가 이미 공동체의 기능"이다. 여기서도 다시 "보다 높은 제삼자", 즉 진정한 실재를 지향하는 [낭만주의의] 일반적 경향이 확인된다.

낭만주의적 정신의 이러한 구조는 그들이 기독교 형이상학의 신에게 돌아갈 때 확실히 드러난다. 프리드리히 슐레겔은 그의『논리학 강의Vorlesungen über Logik』부록에서 특별한 공감으로 언급하며 말브랑슈를 데카르트보다 훨씬 윗길로 평가했다.[36] 낭만주의자들이 이렇게 [기연주의자들에게] 공감한 까닭은 그들과 자신들을 동일시했기 때문이라는 사실이 뒤늦게 알려졌다. 그리고 이 동일시는 그들이 가톨릭으로 개종했기 때문에 낭만주의 개념을 규정하는 데 결정적인 중요성을 갖는다. 가톨릭 신자가 된 슐레겔의 철학 전체는 자연과 인간의 딜레마에서 출발한다. 인간(정신)이 자연(육체/물체)을 파기하는가 아니면 자연이 인간을 파기하는가의 문제였던 것이다. 슐레겔이 보기에 피히테의 관념론과 셸링의 자연철학은 그러한 딜레마가 실제로 적용된 사례들이었다. 구원은 신으로부터 곧장 도래하는 것이다. 슐레겔이 대개의 경우들에서 기독교의 실정성Positivität을 지지했던 까닭은 무엇보다 자신이 이전에 저지른 자연철학적 오류를 부인하기 위해서였다. 하지만 한 걸음 더 나아가 슐레겔은 결국 참된 원인으로서 [사태에] 개입하는 보다 높은 제삼자를 무조건적으로, 결연히 인정했기 때문에 기독교를 지지했던 것이기도 하다.

아담 뮐러는 때로는 단어 하나하나까지 그대로 베껴 쓸 정도로 슐레겔의 철학을 차용했다.[37] 하지만 이것은 잡다한heterogen 인상들의 암시에 그가 굴복했던 수다한 사례들에 해당되지 않는다. 왜냐하면 여기서 중요한 것은 그 자신의 고유한 정신적 특성의 내적 일관성이기 때문이다. 뮐러는 언

---

36 『빈디쉬만 편집본』(본, 1836), 제1권, 436, 437쪽. 그는 여기서 말브랑슈를 "그런 시대에도 데카르트의 철학을 떠나 낡은 철학과 계시로 되돌아간 사람"의 사례로 들고 있다. 또한 『빈디쉬만 편집본』, 제2권, 475쪽에 나오는 '감성을 기만하는 것으로서의 (인과적) 필연성' 부분도 참조하라. 노발리스의 『연구용 편집본』, 단편 140번(『미노어 편집본』, 제3권, 190쪽)에도 기연주의가 잠깐 언급된다. 결정적인 것은 단편 27번과 66번이다. 1800년 라이프치히에서 출간된 저서 『말브랑슈의 정신이 현재의 철학 정신과 맺고 있는 관계Malebranches Geist im Verhältnis zu dem Philosophischen Geist der Gegenwart』는 낭만주의와 아무런 관계가 없다. 이 책의 익명의 저자는 자신은 칸트주의자로서 슐츠Schulz 교수를 존경한다고 밝히고 있다. 쇼펜하우어는 고전주의로부터 지나치게 많은 영향을 받은 나머지 "참된 원인"은 결코 공동체 혹은 역사에서 찾을 수 없는 거라고 생각했다. 이와 관련해 그는 기연주의와 연계될 수 있다는 느낌이 매우 강하게 든다(『의지와 표상으로서의 세계』, 제4장 60번 및 제1장 26번).

37 『신학의 토대에서 체계적으로 서술된 국내 재정: 첫 번째 시도Die innere Staatshaushaltung systematisch dargestellt auf theologischer Grundlage: Erster Versuch』(『콘코르디아』, 제2권, 빈, 1820), 87-89쪽(『전집』, 263-264쪽).

제나 원래 그것이 속한 영역이 아닌 다른 영역에서 사물의 본질을 찾았으며, 그래서 이 분야 저 분야를 들쑤시고 다녔다. 그는 경제적 인자로서의 화폐의 본질을 경제적인 영역이 아니라 법적인 영역에서 찾았다. 법적인 것의 본질은 법적인 영역이 아니라 신학적인 영역에서 찾았다. 이로 인해 법적인 영역 내부에서 질적 대립을 이루는 사법과 공법Staatsrecht 간의 차이도 상상 속의 차이 혹은 한갓 양적인 차이에 지나지 않게 된다. 『신학적 토대』에서 그가 전개한 모든 상론의 핵심Sinn은 다음과 같은 것이다. 인간은 틈Kluft을 벌리지 않고서는 단 한 걸음도 내디딜 수 없다. 그래서 정통주의Legitimismus와 자유주의 간의 영원한 충돌 역시 오직 신의 개입에 의해서만 중재될 수 있다. 신이 홀로 역사를 움직이는 것이다. 뮐러는 이 사상을 정치적으로 이용했다. 해방 전쟁에서 커다란 희생을 치르고 공을 쌓은 대가로 인민들Völker이 자유를 요구했을 때 이를 단호하게 일축하는 데 그 사상을 동원한 것이다. 나폴레옹에 대한 승리를 비롯한 위대한 업적들은 인간이 아닌 신의 일이다. 따라서 인민들은 그러한 업적들을 구실로 정치적 요구를 할 수 없다. 과거였다면, 아직 자연철학의 영향 아래 있었을 때였다면 그는 아마 이렇게 말했을 것이다. 그러한 업적들은 군주와 인민 간의 대립에 의해서만 산출되는 민족적 "생명력Lebenskraft"의 소산이거나(『국정원론』, 제2권, 249쪽 참조), 그게 아니라면 유기체의 역사적 성장에 따른 [필연적] 결과다. 왜냐하면 그렇게 위대한 일들이 인간에 의해 "만들어"질 리는 없기 때문이다. 언제나 — 정치적 사안들을 시류에 따라 변명하는 경우를 제외하고 — [뮐러에게] 중요했던 것은 구체적 사건들의 대립성이 유일하게 참된 실재가 지닌 유일하게 참된 효력을 발생시킨다는 사실이었다.

다수의 실재들 — 자아, 인민, 국가, 역사 — 사이에서 자신을 유보한 채 그것들을 서로 대립시키며 유희하는 것이 낭만주의적 사태[의 본질]에 속한다는 사실은 물론 당혹스럽다. 그것은 또한 낭만주의가 가진 본질적 특성의 단순한 구조를 은폐한다. 여러 가지 "참된 원인들"이 뒤섞여 작용한다고 주장하는 기연주의는 모든 사람을 상대로 자신의 참된 본성을 속이려는 것일 수 있다. 하나의 실재에서 다른 실재로 계속 도피하는 것이 기연주의다. 기연주의는 "더 높은 제삼자"를 향해 도피한다. 이것은 필연적으로 먼 것, 낯선 것, 다른 것을 기연주의적 방식에 따라 포괄한다. 끊임없이 다른 분야로 방향을 꺾는 과정에서 "더 높은 제삼자"는 그 스스로가 완전히 다른 것 또는 낯선 것으로 바뀌어 결국 — 전래의 신에 대한 표상이 추락했을 때 — 다른 것과 낯선 것이 숫제 참된 것, 더 높은 것과 하나로 통일되기에 이른다. 이때 비로소 낭만주의는 완성된다. 낭만주의자가 자신을 초월적 자아라고 느낀다면, 참된 원인에 관한 질문이 그를 괴롭게 만들 일은 없다. 그 자신이 바로 그가 살고 있는 세계의 창조자이기 때문이다. 『전체 지식학의 기초』에서 피히테는 제 이론의 체계적인 부분은 스피노자주의라는 점을 인정하면서, "다만 개개의 자아 자체가 최고의 실체", 즉 스피노자 철학 체계의 신에 해당한다고 말했다. 이제 세계는 자아에 의해 창조된 것으로 선포된 셈이다. 그러나 이 세계는 버클리Berkeley가 말하는 지각된 존재esse-percipi가 아니라, [절대적] 자아의 창조적 행위다. 그런데 낭만주의자의 상황은 다음과 같다. 즉, 그는 세계 창조자와의 동일성을 주장하면서도 이 주장을 끝까지 견지할 수는 없기에 그것을 유보한다. 왜냐하면, 경험적인 개별 주체의 관점에서 보면, 그것은 [결국] 불가능한 환상이기 때문이다. 피히테도 역시 마지막에 가서는 "참된" 자아와 경험적 자아를 구별할 수밖에 없었다. 그리고 이를 통해 그는 심리적 현실 — 이것은 낭만주의에 관한 작금의 논의에서 가장 핵심적인 사안이다 — 안에 [떨쳐냈다고 생각했던] 옛 불확실성Unsicherheit을 다시금 불러들였다. 낭만주의자들은 자신들을 민족Volk이나 역사와 동일시하는 데까지는 이르지 못했으며, 헤겔주의적인 선한 양심은 그들에게 낯선 것이었다. 그래서 그들이 낭만주의자로 머무르는 동안에는 항상 하나의 실재에서 다른 실재로, 즉 자아에서 민족Volk으로, "이념Idee"으로, 국가로, 역사로, 교회로 가로샜다. 낭만주의자들은 언제나 하나의 실재를 다른 실재와 반복시키면서도 실재들 간의 음모 전쟁Intrigenspiel에서 결코 어느 한쪽을 위해 결단하지는 않았다. 그들이 말하는 실재란 언제나 다른 실재와 대립하고 있는 것이었다. 그들에게 "참된 것", "진정한echt 것"은 현실적인 것과 현재적인 것의 거부를 의미했으며, 결국 다른 때와 다른 어딘가, 즉 완전히 다른 무언가를 가리킬 따름이었다. 자연철학 및 역사철학의 이론적 구성 덕분에 그들은 우주를 마음대로 주무를 수 있었지만, 구체적으로 실존하는 인간으로서 그들은 그 구성을 실재로 인정할 수 없었다. 그들이 사용한 말들은 실체가 없는 말들이었다. 왜냐하면 그들은 어떤 대상이 아니라 오직 자기 자신들에 관해서만 말했기 때문이다. "사람들은 삶을 살려는 것이 아니라 삶에 대해 지껄이려 할 뿐"이라고 졸거는 한탄했다. 공허하고 피로한 반복 속에서 그들은 거듭 새롭게 확신한다. 자신들은 거짓이 아닌 "참된" 개념을 다루고 있다고. "참된 것", "현실적인 것", "진정한" 자유, "진짜" 혁명, "진실한" 성직자, "진실한" 신앙, "진리를 담은" 책, "진짜" 인기, "올바른" 상도, "진정한" 공화국 — 이것의 본질은 "진정한" 군주제를 이룩하는 데서 성립한다 — "진정한" 법학, "참된" 결혼, "참된" 낭만주의, "참된" 학자, "현실적인" 교양인, "진정한" 비평, "참된" 예술가 등 제대로 열거하자면 수많은 지면이 필요할 것이다. 그러나 낡은 개념에 "진정한echt"이라는 수식어를 붙인다고 해서 새로운 개념이 만들어지는 것은 아니다. 세계 창조자라는 자아도취가 사라진 뒤에는 환멸 속에서 사태가 곧장 뒤집힌다. 즉, 아이러니를 통해 세계를 농락하던 주체는 이제 자신이 [오히려] 수많은 참된 실재들이 연출한 아이러니의 대상임을 깨닫는다. 헤겔주의자는 이성의 지략List에 대해 말하면서도, 그 자신만은 세계사의 무대 커튼 뒤에 서 있다고 믿었다. 그는 무엇이 문제인지 알았고, 그래서 세계사의 지략을 능가하는 지략을 가졌거나, 그게 아니면 참된 근거를 가진 편에 정당하게 가담하고 있었다. 이에 반해 낭만주의자는 이내 절망적인 상태에 빠졌다. 왜냐하면 그의 내면에서는 수

정치적 낭만주의

많은 실재들이 아이러니를 통해 난잡하게 뒤섞여 놀고 있었기 때문이다.

　오직 정신적인 관심에 삶을 송두리째 투자하는 인간이라면 그러한 상황으로 인해 정신적으로도 육체적으로도 무너질 거라고 보기 십상이다. 그러나 전반적으로 볼 때 낭만주의는 그렇게 되지 않고 비더마이어Biedermeier 사조로 안착했다. 아마도 이것은 비웃음을 살 만한 결말은 아닐 테지만, 그렇다고 비극적인 결말인 것도 아니다. 혁명적 파열은 이제 목가牧歌Idylle가 되었다. 부르주아들은 낭만주의에 열광했으며, 거기서 자신들의 예술적 이상과 위로를 발견했다. [이로써] 혁명에서 목가로 넘어가는 대립의 원환은 종결되었으며, 아이러니를 즐기던 낭만주의자는 악랄한 아이러니의 희생물이 되었다. 『아테네움』에서 슐레겔은 다음과 같이 예고했다. 모든 것을 포괄하는 낭만주의적 초월시[포에지]Transzendentalpoesie는 처음에는 풍자로 시작해 중도에는 비가Elegie처럼 부유하다, 마지막에 가서는 이상적인 것과 현실적인 것을 절대적으로 일치시키는 목가로 끝날 것이다. 정말로 그렇게 되었다. "드레스덴 시 동인Liederkreis", 이 얼치기 속물들의 모임이 창작한 목가들을 "유사-낭만주의" 작품이라 부르는 것은 낭만주의적 오류다. [오히려] 그것은 낭만주의의 완성이었다. 오스트리아의 비더마이어 문학 역시 마찬가지다. 이에 대해 총명하고 진지한 야르케는 다음과 같이 한탄했다. "그럴싸하게 들리지만 공허하고 경박한 문학이다. 이것은 가장 깊은 내면의 본질을 보면 비기독교적 문학으로서, 교양인의 변증법적 능력das dialektische Vermögen을 약화시키고 도덕적 본능을 둔화시킨다." 이 속물적인 목가 역시 낭만주의에 속한다. 속물에 대한 풍자와 더불어 낭만주의는 시작되었다. 낭만주의자들이 속물에게서 발견한 것은 속되고 천박한 현실이었다. 이것은 그들이 찾던 보다 높고 참된 실재와 대립하는 것이었다. 낭만주의자는 속물을 증오했다. 하지만 밝혀진 바에 따르면, 속물은 낭만주의자를 사랑했다. 그리고 이 관계에서 우위를 점한 쪽은 분명 속물이었다.

실재들 간의 싸움이 현실 속in realite 낭만주의자를 갈가리 찢어놓은 것은 아니다. 그 싸움은 그를 자극했다. 낭만주의자는 그 싸움에 적극적으로 끼어들지 않았다. 왜냐하면 그는 오직 자신의 주체성Subjektivität을 주장하는 데만 정신이 팔려 있었기 때문이다. 그는 싸움을 구경하면서 흥분으로 몸을 떨었다. 말브랑슈는 인간을 창조된 정신을 가진 자로 정의했다. "자신을 건드리거나 변경하는 것을 식별하는 실체des substances qui aperçoivent ce qui les touche ou les modifie"라는 것이다. 여기서 등장한 실체 개념이 칸트 철학 이전의 것이라는 점을 차치하면, 이것은 낭만주의자에 대한 정의도 될 수 있다. 바꿔 말하자면, 기연주의 문제는 비단 형이상학적인 것만이 아니라, 그에 못지않게 윤리적인 것이기도 하다. 그것은 인간의 자유 의지, 곧 인간의 활동성이 가질 수 있는 운신의 폭과 내용에 관한 문제다. 물론 낭만주의자는 피히테의 지식학에 흠뻑 빠져 있었으므로 그 덕분에eo ipso [하고 싶은] 모든 것을 다 하면서도, 책임은 오직 자신의 자율적인automom 자아에 대한 것에 한해서만 졌다. 하지만 그런 경우 전부Alles와 전무Nichts는 사실상 완전히 동일한 것이 되며, 따라서 이런 의문이 남는다. "인간의 행위Tätigkeit는 어디서 성립하는가?" 기연주의 체계의 윤리에 따르면, 그것은 오직 기분의 움직임Gemütsbewegung 속에서만 일어날 따름이다. 도덕적 행위는 가치를 평가하는 행위다. 인간의 삶은 타인의 행동에 대한 동의 혹은 거부, 그것에 대한 긍정적 또는 부정적 판단으로 채워진다. 그의 자유는 "동의consentement"를 통해, 즉 가치에 대한 감각, 판단, 그리고 비판을 통해 성립한다. [이 세계에서 일어나는 모든] 사건들을 [관장하는] 불변하는 법칙에 [변화무쌍한] 인간의 행위를 "합치consensus"시키는 것이 바로 합리주의적 체계로 구성된 윤리학이다. [하지만] 낭만주의에서는 이러한 관념마저 감정에 의해 왜곡되고 감상적인 것으로 바뀌어 버린다sentimentalisiert. 이 변화는 이미 말브랑슈에게서 시작되고 있었다. 신은 창조하고 산출한다. 인간은 기분이 내키는 대로 그 사건을 추구하지만, 사실은 이를 통해 그 과정에 참여한다. 말브랑슈 — 그는 그리스도의 죽음을 구원을 위한 순전한 기연으로 보긴 했지만, 그럼에도 우리는 그를 진솔한 가톨릭 신자로 보아야 한다 — 의 경우에서 볼 수 있는바, 참된 실재가 분명하고 명징하게 인지되는 곳에서는 **기연**이 신의 손길에 따른 거라 여기는 여론이 있다 해도 이로 인해 책임 의식이 사라지지는 않는다. 자신이 속한 종교적, 사회적, 국가적 환경에 굳게 뿌리 내린 인간들은 자신들과 함께 성장하며 또한 자신들을 성장하게 도와주는 공동체에 온전히 속한다. 그러나 기연주의가 주관화되면, 다시 말해 고립된 주체가 세계를 기연으로 다루게 되면, 사정은 달라진다. 이때 인간의 활동성은 그의 격정Affekt이 환상에 의해 극단적으로 활성화되는 곳에서만 발휘된다. 낭만주의자는 오직 격정을 통해서만 반응하며, 그의 행위는 필연적으로 낯선 행위의 격정적 반향이다.

'기연주의'라고 지칭할 수 있는 이러한 정신적 유형의 특징은 무엇보다 그것이 문제를 해결하는 대신 문제의 요인들을 해소해 버린다는 데 있다. [이를테면] 육체와 영혼이 어떻게 서로 작용하는가,라는 질문이 제기된다. 기연주의의 대답은 다음과 같다. '중요한 것은 육체와 영혼의 [상호] 작용이 아니다. 왜냐하면 양자는 무한마저 포괄하는 제삼자, 즉 홀로 작용하는 신 안에서 사라질 것이기 때문이다.' 그러나 이 대답은 더 깊은 본질의 차원에서 이 유형이 지향하는 근본 방향을 표명한 것에 불과하다. 세계를 신 안에서 부유하는 것으로 간주하는 기연주의자는 본디 범신론Pantheismus이 아닌 만유재신론萬有在神論 Panentheismus의 관점에서 사유한다. 그러므로 모든 활동성은 [오직] 신에게로 집중된 것처럼 보이며, 가치 있는 모든 일은 신의 은총이요, 선물이다. 아담 뮐러의 다음 진술은 신에서 국가로 이월한 만유재신론의 뚜렷한 예를 보여 준다. 언제 어디서든 인간은 "국가 없이는 듣지도 보지도 생각하지도 느끼지도 사랑하지도 못할 것이므로 **국가를** 벗어난다는 것은 생각조차 할 수 없다"(『국정원론』, 제1권, 66쪽). 그런데 기연주의의 신 개념을 좀 더 자세히 고찰해 보면, 신의 활동성 또한 문제적인 것으로 드러난다. 데카르트의 신은 절대적인 의지다. 그는 제 마음에 드는 것이면 무엇이든 제약 받지 않고 할 수 있는 '자의Willkür'다. 이에 반해, 앞서 언급한바, 말브랑슈는 신을 완전한 조화 속에서 실현되는 보편적 질서로 만들었다. 이 질서에 따르면, 심지어 은총의 작용마저 적법한 방식에 따라 이루어진다. 모든 인격적인persönlich 활동과 권능Wirksamkeit에 대한 근본적인 혐오는 결과적으로 신의 인격성마저 폐기하는 표상으로 이어진다. 데카르트는 신의 의지에서 도덕률의 근거를 찾아냈다. 말브랑슈에게 도덕률은 신조차 바꿀 수 없는 **영원한 질서ordre éternel**였다. 물론 말브랑슈는 스피노자의 범신론을 증오했으며, 그가 진리와 법칙Gesetzmäßigkeit을 인격신보다 상위에 배치시킨 것에 대해 항의했다. 말브랑슈는 또한 스피노자를 무신론자라고 비난했다. 하지만 정작 그 자신도 인격신이 보편적인 자연 질서, 즉 **일반 질서ordre en général**로 변화되는 논리적 귀결을 피하지는 못했다. 말브랑슈는 "질서ordre"의 표상이 지닌 보편성은 외견상으로만 데카르트적 합리주의로 보일 뿐이라고 생각했다. 하지만 실제로 그것은 신의 활동성이 보편적인 조화 속에서 해체되는 것을 뜻했다. 그리스도는 왜 교회를 세웠는가? 질서가 그렇게 하기를 바랐다L'ordre le veut ainsi. 어째서 경건한 기도는 효과가 있는가? 질서가 그것들이 이루어지기를 바란다L'ordre veut qu'elles soient exaucées. 어째서 죄인의 기도는 들어주지 않는가? 질서가 그것을 바라지 않는다L'ordre ne le veut pas. 이러한 논변의 밑바탕에는 정통파의 눈에 무신론으로 비칠 만한 성향이 깔려 있다. 페늘롱은 물었다. '어쩌다가 철학은 신의 권위마저 제한하기에 이르렀는가?' 이와 같은 방식으로 신이 보편적인 질서에 종속되고, 권위 있는 명령을 비롯한 어떤 활동도 할 수 없게 된 것은 옳다. 여기에는 군주를 일반 의지volonté générale에 종속시키려 한 정치적 혁명가들의 사고방식과 유사한 측면이 있다. 이것은 오래된 대립으로, 이에 대해서는 테르툴리아누스가 이미 고전적인 정식을 제출했다. "신의 명령에 관해 왈가왈부하는 것은 주제넘은 짓이라고 나는 생각한다. 우리가 그것을 따라야 하는 이유는 그것이 좋은 일이어서가 아니라, 신이 그것을 명하기 때문이다audaciam existimo de bono divi praecepti disputare, neque enim quia bonum est, idicirco auscultare debemus, sed quia deus praecipit." 말브랑슈도 결국 무신론자로서의 정체가 탄로 났다. 그래서 예수회 신부 아르두앵Hardouin은 그를 데카르트, 파스칼 등과 함께 "무신론자로 판명된 자Athei detecti"의 대열에 합류시켰다. 파스칼을 무신론자라 부른 아르두앵 신부를 두고 생트 뵈브는 바보라고 말했다. 아르두앵 신부는 바보가 아니었다. 다만, 대단한 학식을 지녔음에도 불구하고, 분별 없는rabiat 학교 선생이었을 뿐이다. 그런데 독일 낭만주의자 슐레겔과 뮐러는 자신들의 과거를 무신론의 시기라고 말했다. 슬로건으로 말하기 좋아하는 사람이라면, 아마도 그들이 택한 행보Entwicklung를 다음과 같이 압축해서 묘사할 수 있을 것이다. '그들은 아르두앵 신부로 전향한 말브랑슈다.'

이러한 견해는 어떤 추상적인 법 감정Rechtgefühl이나 칸트에게서 볼 수 있는 사유의 법적 구조에서 유래하는 것이 아니다. 아무리 극단적인 상황이라 해도 기연주의자가 학교 선생Schulmeister이나 법 만능주의자Gesetz-tyrann가 되는 법은 결코 없었다. 그는 결코 영향력을 행사하려 들지 않는데, 하물며 강요는 말할 것도 없다. 기연주의자에게 무엇보다 중요한 일은 모든 구체적인 현실과 [그것의] 효력을 [되도록] 모피謀避하는 것이다. [논의의] 출발점이었던 영혼과 육체의 상호 작용에 관한 문제에 대해서 그가 취한 입장을 떠올려 보라. 그는 이 지상의 모든 유한한 효력을 단 하나의 본질적 효력을 위한 기연으로 만든다. 그는 자신이 할 일이란 오직 동의consentement밖에 없다고 여긴다. 이때 동의란 살짝 발만 걸치는 느낌Begleitstim-mung을 말한다. 낭만주의로 오면 이러한 특징은 더욱 현저해진다. 그리고 기연의 개념은 자신이 가진 해체 능력을 한껏 발휘한다. 왜냐하면 이제는 어떤 절대적이고 객관적인 존재, 즉 신이 더 이상 [세계의] 중심이 아니기 때문이다. 대신 개별 주체가 세계를 자신의 활동성과 생산성의 기연으로 취급하기에 이르렀다. 외부의 사건은, 그것이 설령 혁명이나 세계 대전처럼 거대한 사건이라 해도, 그 자체로는 기연주의자에게 아무 상관없는gleichgültig 일이다. 어떤 위대한 체험이나 천재적인 발상 혹은 낭만적인 창조의 계기가 될 때 비로소 그 사건들은 의미를 얻는다. 그러니까 오직 주체에 의해 창조적 관심의 대상으로 낙점되는 것만이 참된 실재를 가질 수 있는 것이다. 단순한 전도Umkehrung에 의해 주체는 세계의 창조자가 되었다. 그는 자신의 체험의 계기로 소용되는 것만을 세계라고 부른다. 여기서는 어떤 엄청난 인격적 의식Persönlichkeitsbewußtsein이 엄청난 활동성에 집중하고 있는 듯 보인다. 그렇지만 기연주의적 유형의 정신 속에는 항상 현전하는 영혼의 형편Sachverhalt과 관련해 낭만주의자의 자부심Selbstgefühl이 바꿀 수 있는 것은 아무것도 없다. 바꿔 말해, 낭만주의자는 어떤 기분을 느끼는 것 외에는 다른 어떤 활동도 하지 못하는 것이다. 물론 낭만주의자는 자신의 기분을 다른 어떤 "평범한" 활동보다 높이 평가했다. 초기 낭만주의가 견지한 불굴의 주관주의는 이러한 기분의 체험을 [일종의] 업적으로 여겼다. 영혼의 사실로서의 격정은 그 자체로 흥미 있는 것이다. [하지만] 예술적인 혹은 논리적-체계적인 구성물로 가공되는 과정에서 체험이 가졌던 충만한 생동성은 위험에 처한다. 이들은 자연의 소리를 찬양했다. 한숨, 고함, 외침Ausruf, "시 쓰는 아이가 서투르게 부르는 노래 속에 스민 키스" 따위 등은 충분한 낭만적 업적이며, 영혼이 서로 통하는 사람들[낭만주의자들] 사이에서는 심지어 [위대한] 행위Tat로 받아들여지기까지 했다. 가까운 친구의 한숨 소리가 낯선 이의 가장 아름다운 시보다 훨씬 더 깊은 인상을 남길 수 있다. 오직 주관적인 인상의 강도Intensität만이 중요하다면, 친구의 한숨 소리가 더 큰 예술적 의미를 가질 수 있는 것이다. 물론 이들은 예술 창작을 하는 데는 "훈련Gymnastik"이 필요하다는 사실을 금세 깨달았다. 그래서 낭만주의자는 자신의 기분을 형상화하거나 조탁된artikuliert 문장을 통해 표현하지 않으면 안 되었다. 다시 말해, 특정한 미학적 혹은 논리적 법칙에 복속된 것이다. 물론 그들 가운데 일부, 즉 정말로 시적 재능을 가진 몇몇은 훌륭한 서정시들을 지음으로써 그런 [문학적] 형식을 통해 기분을 표현하는 작업을 포기하지 않고 계속 이어갔다. 이것은 여하한 "질서"를 인정하는 것이었다. 비록 그것이 미학적인 것의 범위에 국한된 것이라 해도 말이다. 그러나 낭만적 주체에게는 자신에게 소용되는 모든 예술 형식이 결국에는 하나의 계기에 불과하다는 사실을 간과해서는 안 된다. 낭만적 관심들을 연결하는 역할을 하는 현실 속 모든 구체적인 점Punkt들의 경우도 마찬가지다. 주체의 기분이 이러한 종류의 생산성의 중심점이었다. 서정시든 문학 비평이든 혹은 철학적인 추론Räsonnement이든 상관없이, 오직 기분만이 [모든 것의] 출발점이자 목표점이었다. 대상은 언제나 기연에 지나지 않았다.

이러한 상황에서 외부 세계가 부정되는 것은 결코 아니다. 오히려 외부 세계의 모든 구체적인 점은 "도약점elastischer Punkt"이 될 수 있다. 다시 말해, 그것은 낭만적 소설의 출발점, 모험의 동기occasio, 환상적 유희의 연결점이다. 그래서 신비적인 것과는 반대로 낭만적인 것은 "감각적인 색채"를 띤다. 현실in realite 세계를 바꾸는 데 아무런 관심이 없는 낭만주의자는 자신의 환상을 방해하지 않는 한 세상을 좋게 본다. 아이러니와 음모는 그에게 주관주의적 자족Autarkie을 확보하고 기연의 영역 안에서 버틸 수 있도록 충분한 무기를 제공한다. 그 밖에 외부 사물들의 경우, 낭만주의자는 그것들 자체의 고유한 법칙Gesetzmäßigkeit에 일임한다. 정신적 혁명가는 이론의 차원에서는 소요와 혼란을 요청한다고 해도, 일상의 현실에서는 외적 질서를 애호한다. "질서에 대한 사랑amour de l'ordre"을 자신의 윤리적 체계에서 가장 중요한 덕목으로 삼았던 말브랑슈에게서 [그러한 특징은] 뚜렷이 드러난다. 즉, 그는 만유재신론적 합리주의를 신봉했음에도 불구하고 실정적-제도적positiv-kirchlich 기독교를 고수하려 했던 것이다. 그는 실로 가차 없이 교회 질서의 교란자를 처단했다. 자신이 살고 있는 구역Kreis의

외적 질서와 실제적인 충돌을 일으킨다는 것은 그로서는 생각조차 할 수 없는 일이었다. 외적인 충돌에 대한 혐오는 철학자들에게는 자연스러운 것이지만, 기연주의 안에서 그것은 두 개의 극단으로 구성된 특수한 대립을 전개시킨다. 그 두 개의 극단zwei polarische Extreme이란, 모든 현실을 신 안에서 지양Aufhebung하는 것과 실증적positiv 현실을 있는 그대로 승인Anerkennung하는 것을 말한다. 기연주의자들은 무언가를 하려는 노력을 죄에 빠지기 쉬운 경향으로 간주했다. 그들은 섬세한 심리학적 안목으로 그 경향을 분석했는데, 그들의 섬세함은 때로 낭만주의자들의 놀라운 자체 인상 비평Selbstcharakteristik을 연상시킬 정도였다. 하지만 무언가를 하려는 노력에서 **윤리적 악마diabolus ethicus**를 발견한 횔링크스조차 자신의 윤리학에서는 무릇 인간은 자신이 살고 있는 지역에서 의무로 정해진 것은 반드시 따라야 한다고 강력하게 주장했다. 이것은 일종의 정적주의Quietismus로, 우리는 이것을 정통주의적 수동성이라 불러도 무방할 것이다. 왜냐하면 그것은 실제로positiv 주어져 있는 것을—비록 처음에는 실체가 없는 것처럼 취급하지만—결국에는 있는 그대로 인정하며, 나아가 [이미] 존재하는 것들에 대해서는 어떤 변화도 용인하지 않기 때문이다.

낭만주의적 기연주의의 특수성은 기연주의 체계의 핵심 요인, 즉 신을 주관화한다는 점이다. 해방되고 개별화되어 고립된 개인은 자유주의적인 시민 세계의 중심, 최종 심급, 절대자가 되었다. 물론 신이 존재한다는 환상은 범신론적인 혹은 만유재신론적인 감정 속에서 존속할 수 있었다. 그래서 그 환상은 심리적인 현실 속에서는 [자신보다] 덜 주관주의적인 다른 격정들과 결부되었다. 하지만 주체는 오직 자신의 체험만이 유일하게 흥미 있는 것이라는 주장을 고집했다. 이 주장은 오직 규율된 시민 사회의 질서 속에서만 실현될 수 있다. 왜냐하면 그 밖에 다른 곳에는 주체가 자신의 기분에 온전히 몰입할 수 있게 해주는 "외적 조건들"이 결여돼 있기 때문이다. 심리적인 차원에서든 역사적인 차원에서든 낭만주의는 시민적 안전성Sekurität의 산물이다. 사람들이 이 사실을 오해했던 까닭은 기사도와 중세 따위 같은 낭만적 관심의 동기Occasion와 주제가 되는 것들, 즉 우연에 의해 뽑힌 낭만적 대상을 낭만주의 자체와 혼동하는 오류를 범했기 때문이다. 의적Raubritter은 낭만적 형상Figur이 될 수 있다. 하지만 그는 낭만주의자가 아니다. 중세는 지독하게 낭만화된 복합체지만, 낭만주의적인 것은 아니다. 낭만주의 개념을 규정하는 데 있어 중요성을 갖는 것은 오직 낭만주의화하는 주체와 그의 활동뿐이다. 이 주체가 자신의 전제 조건, 즉 시민적 질서를 낭만주의화하지 않고, 오히려 아이러니의 대상으로 삼은 것은 사실이다. 왜냐하면 그 질서는 실제로 눈앞에 펼쳐진 현실Gegenwart이었기 때문이다. 하지만, 슐레겔이 꿈꾼 국가의 이상Staatsideal에 대해 사람들이 온당하게 지적했거니와, 그 이상적인 국가는 중세의 국가보다는 "독일적 — 당시에 이 형용사는 편협하고 융통성이 없다는 뜻이었다 — 방식의"[38] 경찰국가Polizeistaat에 더 가까운 것이었다. 천재적인 주체가 신을 퇴위시킨 것은 하나의 혁명이었다. 하지만 낭만주의자는 [끝까지] 기연주의자로 남았기 때문에, 그들에게 혁명은 그저 "정신의" 혁명, 즉 사실상 미학적인 혁명에 불과했다. 젊은 낭만주의자들이 혁명적인 용어를 사용했던 까닭은 낭만주의의 기연주의적 성격을 통해 쉽게 설명될 수 있다. 당시 혁명은 강렬한 인상을 남긴 거대한 사건이긴 했지만, 독일은 그 현장에서 충분히 멀리 떨어져 있었다. 그래서 낭만주의자들이 그렇게 미온적인 반응을 보였던 것이다. 자신들이 정치적인 혁명에 실제로 참여할 수 있을 거라는 생각은 결코 그들의 뇌리에 떠오르지 않았다. 그들이 구사한 어휘가 어떤 것이었든, 즉 혁명적인 것이었든 반동적인 것이었든, 아니면 전투적인 것이었든 평화적인 것이었든, 그도 아니면 이교도적인 것이었든 혹은 기독교적인 것이었든 상관없이 그들은 제 기분에 맞는 체험의 세계를 떠날 결심을

---

38 메츠거, 앞의 책, 258쪽.

단 한 번도 하지 않았으며, 일상의 현실에서 일어나는 어떤 일도 직접 참여해 변화시켜 보려 하지 않았다.

그런데 어떻게 해서 낭만주의는 예컨대 프랑스 혁명 같은 하나의 사건을 어느 때는 받아들이고 또 어느 때는 거부할 수 있었는가? 그것은 살짝 발만 걸치려는 성향Begleitaffekte 덕분이다. 이런 성향을 장착한 채 낭만주의자는 역사적 발전을 좇아갔다. 문학적, 역사적, 정치적 비평에서 그들이 제 아무리 긍정과 부정을 강조하더라도 그것을 어떤 단호한 활동성Aktivität의 표현으로 보아서는 안 된다. 왜냐하면 그들의 긍정과 부정은 그저 안티테제, 즉 대립을 뜻할 뿐이기 때문이다. 낭만주의적 표현Manifestation의 "대립적" 구조에는 두 가지 바탕이 있으니, 하나는 형식적인 것이고 다른 하나는 내용적인 것이다. 형식적인 것의 집합은 단어, 개념, 이미지 등을 '대비Kontrast'라는 미학적 관점에 따라 묶은 것이다. 이 미학적 동인Moment들이 가진 중요성에 대해서는 다음 장에서 특히 아담 뮐러의 생산성을 일례로 삼아 설명하겠다. 여기서는 내용적인 것, 즉 기분과 감정의 모순론Antithetik에 대해 다루고자 한다. 기분과 감정이란 말할 것도 없이 유쾌와 불쾌, 기쁨과 고통, 동의와 거부, 긍정과 부정, 갈채와 혐오 등이 서로 맞서는 것이다. 그런데 어떤 자극에 대해 유쾌한 반응 혹은 불쾌한 반응을 강하게 표시하는 것은 결코 활동이 아니다. 어떤 사람이 유쾌하거나 불쾌한 감정을 아주 강하게 느낀다고 해서 이로 인해 그가 도덕적 의미에서 활동적 인격이 되는 것은 아니다. 자신의 [감정] 상태를 인상 깊은 방식으로 바꾸어 표현한다고 해도 마찬가지다. 낭만주의자들의 철학적 추론Räsonnement에서 [흔히] 볼 수 있는 동의와 거부는 그러한 우회적인 표현Umschreibung일 뿐이다. 왜냐하면 그 표현들은 통상적 의미에서 저자가 결단을 내리고 외부 세계에 개입하겠다는 의지를 나타냈음을 뜻하는 것이 아니기 때문이다. 자신이 가진 무한한 가능성을 제한된 현실 속에서 실현시키려 하지 않는다면, 자신의 주관주의적 창조성을 벗어나 인과의 메커니즘에 자신을 맡기거나 모종의 규범에 스스로 구속되지 않는다면, 낭만주의자는 결코 그런 일을 할 수 없다. 우월한 위치에서 아이러니를 구사하는 일을 단념하지 않는 한, 다시 말해 낭만주의적 입장을 포기하지 않는 한, 그는 결단을 내릴 수 없다. 낭만주의자는 오직 체험하고, 그 체험을 [그때그때] 기분에 따라 표현하는 것 외에 다른 아무 일도 하지 않는다. 그렇기 때문에 그의 논증과 추론은 긍정적이고 부정적인 감정의 색조에 따라 다른 모습을 띠게 된다. 이 감정은 외부 세계의 어떤 대상으로부터 해방적이고 기연적인 자극을 받으면 "숭고한 원을 그리며" 낭만주의자의 주위를 맴돈다.

동의하고 거부하는 격정에 대한 우회적 표현 속에서 일종의 독특한 낭만적 생산성, 즉 특수한 기술을 지닌 유사-논증Quasi-Argumentation이 전개된다. 긍정적인 것Positives에 대한 언급이 동의를 뜻하고, 반대로 부정적인 것Negatives에 대한 언급은 거부를 뜻하는 것은 자연스럽다. 처음에 '긍정positiv'은 찬성Bejahung의 뜻으로만 사용되었다. 하지만 낭만주의자들이 실증적positiv 기독교[가톨릭]에 입회함으로써 이 단어에는 특수한 의미가 부가되었다. 그리고 이 의미는 할러가 그 단어를 특수한 의미로 쓴 다음부터 새롭게 변화하며 한층 풍부해졌다. 긍정적인 것das Positive은 살아 있는 것이며, 따라서 부정적인 것은 죽어 있는 것이다. 살아 있는 것은 유기적이며, 죽어 있는 것은 기계적(혹은, 슐레겔의 표현을 빌리자면, 역학적dynamisch)이고, 무기적anorgisch(비유기적anorganisch)이다. 당연히 유기적인 것이 정품正品 das Echte이며, 기계적인 것은 대용품 혹은 그와 비슷한 것이다. 그래서 우리는 프리드리히 슐레겔과 아담 뮐러의 논고들에서 다음과 같은 [이원적] 계열을 추론해 세워볼 수 있다.

긍정적인 것   부정적인 것

생동적   역학적-기계적-수학적, 경직된starr

유기적	비유기적
순정한 혹은 참된	대용품(가상, 기만)
지속적	순간적
보존적	파괴적
역사적	자의적
혼들림 없는	혼란스러운
평화적	파당적, 논쟁적
정통적	혁명적
기독교적	이교적
신분제적-협동체적	절대주의적-중앙 집권적

이 [이원적] 계열의 각 항은 저마다 특별한 역사를 갖고 있다. 생동적인 것과 유기적인 것이 같은 계열에 속한다는 것은 명백하며, 사실 낭만주의는 이로부터 출발한 것이다. 지속과 순간은 아담 뮐러에 의해 낭만주의적 논변의 계열에 포함되었다. 긍정적인 것은 생동하는 긍정적인 것과 날 것의 사실 및 가공되지 않은 소재로 구성된 긍정적인 것으로 다시 세분되었다(이 후자는 할러의 비난을 받았다). "혼들림 없는fest"은 초기 낭만주의의 용어법에 따르면 긍정적인 것이 아니었지만, 1820년부터 보날의 "부동성fix-ité"이 긍정적인 것과 별다르지 않은 것으로 받아들여지는 한편, "경직된"이 그 말의 부정Negativum으로 쓰이게 됨에 따라 긍정적인 것으로 분류되었다. 그러나 이러한 도식이 적용되는 실제 현실 속 구체적 관계들은 비교적 유연하게 서로 왕래하는vertauschbar 편이었다. 만약 그 관계들을 한쪽 계열의 한 항목 아래로 몰아넣는 것이 가능하다면, 그 계열을 끝까지 펼쳐 나가며 동시에 논의를 강력하게 추진하는 것은 쉬운 일이다. 예를 들어, 만약 혁명이 새로운 삶의 시작Ausbruch이라고 한다면, 긍정 쪽 계열의 술어를 모

조리 혁명 앞에 붙여서 다음과 같이 주장할 수 있다. 혁명은 "사실in Wahrhe-it" 기독교적인 것으로서, 이교적이고 계몽주의적인 절대주의에 반대하는 운동이다. 반대로 정통적인 것das Legitime이 역사적인 것으로, 또 역사적인 것이 유기적인 것으로 나타난다면, 결과적으로 정통적인 것은 생동하는 것das Lebendige이 된다. 그런데 혁명적인 것은 정통적인 것의 부정Negation 이므로, "결과적으로" 그것은 한낱 순간적인 것, 비유기적인 것, 기계적인 것, 이교적인 것, 심지어 아주 기묘한 방식에 의해 경직된 것das Starre이 되어 버린다. 메테르니히의 경찰국가는 의심의 여지없이 정통적이다. 그러므로 그것은 기독교적이고, 순정하며, 유기적이고, 생동적이다. 그리고 자신의 정체성을 올바르게 이해했다면, 그 국가는 응당 신분제적–협동체적 국가가 될 수 있었을 것이다. 만약 어떤 사람이 이러한 국가 체제를 절대주의적이라고 부를 수 있다는 주장에서 출발한다면, 그는 오히려 그 반대가 진실임을 금세 깨닫게 될 것이다. 즉, 그 국가는 혁명적인 국가인 것이다. 그 국가는 더 고차적인 의미에서의 정통성을 결여하고 있으며, 그것의 정통성은 순정하고 유기적이며 역사적인 정통성의 대용품에 지나지 않는다. 프리드리히 2세 치하의 중앙 집권 국가 프로이센도 이러한 이유에서 낭만주의자들에 의해 혁명적 국가로 간주되었다. 그러니까 프로이센의 질서는 진짜 질서가 아니고, 나폴레옹이 다스린 국가처럼 그저 인위적인 메커니즘에 의해 간신히 저지되고 있는 혼란에 불과하다는 것이다. 이러한 논변의 체계는 [비유컨대] "두 개의 끝을 가진 막대기" 중 어느 쪽을 잡고 휘두르느냐 하는 문제와 같은 것이다. 어느 쪽을 잡든 내키는 방향으로 휘두를 수 있다. 가령, 아담 뮐러는 쇠망치와 모루 둘 중 하나를 취할 수 있는 선택지가 자연적 실증법natürlich-positives Recht에 근거한 것이라고 생각했다. [그러므로 우리가] 다음과 같은 [터무니없는] 계열을 만들어 본다 한들 그에게 무슨 대수겠는가.

망치	모루	긍정적	부정적
위	아래	기독교적	이교적?

이것은 그의 결론이나 논변의 객관적인 내용이 아니며, 그로부터 독립적인 특정한 긍정 혹은 부정이다. [바로] 이런 것이 그의 사이비 논변의 동력이었다. 그 논변에 동원된 실체 없는 공식들은 어떤 사태에도 [무리 없이] 적용될 수 있었다. 낭만주의적 기연주의자들이 맺은 **협약**consentement은 실제 외부 세계에 걸리지 않고 따라서 그것에 의해 논박될 수도 없는 그물을 만들어냈다. 이처럼 독특한 생산성은 더 자세한 고찰을 필요로 한다.

자신의 체험에 함몰되어 있는 주체, 그럼에도 불구하고 주체로서 자신이 중요성을 가져야 한다는 요망要望을 버릴 수 없기에 무언가를 생산하길 원하는 주체는 자신의 체험을 예술적으로 꾸며 내려 한다. 이것은 오직 미적이기만 한 관심의 밑바탕을 이루는 정신의 실상Sachverhalt이다. 예술 작품을 생산하는 천재적 주체는 세계를 창조한 신과 동일시된다. 그러나 낭만적인 것의 기연주의적 구조는 이처럼 역사적 기연주의의 윤리로부터 일탈한 상태에서도 그대로 존속했다. 물론 낭만주의의 모든 떠들썩한 표현들이 역사적 기연주의에서 발원한 것은 사실이며, 어떤 이들은 이 사실을 통해 낭만적인 것의 본질까지 해명하려 했다. 데카르트주의 철학자로서 스콜라 철학의 영향 아래 있던 말브랑슈는 지나치게 지적인 요소들에 치중한 탓에 단순한 격정에 바탕을 둔 윤리를 정초하지 못했다. 그는 명석판명한 인식 추구를 결코 포기하지 않았다. 심지어 그는 모든 부도덕은 조급한 판단에 따른 오류 때문에 생긴다고 생각했다. 감각적인 욕망과 환상에 이끌릴 경우 우리는 너무 성급하게 판단을 내리려 한다. 오류의 출처, 특히 환상으로 인해 저지르는 실수에 대한 그의 자세한 설명에는 심리학적 전문 지식Sachkenntnis의 측면에서 다소 미타미타한 부분이 있는 것이 사실이며, 이 점에 대해서는 벌써 그의 동시대인들도 인지하고 있었다. 그럼에도 불구하고 중요한 점은 신, 더 정확하게는 전래의 기독교 형이상학에서 이야기하는 신이 말브랑슈 이론의 절대적 요인Faktor이라는 사실, 그리고 그가 아직은 전통이 [완전히] 해체되지 않은 시대에 살았던 인간이라는 사실이다. 이에 반해 주체화된 기연주의로 무장한 낭만주의자는 오직 최고조에 이른 충동 속에서만 판단할 수 있었다. 그는 단숨에 모든 학문과 예술, 모든 인민Völker과 민족Nationen, 국가, 교회, 세계사를 정의하고 그것들을 조합한다. 이뿐만이 아니다. 그는 국정, 정치, 농학의 본질 혹은 "총체das Ganze"도 [대번에] 파악할 줄 알았다. 그리고 이 역시 전부가 아니었다. 그래서 급기야 티크Tieck가 이렇게 불평을 터뜨릴 정도였다. '허다한 잡지들이 그달 그달 필자가 새로 익힌 지식을 사람들에게 알려 주고, 무지와 정신적 무질서를 어지럽게 굴려대며 매일같이 새로운 철학을 발굴하고 있다.' 그는 아담 뮐러를 사례로 들면서 『아테네움』도 예외는 아니라고 말한다. 그와 반대로 무릇 낭만주의자는 웅혼한 환상의 비약에 자신을 내맡기는 것을 존재 자체가 요구하는 필수적인 일로 여겨야 한다는 것이다. 그럴 때에야 그는 [모종의] 성과 — 당연히 이것은 항상 잠정적일 수밖에 없다 — 를 이루고, 설득력 있는 날카로운 공식을 고안하며, 가장 추상적인 학문, 즉 수학의 형식들까지 거느린 "대립적gegensätzisch" 구성과 황홀한rauschend 단편을 만들어 낼 수 있다. 이 모든 것은 학문이나 윤리와는 전혀 무관한 것이다. 그런 상황에서 주체가 함양할 수 있는 유일한 생산성은 미적인 종류의 생산성뿐이다.

예술 작품 안에서는 인과 관계로 구성된 일상적 현실이 극복되며, 예술가는 인과율의 메커니즘에 구애받지 않고 창작 활동을 할 수 있다. 낭만주의 관점에서 최고의 예술, 낭만주의 특유의 생산성을 [가장 잘] 구현할 수 있는 예술은 음악적인 서정시와 서정시적 음악이다. 이로부터 모든 음악을 특별히 낭만적인 것으로 여기는 낭만적 오류가 발생했다. 16, 17, 18세기의 위대한 음악은 특정한 예술 형식과 스타일을 가졌고, [그래서] 사실 낭만주의 음악과는 전혀 다른 것이다. 그러나 음색, 음정, 화음, 불협화음, 그리고 선율은 낭만적 감정의 움직임과 [종잡을 수 없이] 뻗어 나가는 기분들을 [하나로] 연결하는 점으로 쉽게 이용될 수 있다. 여기서 체험은 더 이상 대상을 갖지 않은 채 [자유로운] 연상 속에서 부유해 다른 경험들과 화음을 이루거나 불협화음을 낳기도 하며, 서정시에 음악을 입히는 경우처럼 노랫말로 만들어지기도 한다. 우주를 지배하는 수학 공식은 마치 상형문자처럼 기분의 무질서에 봉사한다. 만약 세계의 본질이 수數 혹은 기하학적 도형Figur이라면, 마찬가지로 수를 본질로 하는 음악 역시 세계의 본질이다. 세계의 모든 점이 낭만적 소설의 출발점이 될 수 있고 낭만주의적 "공놀이ludus globi"를 위한 기연occasio으로 쓰일 수 있는 것처럼, 음악의 선율이나 화음은 더없이 다양한 경험적 내용을 담을 수 있는 그릇이다. 연상과 암시의 무제한적 세계는 모든 멜로디, 모든 화음, 심지어 모든 개별적인 음音 Ton들과 관계 맺는다. 해석의 가능성에는 한계가 없다. 하나의 동일한 멜로디가 오늘은 경박한 사랑 노래가 되고, 몇 년 뒤에는 가슴을 파고드는 참회의 노래가 될 수 있다. 그저 평범한 유행가라 해도 어떤 사람에게는 남몰래 간직한 유년의 소중한 기억을 떠올리게 만드는 노래가 될 수도 있는 것이다. 연상의 유희에 스스로를 방기하게 해주는, 이토록 알쏭달쏭한 영역이라니! 낭만적인 것[의 본질]에 대한 인식과 관련해서는 안톤 라이저 Anton Reiser[39]가 겪은 일화Vorfall를 언급하는 것이 적절할 듯하다. 그의 이야기는 다음과 같다. 젊은 시절 그는 교회에서 "Hylo schöne Sonne"라는 가사로 시작되는 노래를 듣고 그 신비스러운 동양적 멜로디Klang에 깊이 사로잡혔다. 하지만 이후 그 노랫말이 사실은 "Hüll, o schöne Sonne (deiner Strahlen Wonne in den tiefen Flor) [감싸라, 오, 아름다운 태양이여, 네 빛의 환

---

39 [옮긴이] 안톤 라이저: 독일 소설가 칼 필립 모리츠Karl Philip Moritz가 쓴 동명 소설의 주인공이다.

희를 베일 속 깊숙이]"였다는 것을 알고는 크게 실망했다는 것이다. 만약 어떤 멋들어진 단어 하나를 엄청난 기분의 가능성을 담아두는 보관함처럼 간직하는 것이 낭만적이라고 한다면, 낭만적 감정을 담는 그릇으로 그런 단어를 만들어내는 것 역시 낭만적이며, 낭만적인 생산성이라 할 수 있을 것이다. 감정의 세계는 하나의 선율 혹은 음악적 아라베스크를 통해 일깨워질 수 있다. 이는 우주의 총체성에 대한 낭만적 비전이 수학적 도형에 의해 일깨워질 수 있는 것과 같은 이치다. 또한 그 도형 속에 합리화 과정이 결여돼 있는 것과 다르지 않게, 낭만적-음악적 구성Komposition 속에서 감정이 형식을 얻는 경우도 없다. [거기서는] 오히려 낭만주의의 목표가 성취된다. 즉, [그들은] 개념상의 한계를 무시하면서 내용을 표현할 수 있는 방법을 [음악에서] 발견한 것이다. 이 방법은 주체의 자유를 제약하거나 지양하지 않으면서 무한한 연상 가능성을 보존한다. 이 목적을 위해 [낭만주의자들은] 예술을 음악화했고, [그 결과] 음악적 시Poesie, 음악적 회화가 생겼다. 더 나아가, 그림 같은 음악을 위시한 총체적인 혼합이 이루어졌다. 이 혼합은 언제나 명시적으로 하나의 특수한 종류의 화음을 구현하는 음악을 지향했다. 그 노력의 성취가 [바로] 종합 예술 작품Gesamtkunswerk, 다시 말해 혼합 예술 작품이며, 여기서 [핵심은 결국] 음악적 작업이다.

낭만주의자의 예술적 역량이 음악적 혹은 서정적 형식에 도달하는 데 성공한 경우들은 미학의 관점에서는 흥미로울 수 있다. 하지만 우리의 맥락에서 중요한 것은 단지 슐레겔과 뮐러 같은 정치적 낭만주의자의 생산성이 보여 주는 독특성이다. 이 독특성의 핵심Wesen은 [그들의 생산성이] 타자의 활동성의 메아리Widerhall라는 사실에 있다. 그들은 이 메아리를 젖줄 삼아 자신들의 생산성을 함양하려 했다. 사회적으로든 정신적으로든 아무런 구심점Halt도 갖지 못한 그들은 참된 실재를 참칭하는 주위의 모든 강력한 복합체에 기꺼이 굴종했다. 그래서 그들은 도덕적인 고려는커녕 아무런 책임감도 없이 무수한 정치 체제에 봉사했다. 그들이 느낀 유일한 책임감은 자기 자리를 보전하는 데만 급급한 비굴한 공무원 따위나 가질 법한 것이었다. 이는 아담 뮐러의 관료 활동을 통해 여실히 증명된다. 그들이 그러한 모습을 벗어나 어떠한 생산성을 발휘하려 했을 때는 분규Komp-likation가 발생해 수많은 실책들을 유발했다. 본래적인 의미의 예술적 형상화 능력을 그들은 갖지 못했다. 그들에게는 정신적, 사회적 환경에 그때그때 반응하면서 갖게 된 다양한 감정을 시적으로 혹은 음악적으로 구체화하는 능력이 없었다. 기연주의자로서 그들은 주위에서 일어나는 사건들에 살짝 발만 걸친 채 그것들에 대해 칭찬과 질책, 갈채와 혐오를 보이거나 그 사건들의 성격을 규정하고 비판했을 뿐이다. 그러나 그들은 낭만주의자로서 바로 그러한 활동들을 통해 천재적인 주체의 생산성을 얻으려고 시도했다. 위대한 기연주의자였던 횔링크스와 말브랑슈는 사생활Privatleben에 있어서도 참된 철학자로 입증된 바 있다. 그들은 사생활에 있어서도 의연함을 보였는데, 이는 그들이 "참된 원인", 다시 말해 신에 대한 믿음을 굳게 지킨 덕분이었다. 그래서 만약 어떤 사람이 슐레겔과 뮐러를 이들에게 견준다면, 아마도 그는 거센 항의에 직면해 자신의 오해에 대해 사죄해야 할 것이다. 그들의 지혜가 담긴 "너 스스로 그럴 만한 자격이 안 된다면, 아무것도 바라서는 안 된다ubi nihil vales, ibi nihil velis"는 격언은 오히려 프리드리히 슐레겔과 아담 뮐러 자신들을 향한 풍자의 표어로 쓰일 수 있다. 그런가하면, 이 낭만주의자들은 갖가지 지적인 질료들을 동원해 반주 음악 같은 격정을 멋대로 만들어 낸 다음, 이것을 철학적, 문학적, 역사적, 법학적 논변 속에 보존하려 했다. 이렇게 해서 갖가지 예술의 낭만주의적 혼합물 외에 또 하나의 혼합물, 즉 미학적, 철학적, 과학적 요소들로 구성된 낭만주의적 혼합물이 생겨났다. 그들은 가장 가까운 실재에 대한 인상을 희생하면서 자신들의 감정의 밑바탕에 지적인 토대를 슬그머니 세웠다. 그들은 [자신들의] 감정에 철학과 과학을 조합해서 만든 옷을 입혔으며, 이를 풍부한 연상을 불러일으키는 단어들로 치장했다. 그리고 이 작업을 위해서 전

세계와 동서고금의 모든 민족, 시대, 문화에서 자료들을 긁어모았다. 이렇게 함으로써 그들은 잠시나마 전 세계를 정복해 엄청난 부를 쌓은 것처럼 느꼈을 것이다. 실제로 그들은 [당대의] 위대한 시인과 학자 들을 도발했고, 이를 통해 [그들의] 생산성을 더 높여주었다. 하지만 그들 자신에게 그 일은 그저 온갖 가치들을 [현금처럼] 대규모로 동원해 [자신들의 빚을] 변제하는 행위였을 뿐이다. 그들이 그렇게 한 것은 다른 이들의 활동에 슬쩍 발을 걸치기 위해서였으며, 이를 위해 그들은 칭찬하거나 질책하는 비평 및 인상 비평을 마치 반주 음악인 양 마구 써냈다. [그들이 즐겨 쓴] '초월적', '총체성', '문화', '생', '전통', '지속', '귀족', '국가', 교회 따위의 단어들과 [이것들이 남기는] 인상은 철학적 추론Räsonnement에 기초해 있는데, 이 추론 자체는 다시 [그들이 스스로 만들어낸] 감정적 형상들로 구성되어 있다. 전체는 철학적 추론에 의해 생기는 공명共鳴Resonanz이다. 이 공명 안에서 언어와 논증Argument은 서정적 국가철학, 시적 재정학, 음악적 농학으로 융합된다. 낭만주의자를 감동시키는 깊은 인상을 [적합한 언어들로] 조탁하는artikulieren 대신, 그에 상응하는 또 다른 깊은 인상을 주는 표현을 찾아내는 것만이 목표이며, 이 목표가 모든 것을 결정한다. "대립적인 것", 이율배반적인 것, 변증법적인 것 등은 서로 모순되는 감정들이다. 쟁투하는 실재들에 의해 생기는 반향에 하나의 기묘한 소리가 혼합된다. 자연철학적 사변의 모순론Antithetik과 신비주의 심리학 또한 유쾌와 불쾌, 사랑과 증오, 기쁨과 고통 따위의 감정적 대립에 바탕을 두고 있다. 그러므로 바로 이곳이 낭만주의자에게는 무한한 관계들을 표현하고 기분을 고양시켜 주는 표현들의 보고寶庫Fundgrube다. 창조적 주체로서 그가 이 보고를 이용하는 까닭은 그저 반은 미학적이고, 반은 과학적인 [낭만주의의] 그물을 짜기 위해서일 뿐이다. 이 그물 자체는 다시 심원한 암시들을 연결하는 점이 될 수 있다. 왜냐하면 그 그물 속에는 객관적인 개념들이 아니라, 기분에 대한 기연주의적 표현, 연상, 색채, 음향 등이 하나로 뒤섞여 있기 때문이다. 그러

니까 점성술사가 읽어낼 수 없는 운명은 없는 것처럼 ─ 혹은, 말브랑슈의
비유를 빌리자면, 종은 말없이 그저 울리기만 했을 뿐인데, 종이 무슨 말을
했는지 아이들은 완벽하게 알아듣는 것처럼 ─ 낭만주의적 단편과 풍자에
서는 별의별 놀라운 자의적 지혜들을 건져 올릴 수 있다.

정치적 낭만주의

Ⅲ. 정치적 낭만주의

1796년이란 해는 1789년의 프랑스 혁명에 반대하는 여러 논의들을 개관하기에 특히 적합하다. 왜냐하면 이 해는 결정적인 보수적 사상들의 공표가 모두 완료된 시점이기 때문이다. 버크의 『프랑스 혁명에 관한 고찰』(1790)은 이미 영국 바깥에서도 널리 알려진 상태였다. 하노버 출신의 레베르크는 영국 휘그당의 정신을 대변하는 입장에서 프랑스 혁명에 대한 비판을 1790년부터 1793년까지 『예나 일반 문학 잡지die Jenaische Allgemeine Literaturzeitung』에 발표했다. 1793년에 겐츠는 버크의 『고찰』을 독일어로 번역, 출간했다. 1796년에는 보날의 『권력 이론Théorie du pouvoir』이 인쇄되었다(이 책은 이미 1794년에 집필되었고, 출간 직후 관리 당국에 의해 압류당했다). 같은 해에는 또한 드 메스트르의 『프랑스에 대한 성찰Considérations sur la France』이 드디어 뇌샤텔을 필두로 [도처에서] 출간되었다. 이 모든 저작들에서 흥미를 끄는 것은 당대의 논쟁거리, 즉 천민 지배Pöbelherrschaft의 만행과 자코뱅의 허튼소리를 반박하는 논설이 아니라 반혁명의 원리에 대한 논증이다. 이 논증의 골자는 법과 국가를 개인들의 계획적인 활동에서 유래한 것으로 간주하는 사상에 대한 거부다. 모든 중요한 국가 제도, 특히 프랑스 혁명 시기에 너무도 빈번히 바뀐 헌법은 시간의 경과 속에서 사태의 국면에 따라, 즉 사안의 본성에 따라 형성되어야 한다. 국가 제도는 [실제] 사태와 사안의 본성을 이성적으로 표현한 것일 뿐, 그 자체로 사태를 구성하는 동인動因Urheber은 아니다. 그러므로 추상적 도식에 맞춰 억지로 일을 도모하는 것은 무의미한 짓이다. 국민Nation과 사회는 교리적 "제작Machen"을 통해 하루아침에 뚝딱 만들어 낼 수 있는 것이 아니다. 양자의 성립은 오랜 시간에 걸쳐 광범위하게 이뤄지는 일로서, 여기에 참여하는 개인들은 그 과정 전체를 조망하거나 가늠할 수 없다. 이와 관련해 버크는 종종 강력한 수사와 감정적인 측면으로 기우는 일반적인 표현들을 통해 누대에 걸쳐 진행되는 민족 공동체의 성장을 강조한 바 있다. 고전주의 시대의 신학적인 표상들을 계속 고수하던 드 메스트르는 초현세적인überweltlich 섭리의 권능Macht 앞에서 개인은 아무 의미도 갖지 못한다고 생각했다. 우리 모두를 다스리는 섭리의 손아귀에서는 제아무리 드센 혁명의 영웅이라 해도 한낱 꼭두각시일 뿐이다. 마지막으로, 위대한 체계의 사상가 보날은 이미 1796년에 굉장히 단호한 어조로 문제의 핵심을 찔렀다. 즉, 문제는 자유주의적 개인주의와 사회적 연대 의식 간의 대립이라는 것이다. 그에 따르면, 역사적 활동의 주역Träger은 개인 또는 개인들로 구성된 대중이 아니라, 역사 속에서 살아가며 특정한 법칙에 따라 스스로를 구성하는 사회다. 개인[의 인격]은 사회에 의해 비로소 구성되는 것이다. [버크, 드 메스트르, 보날] 세 사람은 [계몽주의와 진보를 신봉하는] 형이상학자들과 철학자들, 특히 루소를 격렬하게 배척했다. 세 사람은 합리주의적 원칙Maximen에 기댄 개인들의 활동은 아무것도 창조할 수 없으며, 세상의 자연스러운 이치를 저지, 방해, 파괴할 뿐, 지속적인 것을 생산하지 못한다는 생각에서 일치했다.

독일 사람들은 여전히 혁명을 믿었다.[1] 피히테는 1793년에 『프랑스 혁명에

---

1 드 메스트르의 『프랑스에 대한 성찰』에는 아주 탁월한 "편집자의 일러두기Avertissement des éditeurs"가 실려 있다(나는 1797년의 런던 편집본을 사용했다). 프랑스 정부의 공식 발표에만 근거해 혁명에 대한 판단을 내리고 있는 프랑스 혁명에 관한 "잡동사니fatras" 책들 — 주로

대한 여론의 판단을 바로잡기 위한 논고들』에서 레베르크의 비판과 [영국의] "경험주의자Empiriker"들을 공격하면서, 세계는 "이성의 제복Uniform der Vernunft"을 입어야 한다고 열정적으로 호소했다. 1796년에도 독일은 여전히 개인에서 출발하는 18세기 합리주의적 자연법의 지배 아래 있었다. 칸트는 루소를 도덕Moral의 뉴턴으로 칭송했고, 청년 헤겔은 그를 소크라테스 및 그리스도와 동렬에 놓았다. 이 해에 피히테는 『자연법의 토대』 제1부를 출판했고, 포이어바흐Anselm Ritter von Feuerbach는 『자연법 비판』을, 프리드리히 슐레겔은 『공화주의 개념에 관한 시론』을 출간했고, 셸링은 『자연권의 새로운 연역』을 집필했다. 이 모든 저서들에서 법과 국가는 전적으로 18세기적 의미에서 인류의 공존Koexistenz이라는 관점, 즉 자유롭고 독립적인 존재들이 함께 살아가기 위해서는 자기 제한이 필요 불가결하다는 통찰에 입각해 설명되고 있다. 법은 순수하게 합리적이고 논리적인 일관성Konsequenz에 기초한 것이며, 따라서 합리적으로 계산할 수 있는 지성의 소관所管이다. 그러므로, 칸트의 표현을 따르자면, 설사 악마의 무리라고 해도 필수적인 지성만 갖추고 있다면 국가를 세울 수 있는 것이다. 요컨대, 법과 국가는 의식적으로 제작할 수 있는 것이다. 혁명에 관한 1793년 저작과는 대조적으로 피히테가 법적 공동체[국가]를 그 자체로 승인하면서, 일체의 법Recht과 소유Eigentum는 국가로부터 생기는 것이며 개인은 국가 계약 이전에는 아무것도 소유할 수 없다고 말했을 때, 그는 다만 루소의 『사회계약론』을 되풀이한 것일 뿐이다. 그러나 국가를 설립하는 것은 여전히 개인들이며, 설립 이후에 비로소 국가는 독립적인 단위 ─ 루소의 표현으로는 "자아moi" ─ 로서 개인과 대립할 수 있다. 이렇게 해서 "절대적 인과성absolute Kausalität"으로 세계를 바꾸려 한 피히테의 행동주의Aktivismus는 1796년에도 여전히 유지되었다. 이것은 견결한 자코뱅파의 심리적 특성에 해당한다고 볼 수 있다. 이후로도 피히테는 수다

독일에서 출판되었다 ─ 과 이 책을 혼동해서는 안 된다.

한 모순 — 사회주의와 개인주의, 세계시민주의와 민족주의를 동시에 지지하는 — 에도 불구하고 국가란 자연법적 계약에 의해 정초된 것이라는 견해를 고수했다.

그 뒤로 수년간 새로운 삶의 흐름이 독일을 관류하는 듯 보였다. 1797년 부활절에 횔덜린의 『휘페리온Hyperion』이 출간되었고, 1798년 『프로이센 연보』에는 노발리스의 단편집 『믿음과 사랑』이 발표되었으며, 1799년에는 그의 논문 「기독교 혹은 유럽」이 완성되었다. 이 해에 피히테는 다음과 같이 적었다. "철학하기Philosophieren란 본디 삶을 살지 않는 것이며, 살아가기Leben란 본디 철학을 하지 않는 것이다." 이 시기에 집필된 청년 헤겔의 저작들, 특히 「기독교의 정신과 그 운명」에는 일체의 당위와 도덕성Moralität을 뛰어넘은 숭고한 "미의 정신", 사랑의 정신이 돌연 등장하는데, 이 정신은 [융통성 없는] "원칙주의자Pflichtlinge의 정의", 즉 유대인들의 유일신 신앙에서 보이는 비인간성과 모든 "기계적인 것"을 극복하는 정신이다. 『아테네움』에 게재한 단편들에서 슐라이어마허와 프리드리히 슐레겔은 국가를 필요악과 순전한 기계 장치Machinenwerk로 격하시키는 칸트의 "법학적juristisch" 윤리학을 업신여기며 무시했다. 하지만 낭만주의자들은 새로운 국가철학을 세우지 못했다. 비록 노발리스가 국가를 "아름다운 개인schönes Individuum"으로 간주하며 신비주의적이고 신지학적인theosophisch 표상들과 결부시켜 '거인Makroanthropos'이라는 명칭을 붙이긴 했지만 말이다. 전반적으로는 혁명을 엄청난 사건으로 여기며 경탄하고 열광하는 분위기가 유지되었다. 가령 노발리스가 버크를 칭찬할 때 가장 많이 했던 말은 다음과 같은 것이었다. '그는 혁명에 반대하는 혁명적인 책을 썼다.' [바야흐로] 새로운 삶의 감각이 시와 소설과 단편 들을 통해 표현되고 있었다.

새로운 국가 이론은 나중에, 즉 셸링에 의해서 비로소 제시되었다. 하지만 이마저도 본격적으로 상술된 것이 아니라, [그의] 철학 체계의 결론 부분에서 지나가는 말처럼 간략하게 암시된 것일 뿐이다. 1800년의 『초월적 관념론의 체계System des transzendentalen Idealismus』²에 들어 있는 그의 법학 이론Recht-slehre은 피히테와 18세기 사람들의 그것과 전혀 다를 바 없는 것으로서, 그 이론에 따르면 법이란 단지 자유로운 인간들이 상호 작용할 수 있도록 해주는 메커니즘에 지나지 않았다. 헤겔의 영향을 받는 동시에 피히테와 결별한 이후 출간한 1803년 저작『학문적 연구의 방법론에 관한 강의』에서 예술 작품 국가를 특수한 의미의 유기체Organismus로 지칭한다. [국가란] 기계적인 것이라는 비난은 이 책에서는 다만 "사법적인privatrechtlich" 국가에 대해서만 제기된 것이다. 모든 사적인 것을 공법으로 전위시키는 참된 국가, 자유를 실현하는 객관적 유기체, "교회가 지닌 자연스러운 면모Naturseite der Kirche"는 거기에 해당되지 않는다. [이 책에서 셸링은] 칸트주의 자연법 학자들 — 피히테도 여기에 포함된다 — 이 국가를 "날조ersinnen"하려 했지만, [실제로는] 다만 하나의 막연한 메커니즘을 창조했을 뿐이라고 비난한다. 하지만 이 국가도 어쨌든 완성Vervollkommung될 수는 있다. 그것은 "이념"에 따라 하나의 예술 작품으로 창조되어야 한다. 이 "과제"의 마지막 부분Rest이 1804년 뷔르츠부르크에서 행한『전체 철학의 체계』에 대한 강의에서는 사라진다. 이 강의에서 셸링은 보다 명랑하고 침착한 스피노자적 위엄Erhabenheit을 보여 준다. 국가는 이념 안에 있는ist 것, [언제나 이미] 존재하는 것이지, 앞으로 생성되어야 하는 것, [그러니까] 어떤 도덕적인 대상이 아니다. 그것은 오히려 하나의 예술 작품이다. 이 작품 안에서 학문과 종교와 예술은 두루 통섭하며 하나의 정신적 유기체로 통일된다. 이것은 방금 언급한 세 가지 잠재력을 속성으로 갖는 정신적인 세계 신체Weltkörper다. 이 안에서는 철학과 교회가 생동감과 리듬감 넘치는 조화로운 아름다움 속에서, 그러니까 마치 예술 작품을 창조하는 것처럼kunstmäßig 스스로를 객관화한다.

이 국가 이념 — 이미 언급했듯이, 이것은 [셸링 철학] 체계의 결론 부분에

---

2   [옮긴이] 한국어판: 전대호 옮김, 이제이북스, 2008.

간략하게 첨부돼 있을 뿐이지만 — 에서 낭만주의자들은 한 가지 결점을 발견했다. 즉, 그것은 "무정한 지혜"(슐라이어마허)라는 것이다. 같은 해인 1804년 프리드리히 슐레겔은 파리와 쾰른에서 강연을 했는데, 여기서 그는 낭만주의의 근본 문제, 즉 사랑과 신의信義 Treue의 감정에 대해 상세히 논했다. 그는 이 감정이 국가의 삶의 가장 견고한 기반이 되어야 한다고 주장한다. [하지만 슐레겔은] 이 국가관에 대한 추가적인 설명을 내놓지 않았다. 이 강연에서 그는 네 가지 신분(농민과 시민Bürger의 두 하층 신분, 귀족과 사제Geistlichkeit의 두 상층 신분)으로 조직된geglidert 국가를 구성하는 문제를 다루었는데, 이러한 구상은 셸링, 헤겔, 요한 야콥 바그너 등이 제시한 이론, 즉 군주제적 신분제 국가를 옹립하는empfehlen 이론과 유사하다. 당시 이미 출간돼 있던 저작들을 통해 보날이 표명한 것과 같은 전통주의 이론에 기대어 슐레겔은 봉건적 가족 국가의 설립을 요청했다. 또한 이 강연에는 피히테의 구상들, 가령 국가가 소유를 관리하고 경제와 무역 전반을 엄격히 통제해야 한다는 사회주의적 발상도 포함되어 있다. 요컨대, 슐레겔의 강연은 이미 잘 알려진 견해들을 되풀이한 것이다. 개중 한 가지 흥미로운 것을 꼽자면 봉건사상과 사회주의적 사상을 연결시킨 부분이며, 그나마 특징적인 것으로는 감정이 국가의 토대가 되어야 한다고 강조한 부분을 꼽을 수 있다. "국정Staatskunst 전반에 관하여"(1808-1809)라는 강연에서 아담 뮐러가 구상한 국가 역시 그와 동일한 감정적 뉘앙스에 토대를 둔 것이다. 아마도 셸버Schelver를 통해 자연철학에 입문했을 뮐러는 여기서 셸링의 표현을 거의 판박이로 가져와 "이념"으로서의 국가를 기계적인 죽은 국가 "개념"과 대비시킨다. 국가는 "모든 인간사人間事의 총체"여야 하고, 육체적이고 정신적인 삶을 총괄하는 개념Inbegriff이어야 하며, 모든 대립, 특히 유기체의 조직Gliederung에 필수적인 신분(귀족, 사제, 시민)들 간의 대립부터 사람과 사물 간의 대립까지 모두 포함하는 온갖 대립을 생동하는 거대한 유기적 통일체로 화합시켜야 한다. 이 개념은 본질상 국가를 각양각색으로 움직이는 생명체로 본다는 점에서 셸링의 자연

정치적 낭만주의

철학에 속한다고 볼 수 있다. 하지만 이 국가는 — 이것이 뮐러의 낭만주의적 독특성인데 — 셸링의 철학과는 다른 방식으로 구성된다. 뮐러의 국가는 가장 내밀한 사랑의 대상이다. 국가는 우리에게 모든 것을 요구할 수 있고, 우리는 사랑으로, 즉 "온 마음과 정성과 힘을 다해" 말 그대로 모든 것을 국가에 바쳐야 한다. 프리드리히 슐레겔이 전통주의적 요소와 피히테적 요소를 함께 가진 국가에게 사랑과 신의의 감정으로 생명의 기운을 불어넣었다면, 여기서 뮐러는 이념상 이미 하나의 생명체로 존재하는 셸링의 "유기체Organismus"를 충만한 감정의 삶으로 인도하고 있다.

이 이론들의 실질적인 결론은 반은 봉건적이고 반은 신분제적인 군주 정치를 권고하는 것이다. 1799년까지는 혁명이 찬미되고 있었으나(『아테네움』에서 슐레겔은 하나님 나라를 [지상에서] 실현하려는 혁명적 열망은 진보적 교양의 도약점이자 근대 역사의 출발점이라고 말했다), 1799년 — 이 해에 슐레겔은 버크와 안면을 텄다 — 에는 보수주의로의 전환이 시작되었다. 이제 낭만주의자들은 봉건적-보수주의의 성공을 이론적으로 뒷받침하기 위해 정신의 혁명을 자처하는 철학 — 슐레겔에게 이것은 피히테의 철학이었고, 뮐러에게는 셸링의 철학이었다 — 에 눈독을 들이기 시작했다. 1810년, 즉 뮐러가 보날의 저작들에 대해 더 자세히 알게 된 해에 이르면 또 한 번 전환Umschwung이 발생한다. 이제 그들은 [여지껏 자신들이 신봉하던] 종래의 자연철학에 대해 "무신론"이자 "속임수"라고 비난하면서 이념에 의해 움직이는 생명 대신 보날의 전통주의적 주장을 받아들이고, 다시 시간이 더 흐른 후에는 할러와 드 메스트르의 주장을 추종하기에 이른다. 이제 버크는 뒤로 물러난다. 물론 보수 정치가로서 계속 존경을 받기는 했다. 하지만 그전에는 그토록 강력한 영향력을 발휘하던 그의 불안한unruhig 열정은 복고의 분위기에는 더 이상 들어맞지 않았고, 헌법과 의회에 대한 그의 정치적 견해는 군주제 이론[의 지지자들]에게는 불편한 것이었다. 보날과 드 메스트르는 감정에 관한 논의에는 그다지 열의를 보이지 않았다. 보날은 사랑과 신의란 국가가 필요한 만큼의 정치적 안정성Festigkeit을 갖추고 있다면 자연히 생기는 법이라고 아주 냉정하게 이야기한다. 드 메스트르가 인민의 감정에 대해 얼마나 우월감 섞인 의구심Skepsis을 품었는지는 『성찰』 제9장에 제시된 반혁명에 대한 고전적인 묘사를 보면 잘 알 수 있다. 이렇게 해서 "운동"은 사라지고, 그 대신 "부동성fixité"이 등장했다. 왕정복고 시대의 낭만주의자들에게는 심지어 메테르니히의 중앙 집권적 경찰국가조차 유기적이고, 지속적이며, 견고하고, 평화롭고 정당한 국가였다. 천재성은 이제 수상쩍은 술어가 되었으며, 아이러니에 대해서는 일언반구도 없어진 지 이미 오래였다.

지금까지 낭만주의자들의 정치 이념이 전개된 과정을 살펴보며, 우리는 낭만주의적 세계감Weltgefühl과 생명감이란 온갖 종류의 정치적 상황 및 서로 대립하는 철학 이론과 쉽게 결탁할 수 있음을 알게 되었다. 혁명이 존재하는 한, 정치적 낭만주의 역시 혁명적이다. [하지만] 혁명이 끝나면, 정치적 낭만주의는 [곧바로] 보수화된다. 그래서 명백히 반동적인 복고의 시대 상황 속에서도 그들은 낭만적인 측면을 찾아낼 수 있었다. 1830년부터 낭만주의는 다시 혁명적인 방향으로 선회한다. 그래서 그새 연로해진 베티나조차 『이 책은 왕의 것이다Königsbuch』(1843) 및 『악마들과의 대화』(1851)에서 극도로 혁명적인 어조를 띠었다. 이러한 정치적 내용의 가변성Wandelbarkeit은 우발적인 것이 아니었다. 그것은 기연주의적 태도의 결과이며, 낭만적인 본질에 토대를 두고 있는 것이다. 이 본질의 핵심은 수동성Passivität이다.

모든 반혁명 이론들이 공유하는 바 의식적인 "작위Machen"에 대한 거부 또는 정통성 이론이 견지하는 정적주의를 낭만주의자들의 정치적 수동성과 동일시하는 것은 [일견] 수긍할 만한 일로 보이기는 한다. 하지만 버크, 드 메스트르, 보날, 즉 모든 반혁명 이론의 창시자들은 책임감을 지닌 활동적인 정치가였다. 그들은 정치적인 투쟁을 초탈하지 않았다. 오히려 그들은 자신들이 옳다고 믿는 바를 위해 결단해야 한다는 의무감에 항상 충실했으며, 이 때문에 정부에 맞서 수년 동안 완강히 그리고 거세게 저항했다. [본질상] 개인의 이성을 철저하게 거부할 수밖에 없는 전통주의라고 해도 반드시 수동적인 것은 아니다. 전통주의에 내포되어 있는 휴머니즘 사상Menschheitsgedanke도 맥락에 따라서는 그것이 가진 혁명적인 힘Kraft을 입증할 수 있다. 단호하기 이를 데 없는 전통주의자였던 라므네Lamenais[3]가 쓴 『신자의 발언Paroles d'un croyant』은 그 힘을 보여 주는 엄청난 사례다. 그러나 말브랑슈와 더불어 — 이것은 그의 동시대인들이 이미 감지했고, 나아가 전통주의의 신학적 적수였던 루푸스J. Lupus(『전통주의와 합리주의Le Traditionalisme et Le Rationalisme』, 제2권, 뤼티히, 1858, 58쪽)가 올바르게 지적한 것인데 — 모든 활동성을 파괴하는 무조건적 수동주의Passivismus로 직행할 수 있는 길이 열렸다. 그런 까닭에 낭만주의자의 주관화된 기연주의는 [정치의 도상에서] 무언가를 맞닥뜨릴 경우 [항상] 그것과 동행할 수 있었다. 따라서 정치적인 경험과 [그가 추구하는] 목표에 구속 받는 활동적인 정치가를 체질상 수동적인 낭만주의와 구별하는 것은 결코 어려운 일이 아니다. [여기서] 기준은 스스로 옳고 그름을 구별해 결단할 능력이 있느냐의 여부다. 이것은 모든 정치적 세력화Energie의 원칙이다. 그것이 자연권 혹은 인권에 입각한 혁명적 세력이든, 역사적인 법에 입각한 보수적 세력이든 마찬가지다. 정당성의 철학Legitimitätsphilosophie 역시 옳고 그름의 구별은 인정한다. 다만 그것은 권리Recht와 순전히 사실적이기만 한 권력Macht을 구별하는 자연법에 대해 역사적으로 정당하게 취득된wohlerworben 권리들을 맞세울 따름이다. 정통주의자의 국가철학적 이론에서는 신이 국가의 삶의 궁극적인 원리로서 등장하는데, 이때 그는 지고의 주권자 및 입법자, 정당성의 최종 지점, 그러니까 규범적이고 반낭만적인antiromantisch 범주 안에 있는 존재다. 드 메스트르가 표현했듯이, 역사는 다만 신의 주권 아래 **이 세계라는 부처**部處**를 담당하는 장관일 뿐이다**premier ministre au département de ce monde. 버크의 경우도 마찬가지다. 혁명을 목도할 당시 그

---

3 [옮긴이] 위그-펠리시테 로베르 드 라므네(1782~1854): 프랑스의 가톨릭 사제, 철학자.

를 지배했던 열정은 결코 낭만주의자들의 미학적 감정이 아니었다. 이들은 혁명을 장엄한 연극 혹은 자연적 사건으로 보았지만, 버크에게 혁명은 신의 법과 인간의 법에 대한 혐오스러운 모욕이었다. 이들 간의 엄청난 차이를 보고자 한다면, 다만 저 가련한 부르주아 문학가들Literaten, 즉 슐레겔과 뮐러가 봉건 귀족들을 위해 퍼뜨린 요망한 공상을 버크가 망명자들을 위해 제출한 독선적인 변론과 비교해 보기만 하면 된다. 이 반혁명가들은 자연법 학설에 바탕을 둔 혁명의 권리 의식이란 그저 인간적인 정념Leidenschaft과 형이상학적 추상에 의해 유발된 미혹된 판단일 뿐이라고 생각했다. 하지만 그들 스스로도 자연권을 자명한 것으로 여겼다. 그들은 이것을 파악할 수 있는 능력을 결여하지 않았다. 이 사실을 아담 뮐러는 1808-1809년의 강의에서 과시하기도 했다. 이처럼 규범적인 평가를 하지 못하는 무능력이 바로 낭만주의자들의 "유기적" 국가관의 토대다. 이 국가관은 "법적인 것das Juridische"을 편협하고 기계적인 것으로서 기각하며, 옳고 그름을 초탈한 국가, 즉 [무한한] 감정들을 서로 연결해주는 동시에 낭만주의적 주체를 정치적인 것의 영역으로 투사해주는 [연결]점 같은 국가를 추구한다. 낭만주의자의 초연함Erhabenheit의 뿌리는 스스로 결정을 내리지 못하는 무능력이다. 그들이 늘 이야기하는 "보다 높은 제삼자"는 [정말로] 보다 높은 것이 아니라, 양자택일[의 어려움]을 빠져나가기 위한 구멍Ausweg으로서의 다른 제삼자일 따름이다. 그들이 결단을 미뤘기 때문에, 또 **기연**occasio을 "대립적으로gegensätzisch" 구성했기 때문에, 이를 통해 "더 높은 제삼자"로 도약하기 위한 발판을 마련했다고 생각했기 때문에, 사람들은 그들의 [철학에 대해] "이원주의"를 경론했고, 또한 어떤 [구체적인] 대상도 갖지 못한 기연주의가 홀로 판치는 곳에서 영지주의적이고 신플라톤주의적인 이론의 자취Anklang를 발견했던 것이다.

프리드리히 슐레겔은 『콘코르디아』(1820-1823)에 「시대의 징표」라는 논문을 발표했는데, 복고의 분위기로 미만彌滿한 이 논문이 바로 정치적 낭만주의와 반혁명적 국가 이론을 구분하는 유력한 증거가 되어 준다. 또한 이 논문은 여러 가지 측면에서 그러한 구분을 위한 유용한 사례이기도 하다. 본질적인 점에서 슐레겔은 전적으로 아담 뮐러와 견해를 함께하며, 또한 뮐러가 애용한 많은 표현들(가령 "법률 기계", "지방", "영국병" 등)까지 차용한다. 특히, 슐레겔도 뮐러처럼 모든 "과격파Ultras"를 배척한다. [이 논문에서] 그의 설명은 차분한 어조 속에 논리 정연하게 전개되고 있어서, 논평을 하기에 용이하다. [이제] 초기 낭만주의의 떠들썩한 감탄사는 배제되었다. 또한 [이 글은] 이 단계[후기 낭만주의]의 특징을 잘 보여 주는데, 특히 다음과 같은 표현들이 올돌하다. "외적-역동적-조합組合적 사유äußerlich-dynamisch-kombinatorisches Denken", "사상의 주사위 놀이Würfelspiel der Gedanken", "학문적 공상wissenschaftliches Phantasieren", "미숙한 철학의 바벨적 언어 혼란babylonische Sprachverwirrung einer unreifen Philosophie". 결국 [낭만주의는] 허위Unwahrheit와 미사여구 Phrasenhaftigkeit인 셈이다. 이 논문은 일견 낭만적이라고 부를 만한 흥분[의 감정]Regungen을 거의 완벽하게 제거한 듯 보인다. 딱 한 군데에서만 유독 낭만주의적인 감상Sentiment이 불거져 있는데, 그것은 다음과 같은 진술이다. 만약 참된 국가가 우리를 [다른] 폭력 국가로부터 지켜주지 않는다면, "이성을 지닌 모든 인간은 응당 자연 상태Naturzustand를 선호할 것이다. 그것은 시인이 묘사하거나 이론가가 공상한 것이 아니라, 역사가 우리에게 가르쳐 준 자연 상태다. 그것은 이를테면 — 여기서 헤르더Herder의 『히브리 시Hebräische Poesie』의 영향이 감지된다 — 아브라함 시대에 존재했고 오늘날에도 일부 아랍 지역에서 볼 수 있는 자유로운 삶, 즉 가장과 족장이 이끄는 유목민과 무장한 목축 종족이 영위하는 자유로운 삶이다. 그런 삶을 살 수 있다면, 사람들은 우리 문화의 가련한 허식을 냉큼 내던지고 자연과의 일체감을 만끽할 것이다." 그 밖에도 표면상으로는 가톨릭의 영향이 뚜렷이 나타난다. 가톨릭의 영향으로 젊은 낭만주의자들의 우울한 먹구름이 걷힌 것이다. 또한 우리는 [이 글에서] 낭만주의가 복고에 대해서도 유보적인 태도를 취했으며, 다른 시대를 준비하고 있었다는 것도 알 수 있다. 그럼에도 불구하고 근본적으로 이 논문은 전적으로 낭만주의적인 글이다. 이 논문의 특징 Signatur이 특히 잘 드러나는 곳은 낭만주의와 복고 시대의 다른 정치관들, 특히 프랑스 왕당파 간의 차이를 정확하게 규명하기 위해 집요한 노력을 기울이는 부분이다. 이 구별과 더불어 당대의 인물들 — 가령 겐츠 — 을 심리학적으로 섬세하게 묘사한 부분이 이 논문을 중요한 것으로 만들어 준다. 그 밖에 다른 내용은 진부할 정도로 독창성을 결여하고 있다. 그렇다면, 슐레겔의 세계관은 도대체 어떤 부분에서 마찬가지로 "정치적 낭만주의자"라 부름직한 보날의 그것에 견주어 독특성을 지니는 것일까? [그 답은 이것이다.] 낭만적인 것의 영역에서. 보날은 이론가였고, 그래서 추상적인 공식을 좋아했다. 그는 근본적인 논의를 추구했으며, 도덕과 정치의 영역에서도 수학과 자연과학에 필적하는 강력한 법칙을 수립하고자 했다. 동시에 그는 정치적 현실 속에서도 자신의 신념을 굽히지 않은 인간, 환상과 몽상 그리고 서정시 따위에 대해서는 극도로 비낭만적인 unromantisch 염오증을 지닌 인간이었다. 이 때문에 그는 왕정복고 시기 프랑스에서 과격파의 수괴로 통했다. 즉, [가능한] 모든 정치적 수단을 동원해 어설픈 자유주의와 입헌주의를 추진하던 프랑스 정부에 맞서 싸웠던 것이다. 그는 "자연스러운 사회 체제 système naturel des sociétés"를 위해 "내각 정치 체제 système politique des Cabinets"(『전집 Oeuvres』, 제3권, 367쪽)에 대항해 투쟁했다. 이러한 입장을 정치적으로 어떻게 평가하든, [다시 말해] 정당하다고 보든 고루하다고 보든, 자신의 정치적 신념을 진지하게 지키는 남자라면 그런 식의 정치적 활동을 하지 않을 수 없다. 낭만주의자 슐레겔의 경우는 전혀 달랐다. 개별 인간과 사건에 대한 역사적 평가에 있어서는 약간의 차이를 보이지만[4], 슐레겔의 세계관과 이상은 보날의 그것들에 상응한다. 보

---

4 이러한 차이는 예컨대 샤를마뉴 대제와 루이 14세의 정치적 의미에 대한 평가에서도 나타난다. 슐레겔은 이들을 찬양하는 것에 대해 항의했고, 또한 드 메스트르에 반대해 중세 독일 제국 das deutsche Kaisertum을 옹호했다. 슐레겔은 1648년의 베스트팔렌 평화 조약이 "신중히 고려된 원칙"이라며 찬양했는데, 이에 반해 보날은 이 조약에 대해 교황이 공표한 저주 교서 Verdammungsurteil가 정당하다고 보았다.

날처럼 그도 그리스도 중심적-가톨릭적인christ-katholisch 토대 위에 군주정 신분제 국가를 설립할 것을 요청했다. 하지만 슐레겔에게는 자신의 이상을 [그가 아닌] 다른 사람이 정치적으로 실천한다는 것은 생각만으로도 화가 치미는 일이었다. 그는 [분명] 정치적 이상을 갖고 있었다. 그러나 그는 자기에게는 기존 질서를 바꾸려는 생각이 눈곱만큼도 없으니 그렇게 알아달라고 독자들에게 당부한다. 그렇다면 그는 대관절 무엇을 원했는가? 그가 원한 것은 "더불어 사유함Mitdenken을 통해 참여하는" 자로서 [사회] 발전과 동행하는 것이었다. 그는 오직 "시대에 대해 순수하게 지적인 토론과 설명"을 하고자 했다. 그는 "주제넘은 세계 개혁자들Weltverbessern" 틈에 끼는 것을 원하지 않았다. 그들의 의도가 불순한 것이든 고결한 것이든 마찬가지였다. 그러나 "시대에 대해 순수하게 지적인 토론과 설명"을 한다는 것이 곧 저자의 개인적인 가치 판단을 배제한다는 뜻은 아니다. 그것은 저자가 오직 학문적인 설명만을 하려 했음을 뜻하지 않는다. 사실은 정반대다. [슐레겔의] 이 논문은 당대가 사악한 시대라는 것, 사악한 원리에 의해 지배된 시대라는 사실을 입증하려 한 글이다. 정치적으로 무언가를 도모하는 것이 곧 악의 뿌리라고 그는 주장한다. 정치적 열정과 정치적 논쟁은 그의 눈에 비기독교적인 것으로 비쳤으며, "과격한 정신Ultrageist"은 당파심Parteigeist만큼이나 사악한 것이었다. 기독교인은 어떤 당에도 속해서는 안 된다. 도대체 가톨릭 정당을 만든다는 것은 가톨릭주의에 대한 "무도한 신성 모독"이다. 보날은 정치적인 문제들에서 자의적이고 비역사적인 실험을 감행하는 것을 증오했다. 하지만 [비록] 그의 눈에는 비역사적인 것으로 보인다 하더라도 [그것 역시 엄연한 하나의 정치이며] 따라서 현실 속에서 그것에 대항해 투쟁하지 않을 수 없다는 사실 또한 그는 분명히 이해했다. 기독교[라는 단어]를 자신들의 수동성을 가리는 병풍처럼 쓰던 낭만주의자 슐레겔은 역사적이라는 말도 그에 못지않게 자주 사용했다. 협동체적-신분제적 이상을 지지한 까닭에 그는 메테르니히의 중앙 집권 국가Zentralstaat를 추종할 수 없었고, 실제로 [글에서] 이 사실을 빈번히 암시했다. 그러나 크게 보면, 이 논문은 [결국] 메테르니히 체제에 봉사하는 글이다. 이 논문의 구체적인 정치적 목적은 다음과 같다. 즉, 빈 회의에서 제정된 연방 규약Bundesakte 제13조에 명시된 바 헌법을 제정하겠다는 약속의 이행을 촉구하면서 [신속히] 대의제 헌법Repräsentativverfassungen을 제정하라는 일반 대중의 요구에 대항해 신분제적-협동체적 헌법을 만들어야 한다고 주장하는 것이다. 이것은 뮐러가 쓴 비슷한 글처럼 과격파를 논박한다는 점에서도 메테르니히의 의도에 부합했다. 메테르니히는 1817년 4월 9일 겐츠에게 "나는 매일매일 온갖 유형의 과격파를 상대로 싸운다"고 썼다. "전반적으로 기독교적 국가 이론의 옹호자로 간주될" 수 있는 작가 괴레스에 대해서도 슐레겔은 그가 협동체적 원리와 "저속한 대의제적 허상Schein" 사이에서 갈팡질팡한다고 비난한다. 뿐만 아니라 괴레스는 세부적인 문제들에서 그야말로 "허점투성이"며, 독일적인 "교조주의자Doktrinär"라고도 비난한다. [여기서] "교조주의적"이라는 명칭은 프랑스의 루아예-콜라르Royer-Collard가 이끄는 입헌주의 중도 정당을 가리키던 말이다. 이런 식으로 괴레스는 논박을 당했다. 왜냐하면 아무리 온건한 노선을 취했어도, 그의 입장 또한 하나의 당이었기 때문이다. 왕당파, 가톨릭, 정통주의자들은 과격파 정당을 만들었고, 자유주의자와 진보파들은 [그에 대항하는] 반대파 정당negative Partei을 만들었다. 민족주의는 당파심이 낳은 악이다. 온건파는 중간에 위치해 있지만, 어쨌든 또 하나의 정당일 뿐이다. 하지만 우리는 무차별적인 태도를 취해서는 안 된다. 이 점을 슐레겔은 명시적으로 강조한다. 왜냐하면 훌륭한 원리를 눈앞에 두고도 무관심한 것은 사악한 짓이기 때문이다. 그렇다면 우리는 무엇을 해야 하는가? 정부가 하는 일에 대해 동의하면einverstanden 된다. 동의consentement하는 것, 이것이 곧 우리의 활동Aktivität이다.

정부는 정당들 간의 대립을 초월한 보다 높고 포괄적인 제삼자다. 정부는 좌우의 어느 정당으로도 기울어서는 안 된다. [하지만] 무엇보다 결코 온건한 중립이 되려고 해서는 안 된다. 왜냐하면 그러한 위치에서 정부는 수동적인 중심에 지나지 않을 것이기 때문이다. 하지만 슐레겔은 능동적인 중심도 용납할 수 없다고 말한다. "커다란 문제의 해결은 끝이나 극단 혹은 중심이 아니라, 오직 깊이와 높이의 차원에서만 가능하다." 정부의 힘 앞에서 정당들 간의 대립은 "허깨비처럼 무로 사라져 버릴" 것이다. 이와 관련해서는 심지어 나폴레옹조차 그의 공감을 얻고 있는데, 그 이유는 나폴레옹 정부가 정당들을 분쇄할 수 있는 힘을 가졌기 때문이다. 공권력Obrigkeit에 대한 저항권 Widerstandsrecht은 있을 수 없다. 보날은 "사회적 관계들의 본성"에 역행하는 법의 등재를 거절한 구(舊) 파리 의회의 결정을 칭찬한 바 있다. 그는 국왕에 대한 이의를 제기하는 격언, 즉 "우리는 할 수 없고, 해서도 안 된다nec possumus, nec debemus"라는 말을 좋아했다.[5] 그는 공화주의적 독립성Unabhängigkeit[의 원칙]을 깊이 이해하고 있었으며, 이것이 프랑스 군주정의 한 요소가 되기를 바랐다.[6] 슐레겔도 그의 논문에서 저항권에 대해 말했다. 물론 매우 신중하게 그리고 지나가는 말을 하듯이 했다. 어쨌든 그도 정당한 저항의 가능성을 용인하지 않을 수 없었다. 왜냐하면 가톨릭 신자로서 인간은 무릇 인간보다 신에게 더 복종해야 한다는 사실을 의심할 수 없었기 때문이다. 그러나 어떤 경우가 거기에 해당되는가는 오직 교회만이 결정할 수 있다. 그러니까 여기서 교회의 필요성이 비로소 발생하는 것이다(390쪽). 어찌 보면 교회라는 더 높은 "질서ordre"가 여기에 도입되는 듯 보이지만, 사실상 이 부분에서 입증되는 것은 이 낭만주의자가 또 하나의 다른 정치적 실재, 즉 교회의 세력

5　「분석 시론」, 『전집』, 제1부, 167쪽. 역사적 상황에 관해서는 라비스Lavisse, 『프랑스사』, 제6권에 기고한 마리에졸Mariéjol의 글(제2장, 389쪽)과 오이겐 구글리아, 『혁명 전야의 프랑스가 지닌 보수적 요인Die konservativen Elemente Frankreichs am Vorabend der Revolution』(고타, 1890, 5쪽 및 여기에 인용된 문헌)을 참조하라.

6　「여러 가지 생각들Pensées diverses」(파리, 1817), 『전집』, 제5권, 52쪽. "고백하자면, 나는 한 사람 안에서 공화파적인 독립심과 군주제적인 복종 및 충실의 원칙이 혼합되어 있는 것을 좋아한다. 주의해서 본다면, 이것이야말로 프랑스의 정신을 이루는 것이며, 강한 사회 속의 강한 인간을 만들어내는 것이다."

권 안에 서 있었다는 사실이다. 다행히 그는 실제적인 결단을 강요받지는 않았다. 왜냐하면 오스트리아는 교회와 갈등 관계에 있지 않았기 때문이다. 하지만 이론의 층위에서도 그는 결코 결단하지 않았다. 다른 곳(189쪽)을 보면, 그는 교회의 감독권을 단호하게 옹호한 드 메스트르를 "비역사적"이라며 배척하고 있다. 교회는 세속 국가에 대해 법적인 통제권이나 중재 재판권을 가져서는 안 된다. 그것은 16세기까지는 정당한 것이었지만, 우리 시대[근대]에는 더 이상 적용될 수 없고, 되풀이될 수도 없다. 결론적으로, [슐레겔의 논의에서] 바뀐 것은 없다. 정부의 탁월한 활동은 교회와 국가 간의 대립으로 저해되지 않는다. 그러나 유일하게 활동할 권리를 가진 정부도 [결국] 기연주의 체계의 신에게 닥친 것과 같은 운명을 맞게 된다. 정부는 어떤 "자의적인 것"도, 어떤 "기계적인 것"도, 또 어떤 "절대적인 것"도 할 수 없다. 사실상 정부가 할 수 있는 [유일한] 일은 역사의 발전을 그대로 따르는 것이다. 기연주의 체계에서 **보편 질서**ordre général로 불리던 것 — 이 안에서 신의 활동성이 소멸했다 — 이 이제 어떤 때는 역사적 발전, 또 어떤 때는 유기적 발전이라 명명된다. 실제로 정부의 정치적 실천Betätigung 역시 개인의 그것과 차이가 없다. 즉, 정부도 어떤 "일을 하려고 해서는wirken wollen" 안 되고, [다만] 적법하게 일어나는 사건의 리듬에 따라 움직여야 한다. 역사, 발전, 그리고 마지막으로 신의 섭리 이 세 가지가 [최종] 심급Instanz이며, 정부는 모든 현실적인 업무Tätigkeit를 이들에게 일임해야 한다.

이렇게 해서 일체의 활동은 이쪽에서 저쪽으로, 개인에서 정부로, 정부에서 신으로 전가되었으며, [마침내] 신에 이르러서는 섭리와 [역사적] 법칙Gesetzmäßigkeit으로 바뀌었다. 개별적 요인들은 그때그때 명칭을 달리 했다. 정부는 국가로 불릴 수도 있었고 — 그래서 뮐러 책의 제목이 『국정원론』이 될 수 있었던 것이다 — 슐레겔은 정부와 신 사이에 역사를 삽입하기도 했다. 마찬가지로, "유기체"의 표상은 기연주의적 회피Ausweichen에 이용될 수 있었고, "유기적 발전"이 유일하게 효과적인 심급으로 정초될 수도 있었다. 요컨대, 낭만주의는 개별 인자들을 마구 뒤섞음으로써 기연주의 체계의 단순한 계열을 시대철학Zeitphilosophie의 낭만화된 개념들과 구분할 수 없게 만들었다. 하지만 그 계열 자체는 분명히 인식 가능한 것으로 남아 있다. 그 계열의 마지막 항, 그러니까 가장 포괄적인 항으로 신 혹은 국가, 자아 혹은 역사, 그도 아니면 이념 혹은 유기체적 발전 등 무엇을 설정하든, 결론은 모두 동일하다. 모든 개인의 활동은 "더불어 사유함을 통해 참여"함으로써 성립한다는 것이다. 정치적인 삶의 경우에도 결론은 마찬가지다. 관할 당국이 하는 일에 [일반] 사람들이 간섭해서는 안 된다는 것이다. 뮐러와 슐레겔이 그들의 시대를 사악한 시대라 부르며 선한 원리를 악한 원리와 대비시켰다고 해서, 이것이 곧 도덕적 결단이 된다고 볼 수는 없다. 왜냐하면 그들은 도덕적인 의미에서 선악에 대해 말하며, 정의와 불의를 구분하는 모든 사람들이 직면하게 마련인 결단의 순간을 회피하면서 결코 어느 편에도 서려고 하지 않기 때문이다. 하지만 버크, 드 메스트르, 보날은 프랑스 혁명에 반대하는 편에 섰다. 왜냐하면 그들은 프랑스 혁명을 불의한 것으로 여겼기 때문이다. 그리고 겐츠는 처음부터 혁명에 관한 한 정당성Rechtmäßigkeit의 문제가 "알파와 오메가die erste und die letzte"라고 언명했다(『역사학보Hist. Journal』, 제2권 제2부, 48-49쪽). 이에 반해 아담 뮐러는 혁명에 대해 직접적이고 도덕적인 정열Pathos을 품지 않았다. 프랑스 혁명에 대해 그가 견지한 판단만큼 정치적 낭만주의의 특징을 잘 나타내주는 것은 없을 것이다. "프랑스 혁명의 역사는 인간이 종교의 도움 없이 그들을 묶고 있는 사슬을 손수 끊을 경우 점점 더 깊은 노예 상태로 빠져든다는 진리를 30년 간 계속해서 증명한 역사다. 단순히 사슬을 끊는다고 해서 ― **이 일에 요구되는 집념**Aufwallung**이 그 자체로**an und für sich **얼마나 칭찬할 만한 것이든** ― 그게 무슨 대수란 말인가? 이러한 견해를 나는 이미 1810년 프리드리히 대제와 프로이센의 군주정에 대한 강의에서 피력한 바 있다." 이렇듯 악의적이고 날카로운spitzelhaft 언급과 더불어 혁명의 정당성에 관한 물음은 처리되어 버렸다. 여기서 주의해서 보아야 할 점은 뮐러가 1810년의 저 강의(305쪽)에서 '혁명'을 억눌리고 짓눌린 생의 표현으로 지칭했다는 사실이다. 하지만 이제 그는 혁명을 거부하며 공공연히 말한다. 옳건 그르건 혁명 따위에는 흥미가 없다. 그는 어떻게 이처럼 혁명을 배척하게 되었는가? 그것은 [이전에] 그가 혁명에 대한 긍정Bejahung에 다다르게 된 소치와 다르지 않다. 즉, 살짝 발만 걸친다는 느낌 덕분이었던 것이다. 이 느낌과 더불어 그는 역사적 발전에 참여하는 척할 수 있었다. 왜냐하면 원래 뮐러는 오로지 감정과 시에만 흥미를 느꼈기 때문이다.

구체적으로 말하자면, 이는 다음과 같은 뜻이다. 혁명과 복고는 동일한 방식에 의해 낭만적인 것으로 취급될 수 있다. 즉, 낭만적 흥미의 계기로 전환될 수 있는 것이다. 정통주의 사상은커녕, 심지어 정통주의를 표방하는 기분과 감정의 세계조차 특수한 의미에서 "정치적 낭만주의"로 지칭하는 것은 잘못이며 오도하는 행위다. 전혀 다른, 심지어 상반되는 유형의 사건과 인물이라 해도 낭만적 주체에게는 [동일한] 낭만적 소설의 출발점으로 보일 수 있다. 언제까지나 기연주의적인 것으로 머무르는 자신의 구조와 본질은 전혀 손대지 않은 채로도 낭만주의적 생산성은 역사적-정치적 현실 속의 수많은 대상과 결합할 수 있다. 다만 정통 군주der legitime Fürst만이 예외다. 노발리스가 왕과 매혹적인 왕비를, 아담 뮐러가 봉건적 농업의 상황을 시화했을poetisiert 때, 이는 군주제 국가 이론이나 봉건적 혹은 신분제적 국가 이론은 물론이거니와 정통주의 국가 이론조차 염두에 둔 것이 아니었다. 여기서 왕은 다른 낭만주의자들이 [시화하는 형상들, 가령] "엄청난kolossalisch" 혁명적 영웅이나 용병 대장Kondottiere 혹은 궁녀Kurtisane 못지않게 기연적인 인물이다. 낭만주의적 관심에서 보면, 이것은 아주 자명한 이치다. 왜냐하면 만약 감정, 시Poesie, 매력 따위가 결정적인 특징이라면, 지고의 정통성을 지닌 일군의 현상들이 가령 자유의 나무Freiheitsbaum 주위를 빙빙 돌며 춤을 추는 젊고 예쁜 소녀들보다 흥미도 덜하고 덜 "낭만적"으로 보이는 사태가 쉽게 발생할 것이기 때문이다. 유감스럽게도, 시적 아름다움과 정통성은 서로 필연적으로 결합되어 있지 않다. 그리고 시대의 취향은 빠르게 변한다. 뒤이은 세대의 청년 독일파의 천재들Genies은 일찍이 나폴레옹을 낭만화했으며, 또한 혁명을 — 이것은 물론 1799년에 이미 낭만주의자들이 했던 일이지만 — 방대한 규모를 자랑하며 깊은 감명을 주는 한 편의 연극처럼 관람할 수 있다는 사실을 증명했다. 이 연극은 아득한 시공간 속으로 사라져가는 희미한 옛 시대의 전통적 풍경을 낭만적으로 인상 깊게 묘사한 한 폭의 부드러운 그림만큼 낭만적이다. 이 두 가지는 서로 모순되지 않는다. 왜냐하면 양자 모두 낭만화의 주제가 될 수 있기 때문이다. 하지만 정통성은 절대적으로 비낭만적인 범주에 속한다. 당통Danton이 주인공으로 등장하는 연극이 게으른 오토Otto der Faule를 주인공으로 삼은 다른 연극보다 더 낭만적인지 그렇지 않은지는 정통성의 관점에서 결정할 수 있는 문제가 아니다. 대상 — 심지어 이것이 역사적으로 실재한 인물인 경우에도 — 에 낭만적인 삶을 불어넣을 수 있는 것은 오직 시화Poetisierung의 과정뿐이다. 그전까지 대상은 — 그것이 어떤 정치적 의미를 갖든 상관없이 — 그저 죽어 있는 것일 뿐이며, 낭만주의적 관점에서 하잘것없는 것이다.

만약 이것을 어떤 법적인 혹은 도덕적인 판단과 연관시킨다면, 그것은 뜬금없는 짓이다. 모든 규범은 반낭만주의적인 폭군처럼 보일 것이다. 법적이거나 도덕적인 어떤 결정을 내린다는 것은 무의미할 뿐 아니라 틀림없이 낭만주의를 파괴하게 될 것이다. 그렇기 때문에 낭만주의자는 굳은 결심으로 당에 가입하고 스스로 결단을 내리는 일을 할 수 없다. 낭만주의적 방책으로는 심지어 "성악설"에서 출발하는 국가 이론조차 단호하게 거부할 수 없다. 왜냐하면 비록 성악설이 다수의 낭만주의자들에게서 호감을 얻지 못한다 해도, 악인들, 즉 저 "짐승 같은 놈들Bestie"이 충분히 멀리 떨어져 있기만 하다면, 그들 역시 낭만화할 가능성이 존재하기 때문이다. 낭만주의에서는 결단보다 더 높은 무언가가 중요하다. 자의식이 강했던 초기 낭만주의는 당대의 여러 다른 비합리주의 운동들로 형성된 대세에 투신하는 동시에 세계를 창조하는 절대적 자아의 역할을 담당했으며, 그 덕분에 우월감을 느낄 수 있었다. 하지만 이후 프리드리히 슐레겔과 아담 뮐러를 위시한 몇몇 전형적인 낭만주의자들이 당치 않게도 시급한 정치적 문제들을 이론적으로 그리고 실제적으로 다루게 되었을 때, 그들은 [그저] 버크, 보날, 드 메스트르, 할러의 말을 되풀이했을 따름이다. 다시 말해, 낭만주의자들에게는 정치적 생산성이 없었다는 이야기다. 이제 그들은 완벽한 수동성을 설교하기 시작했다. 침착, 겸손, 인내 따위의 신비주의적이고 신학적이며 전통주의적인 표상들을 차용해 메테르니히의 경찰을 특별한 애착의 대상으로 만들고, 낭만주의적인 방식으로 상급 기관die vorgesetzte Behörde을 더 높은 제삼자와 융합시켰다.

그러니까 정치적 낭만주의의 핵심은 다음과 같은 것이다. 국가는 하나의 예술 작품이며, 역사적-정치적 현실 속의 국가는 예술 작품을 생산하는 낭만적 주체의 창조적 활동을 위한 기연, 즉 시와 소설 혹은 순전히 낭만적인 기분을 위한 계기다. 노발리스는 국가가 거인이라고 말했지만, 사실 이것은 수천 년 전부터 표명되어 온 사상이다. 이 "국가-인간"을 "아름다운" 개인으로 명명하고, 사랑 및 그와 유사한 감정의 대상으로 삼는 것이 낭만주의다. 이렇듯 순수하게 미학적-감상적인 태도의 극단적인 그러나 필연적인 사례로는 프로이센 국가에 대한 낭만적 해석을 들 수 있다. 노발리스와 아담 뮐러는 한목소리로 계몽주의 독신자獨身者Junggeselle 프리드리히 2세가 통치한 프로이센을 삭막한 기계와 공장으로 폄훼한 반면, 매혹적인 루이제Luise 왕비의 부군(프리드리히 빌헬름 3세)이 다스린 프로이센은 참된 왕국Königtum이자 가장 아름답고 가장 시적이며 또한 가장 자연스러운 국가 형태라고 언명했다. 하지만 프리드리히 2세 역시 낭만적 관심의 대상이 될 수 있다. 그럴 경우에는 낭만주의의 이미지Bild 자체가 바뀌게 된다. 왕의 품위는 사람의 마음에 자연스럽게 떠올라서 그의 본성에 내재한 더 높은 동경을 충족시켜 주는 "시작/문학Dichtung"에 바탕을 둔 것이다. 이러한 미학적 국가철학의 단순한 결론은 **가장 아름다운 사람이 가장 큰 권력을 가져야 한다**that first in beauty should be

first in might(키츠Keats)는 것인 듯하다. 하지만 어쩌면 이 결론도 낭만주의적인 것이 아닐 수 있다. 왜냐하면 낭만주의에게 중요한 것은 현실 [자체가] 아니라, [현실 속의] 모든 것을 변화시켜 [자신의] 시작詩作을 위한 계기로 삼는 낭만적 생산성이기 때문이다. [낭만주의는] 왕과 왕비가 실제로 어떤 존재인가 하는 물음을 애써 무시하고, 그들의 [유일한] 역할Funktion을 낭만적 감정들의 연결점이 되는 것에서 찾는다. 애인의 경우도 별반 다르지 않다. 따라서, 낭만주의적 관점에 따르면, 왕과 국가 혹은 애인을 구별하는 것은 불가능하다. 감정의 박명薄明 속에서 그것들은 서로 뒤섞인다. 노발리스와 아담 뮐러의 눈에 국가는 애인으로 보였다. 그리고 그들이 시화詩化한 재정학에 따르면, 우리는 마치 애인에게 선물을 주듯 국가에 세금을 내야 한다. 그러므로 노발리스가 「마리아의 노래Mariengedicht」를 쓴 것은 뮐러가 [책에서] 국가에 관한 한 개의 장(章)을 쓴 것과 똑같은 일이다. 구체적인 역사적 정황에 적용될 경우 이러한 유형의 생산성은 [예컨대] 중세에 관한 매력적인 목가 따위를 내놓는 것으로 귀결된다. 「기독교 혹은 유럽」이라는 유명한 논문에서 노발리스가 [실제로] 그런 목가를 구상했다. 내용과 분위기와 어조를 고려할 때 이 논문은 단지 한 편의 동화일 뿐, 그 어떤 지적인 성취도 보여주지 않는다. 물론 아름다운 시적 환상이긴 하지만 말이다. 이 글은 루소의 『인간 불평등 기원론』에서 볼 수 있는 자연 상태에 대한 묘사와 같은 계열에 속한다. 이런 글을 동화로 취급하지 않고, 마치 책임감 있는 정치가 및 철학적 사상가의 발언들과 동등한 [권위를 지닌] 전거인 양 앞뒤 없이 진지하게 떠받드는 풍조가 오늘날에도 여전히 횡행한다는 것은 모든 범주를 말소하는 낭만주의[의 악영향]이며, 정신적 표현에 내재한 양식樣式을 [똑바로] 인식하지 못하는 아류 낭만주의자의 무능을 드러내는 표식이다.

이제 아담 뮐러는 국가의 숭고함을 표현하기에 적합한 말들과 인도주의적이고 개인주의적인 당대 인격 문화Persönlichkeitskultur의 저속함을 표현하기에 적합한 말들을 찾아낸다. 그런데 그가 『국정원론』에서 인격 문화와 대비시킨

"국가"는 어떤 국가인가? 그것은 낭만적 주체를 정치적인 것[의 영역]으로 투사한 것, 즉 초개인Über-Individuum이다. 이 초개인의 소박한 기능은 각자가 [진정한] 개인이 되도록 하는 것이다. [다시 말해] 그것은 "끝없는 사랑의 대상"이 되기를 요구하며, 상상할 수 있는 온갖 모순과 대립Polarität, 즉 남자와 여자, 귀족과 시민, 전쟁과 평화, 정의Recht와 이익, 도시와 농촌 등의 대립 속에서도 거뜬히 활동한다. 요컨대, 뮐러의 국가는 [낭만주의가] 스스로 찾아 헤매던 실재를 낭만인 방식으로 [날조하고] 부풀린 것Auftreibung이었다. 그런 까닭에 그것은 1810년 보날의 가족 국가Familienstaat로 손쉽게 바뀔 수 있었고, 1819년에는 심지어 할러에 의해 온전히 사법으로만 구성된 국가로까지 바뀔 수 있었다. 이때 뮐러가 보여준 생산성에 대해서는 — 갖은 방향으로 곁눈질하던 [그의] 기회주의Opportunismus를 차치한다면 — 순수한 미학적 평가를 내릴 수도 있을 것이다. 노발리스의 소피Sophie처럼, 뮐러에게 국가는 연인이었다. 이 연인은 무엇으로든 바뀔 수 있었고, 반대로 무엇이든 연인으로 바뀔 수도 있었다. 뮐러의 국가는 [결국] 격정의 대상이었고, 따라서 기연적인 것이었다. 그것은 오늘은 프로이센이지만, 내일은 오스트리아가 되었고, 어떤 때는 "주권자Souverän"였지만, 또 어떤 때는 "민족의 힘" 혹은 "신용의 총계Gesamtkredit"가 되었다. 혹은 자가 진동에 의해 "공처럼Globularform" 튀어 오르는 물건Produkt이 되기도 했다. 이처럼 [신묘한] 대상에게 법적인 혹은 도덕적인 개념을 가지고 접근한다는 것은 [일종의] 신성 모독이다.

언젠가 노발리스가 자신에 대해 "철두철미 비법학적unjuristisch"이라고 말했다는 사실은 중요하지 않다. 아마 그는 — 혹은 다른 낭만주의자도 마찬가지였겠지만 — 얼마든지 반대로도 말했을 것이다. 보다 중요한 사실은 낭만주의자들은 모두 윤리학을 법학적으로 다룬 칸트에 대해 반감을 가졌다는 점이다. 이에 반해 우리는 그들이 가톨릭교회에 쏟은 광적인 관심을 언급할 수 있을 것이다. 가톨릭교회는 주체의 [내면적인] 자유를 중시한 수많은 프로테스탄트 신자들의 눈에 [지나치게] 법제화Juridifizierung된 형태의 기독교로 비쳤다.[7] [그런데] 슐레겔과 뮐러가 기독교의 "실정성das Positive"을 요청했을 때 그들이 생각한 형식은 정확히 그러한 법제화된 형식이었다. 하지만 낭만주의의 구조 — 미학적 생산성을 위해 이용되는 기연주의적 협약consentement — 로부터 비로소 결단이 나온다. 여기서 결단이란, 낭만적인 것은 도덕적이거나 법적이거나 정치적인 척도와는 결코 합치될 수 없다는 사실을 가리킨다. 왜냐하면 낭만주의의 체험은 어떤 논리적-개념적인 혹은 도덕적-규범적인 명확성이 아니라 오로지 예술적인 표현만을 추구하는 까닭에 국가권력 및 개인[의 권리]의 한계에 대한 감각이 현저하게 뒤떨어져 있기 때문이다. 만물에 대한 아담 뮐러의 탈도덕적인amoralisch 이해와 그 반대, 즉 모든 것을 중재하려는 노력, [그리고 심지어] "온 세상을 감싸는 너그러움weltumfassende Toleranz", 이런 것들에 대해 겐츠는 경악했다. 왜냐하면 "그럴 경우 사람이 [누군가/무언가를 진정으로] 사랑하거나 정당한 방식으로rechtschaffen 증오하는 일 따위는 사라질 것이기 때문이다." 뮐러의 사내답지 못한 수동성 — 그는 버크, 드 메스트르, 보날이 인공적인 "작위Machen"에 대해 가졌던 혐오를 마치 그러한 수동성의 발로인 양 왜곡하는 재능을 발휘하기도 했다 — 기본적으로 모든 것을 감정적으로 이해하며 좋게 받아들이는 그의 범신론[8]

---

7   이것은 교회법Kirchenrecht에 관한 좀R. Sohm의 근본 사상이다. 하류 낭만주의적 방법에 따라 노발리스를 네오 가톨릭주의뿐만 아니라 좀의 프로테스탄티즘까지 "선취한" 심오한 사상가의 지위에 세우는 것은 잘못이다. 낭만주의자는 언제나 낭만적인 것을 선취할 뿐이다. 나는 트뢸취가 낭만주의의 종교성에 관해 상술하면서 근대 독일의 프로테스탄트 교양인의 "은밀한 종교die heimlich Reilgion"라고 명명한 낭만주의적-신비주의적-미학적-성령주의적 프로테스탄티즘에 좀이 속한다고 생각하지 않는다(『기독교 교회와 집단의 사회 이론Die Soziallehren der christlichen Kirchen und Gruppen』, 튀빙겐, 1912, 931쪽).

8   이 때문에 슐레겔은 그를 "나쁜 현실주의자ein schlimmer Realist" — 이것은 슐레겔의 용어로는 범신론주의자다 — 라고 불렀다(『철학 강의』, 『빈디쉬만 편집본』, 제2권, 본, 1837, 460쪽). 『하이델베르크 연보Heidelberger Jahrbücher』(1808)에 실린 논평 — 앞에서 인용했다 — 에서도 그는 비슷한 이야기를 하고 있다. 어떤 낭만주의자가 다른 낭만주의자에 대해 이런 비난을 가할 경우, 대개 그 대상은 [실제로는] 자기 자신이다. 두 사람은 모두 가톨릭으로서 범신론과 결별했다. 본문에서 논한 겐츠의 잠언들에 대해서는 BW. 115번 편지를 참조하라(앞서 인용한 돔브로스키의 책에 적절하게 언급되어 있는 바, 이 편지는 BW. 171쪽에 적혀 있는

등은 개인주의적 심리학individual-psychologisch의 관점에서 그가 가진 식물성의 여성적 본성으로 설명될 수 있을 것이다. 하지만 이러한 특징들은 낭만적 탐미주의Ästhetizismus에 적합한 정신적-신체적 성향이기도 했다. 왜냐하면 그것들은 주체를 그의 격정으로, 나아가 그 격정을 가공하는 것으로 만족하는 미학적 생산성으로 환원시키기 때문이다. 뮐러는 자기 자신 외에 다른 것에는 결코 몰입할 수 없었다. 이는 그가 점성학 — 이것은 오늘날의 용어로는 정신분석학이지만, 짐작하건대 시간이 지나면 다시 점성학으로 되돌아갈 것이다 — 을 연구하든, 아니면 다른 사람들의 탐미벽Ästhetentum을 기각하는 문장들을 조탁하든 마찬가지였다. 그가 완벽하게unbedingt 독실한 가톨릭 신자가 되었을 때, 모종의 싸구려 과잉 정통주의Hyperorthodoxie 신앙에 의해 그의 학문적이고 정치적인 비생산성이 폭로되었다. 이 모든 것들에서 본질적으로 개인주의적인 면모는 찾을 수 없다. 뮐러는 언제든 자신을 버릴 준비가 되어 있었다. 그러나 그는 그러한 헌신의 감정에서 적어도 어떤 의미심장한 말이나 이미지 정도는 뽑아내길 원했다. 이것이 그의 활동이었다. 어쨌든 그는 강력한 암시Suggestion가 제시될 때면 어김없이 자신이 가진 소재들로 즉각 응했다. 그는 줏대라고는 없는 사람이었고, 또한 구체적인 경험을 하지도 못했으며 타고난 책임감도 갖지 못했기 때문에, 자신에게 [깊은] 감명을 준 세계관이 어떤 강령을 제시하면 말 그대로 극단에 이를 때까지 그것을 추종하곤 했다. 괴팅겐에서 그는 영국광Anglomane이었고, 베를린의 봉건적인 환경에서는 극단적인 봉건주의자였으며, 교권을 지지하는 빈Wien 사람들 사이에서는 극단적인 교권주의자였다. 이 과정에서 그가 주관주의적 유보를 표명했다는 사실은 부분적으로나마 역설처럼 보인다. 즉, 그는 정통주의 신앙의 분위기 속에서 극단적인 정통주의를 지향함으로써 역설적으로 모반Fronde의 거점을 찾았던 것이다. 고유한 사회적 실체로서 부담을 질 필요가

것과 달리 1816년이 아니라 1806년의 편지다).

없었던 덕에 그는 거의 자동적으로 사회 지도층 무리와 가까워질 수 있었다. 그곳에서 그는 [그토록 갈구하던] 사회적 실재를 [마침내] 손에 쥘 수 있었고, [나아가 어떤] 반향을 불러일으킬 수도 있게 되었다. 하지만 만약 그의 무책임한 주관주의를 귀족주의적 개인주의인 양, 그리고 주관적 감정 너머 존재하는 보다 큰 공동체에 참여할 수 없었던 그의 무능력을 귀족주의적 배타성[의 소치]인 양 해석한다면, 그것은 오해다. 만약 어떤 일에 정치적인 혹은 사회적인 위험 부담이 조금이라도 있다고 느껴지면, 그는 눈곱만큼의 정치적인 "열정Enragé"도 내비치지 않았다.

그는 모든 것을 이해할 수 있었고 마음대로 생각할 수 있었다. 왜냐하면 그에게는 모든 것이 미학적 형상화Gestaltung를 위한 질료가 될 수 있었기 때문이다. 이 "대립의 선생"은 미학적 대비Kontrast 외의 다른 대립은 도무지 보지를 못 했다. 논리적 구별도, 도덕적 가치 판단도, 정치적 결단도 그에게는 불가능했다. 정치적 생명력Vitalität의 가장 중요한 원천인 법Recht에 대한 믿음과 불법Unrecht에 대한 분노가 그에게는 없었다. 나폴레옹에 대한 그의 언급은 [일종의] 문학적 악마화Dämonisierung였다. 1805년에 그는 다음과 같이 썼다. [유럽의 여러] 민족들은 보나파르트가 아니라 "그를 이끌고 있는 운명Schicksal"을 두려워하는 것이다. 끝으로, 정치적인 복합체를 주체의 "확장판Elongatur"으로 해소해 버리는 낭만적 동일시도 빼놓을 수 없다. 보나파르트의 지배가 의미하는 바는 다만 "우리 안에 있는 보나파르트를 우리 스스로 극복하는 법을 배워야 한다는 것이다"(BW, 50, 51번). 뮐러에게는 어떤 사회적인 자의식도 없었을 뿐만 아니라, 자신의 고유한 권리Recht에 대한 감각조차 없었다. 마치 자신이 귀족 계급을 공격하다가 낭패를 본 시민인 양 그럴싸한 제스처Pose를 취하는 데 그 감각을 발휘한 적이 딱 한 번 있기는 하다.[9] [그러나 황제와 제국에 대한] 충성을 굳게 맹세했음에도 불구하고 티롤 사람들

---

9 본서 81쪽을 보라.

이 [기존의 좋은] 관습을 박탈당하는 부당한 일을 겪었다는 사실, 그리고 그 일에 자신이 직접 일조했었다는 사실을 뮐러는 전혀 인식하지 못했다. 그래서 그는 [티롤과 관련되긴 하지만 그 일과는] 다른 별개의 주제를 다루는 선언문과 신문 논설을 [뻔뻔스럽게] 써댈 수 있었던 것이다. 아른트Arndt[10]의 시에 힘을 실어 준 요인, 즉 정치적 증오심Haß과 부당한 외세 지배에 대한 분노는 그 어떤 낭만주의자의 발언에서도 찾아볼 수 없다.

명확해 보이는 사태가 종종 혼란을 유발하는 이유는 다음과 같다. 즉, 세상 모든 지적인 소재들로 분장을 할 때면, 정치적 낭만주의는 반드시 그것들을 [낭만적으로] 가공한 다음 사용했던 것이다. 어떤 정치적 사실로부터 깊은 인상을 받아 즉석에서 정치적인 서정시나 노래를 짓는 것은 물론 가능하지만, 이것만 가지고는 정치적 낭만주의라고 할 수 없다. [우선] 여러 가지 논법과 이미지, 함축적이거나 더없이 암시적인 표현들이 어우러져 하나의 복합체로 구성되어야 한다. 그래야만 어떤 특수한 낭만적 생산성이 등장해 그것을 [마음대로] 요리해 적어도 겉보기에는 그럴싸한 여러 결론과 해답 들을 하나로 짜깁기할 수 있기 때문이다. 이미 그렇게 짜깁기된 논증에 [다시] 강조점을 찍고, 밑줄을 그으며, 수사적 떨림음Tremolo을 입히고, "대립적ge-gensätzisch" 대비를 넣는다. 이것이 아담 뮐러가 버크를 소비한 방식이다. 샤토브리앙이 정통 왕당파에게 줄 수 있었던 것은 오직 미사여구밖에 없었다는 구츠코Gutzkow[11]의 발언은 아담 뮐러와 정치가로서의 프리드리히 슐레겔에게 더욱 잘 들어맞는다. 새로운 역사 감각, 즉 이제 막 눈뜨기 시작한 민족 감정은 낭만주의와 무관한 것이었다. 가톨릭주의가 낭만주의자들에 의해 창립된 것이 아니듯, 민족 감정 역시 그들에 의해 발명 혹은 창조된 것이 아니며, 심지어 그들은 거기에 어떤 결정적인 영향도 미치지 못했다.[12] 아담 뮐러

---

10   [옮긴이] 에른스트 모리츠 아른트Ernst Moritz Arndt(1769~1860): 독일의 작가, 역사가.

11   [옮긴이] 칼 페르디난트 구츠코(1811~1878): 독일의 작가, 언론인.

가 버크에 대해 한 말을 들은 사람이라면 버크를 처음 발견해 독일에 소개한 사람이 그라고 생각하기 쉬울 것이다. 그는 마치 자신이 버크의 독일 쪽 대리인Statthalter이라도 되는 것처럼 행동했다. 하지만 버크에 대한 그의 열광En-thusiasmus은 브란데스Brandes와 레베르크와 겐츠의 유익하고tüchtig 중요한 작업들에 전혀 비할 바가 못 된다.[13] 오늘날에도 독일 사람들은 여전히 버크를 낭만주의의 선구자Vorstufe로 여긴다. 마치 낭만주의와 관련해서는 버크가 단테와 칼데론Calderon[14] 그리고 괴테와는 뭔가 유다른 존재인 양 말이다. 가령 베티나의 서간 소설에 등장하는 베토벤, 즉 "다른 구름들 속으로 슬그머니 녹아들며" 뒤섞이는, 어떤 구름 같은 이미지Nebelbild를 가진 낭만적 형상으로 버크를 보는 것이다. 지속과 민족 공동체에 대해 이야기할 때면 그는 터무니없을 정도로 거대한 수사에 몰입하긴 했지만, 그래도 버크는 언제나 두터운 책임감을 지닌 정치가였다. 그는 보통 사람들[정상인들]로 구성된 공중에게 [자신의] 견해를 [적극적으로] 표명하고, 그들에 맞서 그것을 관철시키려 했

---

12 구아요가 쓴 19세기 독일 가톨릭의 역사는 수많은 문학사적 저서들보다 더 중요하다. 그가 뮐러와 슐레겔의 개종의 아닌 슈톨베르크Stolberg 백작의 개종(1800년)을 결정적인 사건으로 선언한 것은 옳다(『양세계 평론』, 1918년 2월 1일, 639쪽; 『독일의 종교l'Allemagne reli-gieuse』, 파리, 1905, 제1부, 159, 252, 274쪽). 뮐러는 1803년에 이르러서도 여전히 우월감을 뽐내면서 "과감한 네텔블라트" 같은 표현으로 다른 사람들에 대해 [업신여기듯] 말하는 것과 똑같은 어조로 "선량한 슈톨베르크"라는 표현을 쓰고 있다(BW, 16번 편지). 드 메스트르라면 『국정원론』 따위의 책에 대해 전혀 신경 쓰지 않았을 거라는 점은 독일 철학 — 헤르더, 칸트, 피히테, 셸링 — 에 대해 그가 가진 반감을 고려할 때 분명한 사실이다. 반대로 그는 슈톨베르크의 『교회사』는 매우 높이 평가했다(라트레유, 앞의 책, 70, 71, 279쪽 참조).

13 그러므로 레베르크는 앞서 인용한 뮐러의 『국정원론』에 대한 서평(『전집』, 제4권, 267쪽)에서 완전히 부정적인 판단을 내린 점에서도 역시 옳았다. "저자(뮐러)는 최고의 작가들을 잘 알며, 또 쉴 새 없이 그들을 칭찬한다. 하지만 버크의 저작들을 열렬히 추천하는 것은 곧 자신의 강연에 대한 풍자가 된다는 사실을 그는 정녕 모르는 것일까?" 뮐러는 그 사실을 알지 못했다. 마찬가지로 그는 피히테에 대해서도, 나중에 가서는 부흐홀츠 — 이와 관련해서는 보날의 『잡다한 저작들』, 제1권, 393쪽을 참고할 수 있다 — 에 대해서도 이들이 기초적인 경제 지식이 없다고 비난했는데, 이때도 그는 그것이 곧 자기 자신에 대한 풍자가 된다는 사실을 알지 못했다.

14 [옮긴이] 페드로 칼데론 데 라 바르카(1600-1681): 스페인의 시인, 극작가.

다. [이에 반해] 프랑스 혁명에 열광한 프리드리히 슐레겔이 한 일은 온갖 잡
스러운 독서를 통해 그리고 베를린과 예나 시절 주변 사람들과 나눈 대화를
통해 이전에 배운 바를 단순히 되풀이한 것에 지나지 않는다. 그에게 혁명은
오직 "대화의 구실Vehikel eines Gespräches"일 뿐이었다. 이는 이후 [그가 설정
한] 고도의 낭만주의적hochromantisch 조합에서도 드러난다. 그것은 기연적이
고 이질적인, 하지만 동일한 강도의 강력한 인상을 주는 동시다발적인 세 가
지 요소를 섞어 만든 조합이다. 그 세 가지 요소란 프랑스 혁명, 피히테의 『지
식학』 그리고 괴테의 『빌헬름 마이스터』다. 이때까지 그는 버크를 읽지 않았
다. 그렇다면 그는 버크를 읽고 어떤 영향을 받았을까? 아우구스트 빌헬름
슐레겔은 1791년 전부터 버크의 저작들에 대해 알고 있었던 듯하다. 왜냐하
면 이 해에 그는 동생에게 버크의 저작들에 대해 알려 주었기 때문이다. 그
사이 노발리스도 버크를 알게 되었다. 1798년 『꽃가루Blütenstaub』의 단편
Fragment(104번)에서 그는 버크를 언급했으며, 『기독교 혹은 유럽』에서도 버
크의 영향이 드러난다. 프리드리히 슐레겔은 [아마도] 1799년 초에 버크를
읽은 것 같다. 그 결과는 다음과 같다. 슐레겔은 자신도 그처럼 "격렬한 것Fu-
rioses"을 한번 써봤으면 하는 마음에 "속이 답답해졌다."[15] 그러니까 버크가 혁
명에 반대하는 "혁명적인" 책을 썼다고 한 노발리스의 말은 버크가 낭만주의
자들, 즉 노발리스, 프리드리히 슐레겔, 그리고 아담 뮐러 세 사람에게 준 인
상을 아주 잘 요약한 것이다. 당시에는 혁명적이란 말이 아직 낭만적이란 말
과 같은 의미였다. 하지만 반혁명적antirevolutionär이란 말도 역시 낭만적일 수
있었다. 다시 말해, 낭만주의자들은 양자 모두로부터, 즉 프랑스 혁명뿐 아니
라 버크의 장엄한 정념Pathos과 강력한 열정으로부터 미학적 경탄과 모방을

---

15 형에게 보낸 편지, 앞의 책, 17, 401쪽. 1791년 8월 26일(17쪽)에는 이렇게 적었다. "그 모든
    일들이 나에게는 간접적인 것, 그러니까 아주 많은 사람들과 이야기를 나눌 때 쓸 수 있는
    대화의 도구로서 내 흥미를 끌었어." 폴페르스Rich. Volpers는 『정치 사상가 및 독일 애국자
    로서의 프리드리히 슐레겔Friedrich Schlegel als politischer Denker und deutscher Patriot』(베를
    린, 1917, 55쪽)에서, 물론 실수일 테지만, "기묘한 것Kurioses"이라고 표기했다.

위한 자극Inzitament을 받았던 것이다. 버크에게 중요한 것은 역사적 감수성, 민족 공동체 의식, 억지스러운 "작위"에 대한 혐오감 등이었다. 그러나 그가 중요시했던 역사적이고 정치적인 요소들은 모조리 다른 영역[미학의 영역]으로 옮겨져 낭만화되고 말았다. 낭만화는 객관적인 숙고/검토Erwägung의 능력과 가능성을 결여했을 때 발생한다. 그것은 인간으로부터, 역사적인 사건으로부터, 또는 철학적인, 예술적인, 혹은 문학적인 성취로부터 받게 되는 "우화적인fabelhaft" — 당시 사람들은 "낭만적"이라는 말을 썼다 — 인상[을 가공하는 것]이다.

이렇게 해서 프랑스 혁명과 피히테와 괴테 옆에 버크가 나란히 서게 되었다. 아담 뮐러는 정말로 괴테와 버크를 나란히 세웠다. 나폴레옹과 베토벤 역시 낭만적인 형상이 되었다. 노발리스는 계속해서 친구와 애인을 [낭만적인 형상으로] 호출했다. 슐레겔과 뮐러도 별반 다르지 않았다. 그들은 자의적으로 대상들을 한데 엮거나 뒤섞었던 것이다. 그런데 이들에게 낭만화는 [다른 어떤 곳보다] "이념"의 세계에서 더욱 순조롭게 진행되었다. 다시 말해, 그들은 [선배 혹은 동시대] 사상가들이 이미 명확하게 표현해 놓은 사상을 질료로 삼았던 것이다. 그들은 이 질료를 반립적antithetisch으로 거꾸로 뒤집거나, 아니면 다른 질료와 조합해 효과적인 양식Stil을 만들어 낸 척하거나, 그도 아니면 다른 유사한 여러 방법들로 그 질료들을 변형시켜 낭만화했다. 레베르크와 장 파울Jean Paul[16]은 아담 뮐러가 언제나 가장 위대하고 가장 뛰어난 저자들만 상대하며, 또 그들만 인용한다는 사실을 알아차렸다. 뮐러 자신은 그렇게 함으로써 자기 자신이 위대하다는 증거를 찾는 듯했다. 부흐홀츠와 논쟁을 벌이면서 그는 다만 예외적으로, 즉 특수한 상황의 필요에 의해 부흐홀츠에 맞서 귀족을 옹호하는 것일 뿐, 만약 평소였다면 버크나 몽테스키외 정도의 급이 되지 않는 사람은 결코 상대하지 않았을 거라는 점을 분명히 밝히

---

16 [옮긴이] 장 파울(1763-1825): 독일 작가.

III. 정치적 낭만주의   199

고 있다. 그런데 이처럼 하늘을 찌르는 자만심에도 불구하고 그는 자신만의 고유한 이념을 풍부하게 만들지 못했으며, 실제 삶에 있어서도 귀족 사회에 늘 기생하면서도 경제적인 부나 사회적인 명성을 스스로의 힘으로 쌓지 못했다. 낭만주의자가 유명한 이름에 대해 관심을 가진 것에는 전혀 다른 동기 Motiv가 있었다. 위대한 이름은 암시Suggestionen의 저수지다. 위대한 인물들의 작품은 제 안에 수많은 객관화된 정신적 가치들을 품고 있기 때문에 우리는 다만 섬세한 감각을 가지고 "그들의 음악적 정신[에 충실히 반응하기만 하면 된다.] 즉, [사상을 연주할 때] 그들이 어떻게 운지運指하고 또 어떻게 박자를 맞추는지 보고, 그들의 내밀한 본성이 보여 주는 절묘한 움직임을 따라 혀나 손을 놀리면 되는 것이다. 그렇게만 하면 우리도 예언자가 될 수 있다."[17] 이 지점에서 여태껏 간과되어 온, 낭만주의자들이 가톨릭을 애호한 이유가 밝혀진다. 가톨릭교회와 가톨릭 신학은 천 년이 넘는 세월 동안 인간이 가질 수 있는 최고의 형식, 즉 신학의 형식에 따라 인간사의 모든 문제들을 궁구해 왔다. 가톨릭은 가용한 개념들과 심오한 표현들로 가득 차 있는 강력한 무기고다. 고되기만 할 뿐 별 보람도 없어 보이는 교리 공부를 사뿐히 건너뛴 낭만주의자들은 — 일찍이 자연철학의 용어들을 마구 가져다 쓴 것처럼 — 이제 은총, 원죄, 계시 따위의 어휘들을 [자신들의] 낭만적 체험을 맘껏 채워 넣을 수 있는 값비싼 그릇처럼 사용하게 되었다.

뮐러는 정치적 낭만주의자의 순수한 전형이다. 왜냐하면 그에게는 슐레겔이나 다른 낭만주의자들에 비해 정치적 낭만화를 더 손쉽게 추진할 수 있는 특별한 재능이 있었기 때문이다. 그의 "주특기faculté maîtresse"는 웅변das Red-nerische이었다. 그가 쓴 대표적인musterhaft 문장들에는 다른 독일어 산문에서는 좀처럼 보기 힘든 **아름다운 가락**bel canto의 언어Rede들이 수두룩하다. 강연을 할 때면 그는 언제나 미리 꼼꼼하게 준비했고, 강연할 때 그의 어조는

---

17 노발리스, 『독백』, 제1권(미노어 편집본, 제2권, 18-19쪽).

한참이 지나도 일정한 톤을 유지했다. 언제 어디서든 꿋꿋이 근엄한 [척하는] 그의 태도와 융통성 없이 세련미Eleganz에 집착하는 그의 모습은 브렌타노처럼 신경질적인 사람의 "속을 거북하게eindärmicht" 만들 수밖에 없었을 것이다. 하지만 대화를 나눌 때, 즉 다른 사람의 사상을 슬며시 [제 것인 양] 가져다 쓸 수 있을 때, 혹은 그에게 공감하며 물심양면으로 그를 도우려는 지인들과 함께 있을 때, 그리고 수신자가 이미 그에게 매혹되어 있다는 것을 아는 상태에서 편지를 쓸 때, 뮐러는 사람을 홀리는 뛰어난 말주변과 본능적으로 수다한 수사를 적재적소에 구사하는 모습을 보여 준다. 심지어 그가 무심코 쓴 표현조차 너무 "유창Cursus"해서 관료 세계에 갓 입문한 사람이라고는 아무래도 믿기 어려울 정도였다.[18] 이에 더해, 주변 사람들의 스타일Stil을 꿰뚫어보는 그의 감각과 [주변 세계에] 섞여 들어갈 때 그가 보여준 무한한 능력을 고려하면, 수많은 고위층 인사들이 그에게 홀딱 빠져든 것도 이해할 만하다. 겐츠도 나름대로 괜찮은 수사적 재능을 갖고 있었지만, 뮐러의 웅변술이 자신보다 훨씬 윗길임을 깨달은 뒤로는 [뮐러의 언어에] 과도하게 빠져 들어갔다. 이 지나친 열광은 그가 뮐러와 우정을 쌓은 이유를 잘 설명해 준다. 이리하여 당대 사람들 사이에서 뮐러의 명성을 드높여준 칭호Prädikat들이 생겨났다. 즉, 겐츠는 뮐러를 "당대의 가장 위대한 지성인 중 한 사람", "독일 최고

---

18 '명료하면서도 유창한cursus planus(−∪∪−∪)' [수사]의 탁월한 예로 나는 그가 겐츠에게 보낸 편지 BW, 8, 9, 16, 35, 62, 86, 103, 106번(특히 아름답다)을 강조하고 싶다. 55번과 107번에는 '신속하고 유창한cursus velox(−∪∪−∪−∪)' [수사]의 사례가 들어 있다. 돔브로스키가 수집한 아담 뮐러의 문장들에서 발견되는 스타일이 어떻게 발생했고 또 발전했는지 [간략한] 전기적인 사실을 통해 살펴보자. 그의 숙부로서 교육자였던 구베Gube 목사의 가르침, 다음으로 슈팔딩Spalding의 영향, 그리고 아마도 부터벡이 "스타일Styl에 대해" 그에게 해준 과외 수업Privatissimum도 무시할 수 없겠지만, 그래도 수년간 웅변술의 이론 및 실전에 대해 연구했으며 1814년에는 『웅변은 하나의 미덕이다Die Beredsamkeit eine Tugend』라는 책까지 출간한 테레민Theremin의 영향이 제일 클 것이다. 뮐러는 베를린에서 그와 자주 왕래했다(돔브로스키가 전하는 뢰벤Loeben 백작의 흥미로운 일기, 1810년 2월 23일자, 『유포리온Euphorion』, 제15호, 1908, 575쪽) 및 브렌타노가 아르님에게 보낸 편지(1812년 12월 10일자, 에른스트 카이카Ernst Kayka, 『클라이스트와 낭만주의Kleist und Romantik』, 베를린, 1906, 197-198쪽을 참조하라).

의 천재"라고 불렀던 것이다. 이런 칭호는 광고 효과가 너무 탁월했던 나머지 뮐러가 등재된 인명사전을 위시해 그가 부수적으로만 언급된 여러 지면에서도 등장할 정도였다. 뮐러, 그는 겐츠가 독일 최고의 천재라 불렀던 바로 그 남자인 것이다. 1919년이 되어서도 여전히 뮐러가 "낭만주의의 가장 성숙한 정치적 지성Kopf"으로 호출될 수 있었던 것은 그의 훌륭한 친구 겐츠가 그처럼 인상적인 칭호를 붙여 준 덕분이다. 하지만 젊은 뮐러가 대화를 통해, 즉 쿠르나토스키Kurnatowski, 핑켄슈타인Finkenstein, 페테르존Peterson, 그리고 — 자신의 친구들에 대해서는 언제나 가식 없는 존경심을 보여준 — 겐츠[19]와 나눈 대화를 통해 자신의 저서 『대립론』에 대해 기대를 품게 만든 것은 대단한 일이었다. 다른 사람들처럼 겐츠도 그를 새로운 예언자로 여겼음에 틀림없다. 그래서 그는 뮐러를 강력한 동맹자Bundgenossen로 삼았던 것이다. 겐츠는 진심으로 뮐러를 피히테라는 "우상Baal"을 넘어뜨릴 수 있는 사람이라 생각했다. 뮐러의 "위대하고 훌륭한 철학", 피히테의 철학과는 [완전히] 다른 철학, 즉 『대립론』이 그 일을 해낼 것이었다. 18세기 교양인이었던 겐츠가 [독일의] 한 철학 교수가 제시한 광포한 자아-제국주의Ich-Imperialismus에 대해 증오심을 느낀 것은 이해할 만한 일이다. 이 흉포한 "이념 사냥질Ideenjägerei"에 대해서는 빌헬름 폰 훔볼트 역시 극도의 반감을 내비치며 외면했다. 그는 그것이 독일인들의 정신적인 삶에 해악을 끼친다고 보았다. 겐츠는 뮐러에 대한 자신의 경외심Ehrfurcht이 피히테에 대한 증오에서 비롯된 것임을 스스로 밝히고 있다.[20] 뮐러는 미래의 예언자로 추앙 받는 것을 즐겼으며, 거대한 [일들에 대한] 암시를 통해 그 기대를 더욱 부풀렸다. 그렇지만 1804년에 나온 그의 소책자 『대립론』은 커다란 실망감을 주었다. 수만 가지 난해한 철학

---

19 그는 가련한 칼 구스타프 폰 브링크만Karl Gustav von Brinckmann을 시인으로서 우리가 오직 감탄할 수밖에 없는 [작가] 라신Racine과 동렬에 두었다(W. 제2권, 237쪽. 이 편지를 BW. 158번 편지와 비교해 보면 겐츠가 이렇게 칭찬했던 심리학적 이유를 알 수 있다!).

20 브링크만에게 보낸 1803년 4월 26일자 편지(W., 제2권, 125쪽).

적 문제들을 피상적이고 단편적인 방식으로 건드리는 이 책에서 뮐러의 철학은 괴테와 버크의 낭만주의적 결합에 의해 절정에 도달하는데, 이것은 특히 겐츠처럼 칸트학파에서 철학적 훈련을 받은 노련한 사람에게는 불쾌하기 짝이 없는 것이었다. 친구에게 깊이 빠져 있긴 했어도, 겐츠는 [책에 제시된] 대립의 철학이 얼마나 빈약한 것인가를 간파할 수 없을 정도로 어리석지는 않았다. 물론 그는 [뮐러와의] 유쾌한 대화와 [뮐러의] 수려한 언변 때문에 [이미] 그 철학에 압도당하긴 했지만 말이다. 그는 뮐러와 직접 이야기를 나누는 것이 그의 책을 읽는 것보다 훨씬 낫다고 단언했다(BW, 17번). [하지만] 뮐러가 한층 방대한 저작을 낼 때마다 실망은 되풀이되었다. 『국정원론』(1809)이 나왔을 때도, 『새로운 화폐 이론에 관한 시론』(1816)이 나왔을 때도 마찬가지였다. 이 때문에 겐츠는 뮐러의 짧은 논문들을 가장 많이 칭찬했다. 예컨대, 『팔라스』에 게재한 글이나 1809년 프로이센 왕의 베를린 귀환을 축하하며 쓴 글, 그리고 1819년에 집필한 『신학적 토대』 등을 들 수 있다. 이 후자의 글에 대해 겐츠는 다음과 같이 적었다. "이 글은 애석하게도 단편에 그쳤다. 그러나 이 단편에는, 독일 내에서는 견줄 만한 것이 없고 그 밖의 지역에서도 오직 불멸의 드 메스트르가 남긴 가장 뛰어난 장章들에게만 비교를 허락하는 단락과 구절 들이 들어 있다. 문체와 관련해서도 우리나라의 가장 뛰어난 작가들이 도달한 최고 수준을 뛰어넘는 부분들이 많이 있다."[21] 커다란 영향력을 행사한 뮐러의 편지를 보면, 그는 세상 사람들이 자신을 외면할

---

21 1823년 1월 2일자 편지(BW, 218번). 제15장의 결론("하지만 그럼에도 불구하고 사물의 질서가 존립하는 것은 어째서인가?")을 겐츠는 "비교를 불허하는 리듬, 다른 어떤 사상보다 묵직한 것"이라며 치켜세웠다. 이 장 전체가 아마도 완전히 웅변에 의해 견인되는 사유의 가장 좋은 예일 것이다. 이 장의 분위기는 노발리스("우리는 더 좋았던 시대의 양식을 먹고 산다")와 루소(단순한 농부, 말없는 장인 등)로 너무도 충만해 있어서, 여기서 드 메스트르를 떠올리는 것은 무모한 행동이 될 지경이다. 참고로, 2년 뒤인 1825년 겐츠는 일기에서 괴레스가 『가톨릭 신자』에 게재한 논문에 대해 "이루 말할 수 없을 만큼 감동"했으며, "버크와 드 메스트르 이후로 이토록 심오하고 강렬한 글을 읽은 적은 없었다"고 적었다. [해당 글에서] 괴레스는 뮐러를 언급하지 않았다([『전집』] 제4권, 2-3쪽). "문체마저도Selbst der Stil"라는 표현에서 그가 열광했던 진짜 이유를 추측해 볼 수 있을 것이다.

때면 세간의 칭찬을 단념하는 척 그럴싸한 제스처를 취했으며, 화려한 업적을 쌓음으로써 세간의 그런 몰이해에 보기 좋게 앙갚음하려 했다. 또한 뮐러는 랑거만Langermann이란 이름을 가진 의사가 해준 칭찬이 세간의 칭찬보다 더 중요하다고 단언하면서 짐짓 평온한 척 우쭐거렸다. 그는 자신의 『국정원론』은 철학과 국민경제학과 신학의 요소들을 종합해 보다 높은 차원의 새로운 장르Gattung로 격상시킨 책이며, 따라서 이 책을 비평할 수 있는 자격은 철학자도, 경제학자도, 심지어 신학자도 가질 수 없다고 말함으로써, 종합 예술 작품을 만든 것은 자신들이라고 주장하는 낭만주의자들의 입장을 선취한 바 있다. 또한 뮐러는 항상 새로운 약속을 제시하거나 [거대한] 암시를 일삼곤 했는데, 이러한 약속과 암시를 믿어 준 것은 오직 그의 선량한 친구[겐츠]뿐이었다. 그러므로 겐츠가 1823년에 이르러서도 여전히 뮐러가 괴레스에 맞서 싸울 수 있는 유일한 인물이라고 믿었던 것은 이해할 만하다. 하지만 겐츠는 다음과 같이 조심스럽게 덧붙인다. '나는 이 친구가 "그 싸움에 나서는 것을 두려움과 떨림 없이는 지켜볼 수 없다."'

텐이 자코뱅파의 연설에서 보았던 바, 기계적으로 전개되는 공허한 **웅변적 이성**raison oratoire을 뮐러의 웅변 활동과 똑같은 것으로 간단히 치부해 버려서는 안 된다. 왜냐하면 후자에게 중요한 것은 현란한blühend 낭만적 생산성이기 때문이다. 그러나 텐이 웅변적 이성의 특징으로 나열한 것을 보면, 어떤 부분은 뮐러의 웅변과 놀라울 정도로 비슷하긴 하다. "글로 빚어낸 이 철학 전체는 [본래] 말로 행해진 것, 그것도 즉흥적으로 생겨나 [억지로] 꾸며 낼 수 없는 자연스러움 속에서 억양과 활기를 띠고 말해진 것이다. …… 여기 [살롱]에는 모든 것이 마련되어 있고 준비되어 있다.[22] …… [혹 여기서] 그[

---

22 "준비Appretur"라는 단어는 그라테나우어가 유대인에 반대해 쓴 글을 통해 처음으로 주목을 끌었다. 그는 이 단어가 아주 탁월한 말로서 불멸의 가치를 지닌다고 생각해 심혈을 기울였다(1803년 10월 8일자 브링크만에게 보낸 편지, W, 제2권, 165쪽). 뮐러도 이 단어를 사용했다(웅변에 대한 열 번째 강연, 209쪽. "왜냐하면 정신의 인위적인 준비, 전 세대의 뒤틀린 교양이 거기에 속하기 때문이다"). 이처럼 자신의 특징을 총체적으로 잘 드러내주는 술어가 없음

역사가]가 한 가지 사실, 유익한 세부 사항을 하나라도 건진다면 [그나마] 다 행일 것이다Toute cette philosophie écrite a été dite, et elle a été dite avec l'accent, l'entrain, le naturel inimitable de l'improvisation ... tout y est arrangé, apprêté ... à peine s'il y rencontre un fait, un détail instructif.”[23] 뮐러의 저작들에서 [실제로] 영향력을 발휘하는 부분은 [사실] 그가 대화나 편지 ─ 그에게는 편지도 대화의 한 형식이다 ─ 에서 이미 했던 발언들을 [그대로] 옮겨 놓은 것이다. 예컨대, 피히테의 "비아"를 "재현할 수 없는 무nihil irrepraesentabile"로 지칭한 그의 발언은, 「음수 negative Größe의 개념을 일반 상식Weltweisheit에 도입하기 위한 시론」이라는 칸트의 논문을 읽고 나서 다시 보면, 그다지 심오한 주장으로 느껴지지 않는다. 그 자체로 일정 부분 비의적esoterisch 영향력을 발휘하는 전문적인 철학 표현들을 뮐러는 곧잘 대화에 써먹곤 했다. 이 수법은 겐츠에게 강렬한 인상을 남겼는데, 브링크만Brinckmann[24]에게 보낸 그의 편지(1803년 4월 26일자)가 이 사실을 여실히 증명한다. 하지만 [희한하게도] 동일한 내용이 『대립론』의 더 큰 맥락 속으로 옮겨지자 별다른 감흥을 주지 못했다. 게다가 이 책은 위협적인 적수 피히테에 대해서도 지극히 조심스러운 표현들로 넌지시 비꼬는 데만 그치고 있지 않은가![25] 또한 『국정원론』에서도 뮐러는 오만한 일반화

에도 불구하고, 뮐러는 [그 말이] 사사로운 심미주의를 뜻할 뿐이며, 시대 문화를 [그럴싸하게] '포장'한 것에 지나지 않는다며 분개했다. 모든 것이 잘 준비되었고, 정교한 심리학적 계산에 따라 인상을 남기도록 되어 있다. 그의 태도, 그의 언어, 그의 의상에는 낭만주의적인 직접성도, 아이러니도 없었다. 그러나 그가 대화에서 자신의 독특한 생산성을 전개한 것은 [부인할 수 없는] 사실이다. 이와 관련한 흥미로운 사실은 『빈에 대한 자잘한 회고들Kleine Wiener Memoiren』에서 프란츠 그래퍼Franz Gräffer가 남긴 증언이다(제2부, 빈, 1845, 67쪽). "아담 뮐러는 탁월한 말솜씨로 유명했다. 실제로 어떤 주제에 대한 것이든 상관없이, 이 남자의 말을 듣는 것은 대단히 즐거운 일이었다. [그의 이야기는] 경쾌하고, 화려하며, 일견 세련돼 보이면서도 아주 대중적이고 [관점이] 확고하며, 만족감을 주면서도 심금을 울리는 것이었다. 그의 말에서 웅변을 펼치려는 속내는 눈곱만큼도 느낄 수 없었다. 그의 말이 그렇듯, 그의 글도……"

23 [옮긴이] 텐의 『현대 프랑스의 기원들』에서 출처 표시 없이 마구잡이로 따온 문장들이다.

24 [옮긴이] 칼 구스타브 폰 브링크만(1764-1847): 스웨덴의 외교관, 시인.

를 일삼으며, 이념, 지속, 참된 국정 기술 따위의 [주요] 어휘들에 대해서는 대충이라도 검토하지만, 이에 반해 실제적인 세부 사항들에 대한 논의는 너무나 귀찮게 여긴다. 그래서 가령 그는 다음과 같이 말한다. '장자 상속법Majoratsgesetze을 폐지하는 것은 현행 법질서Rechtszustand를 거스르는 짓이다. 현행 법질서는 참된 법질서다. 왜냐하면 그것은 참으로 유용하기 때문이며, 또한 나로서는 "우리 세대의 손자들이 우리한테 물려받아 향유할 유산들"을 존중하지 않을 수 없기 때문이다. 반면, 농민의 공동 경작지Gemeinheiten를 폐지하는 것은 다른 문제다. 왜 그런가? "폐지하는 것이 우리 민족의 순수 소득을 증가시켜 줄 것이 분명하기 때문이다. 기존의 법은 이를 금지한다. 그러나 이 법은 장자 상속권의 폐지를 반대하는 법보다 훨씬 좁은 적용 범위를 갖는 법이다. 물론 농민들의 관습과 고집은 이 법을 지지하고 있다. 그러나 이 경우에는 직접적인 이익이 적용 범위가 좁고 무력한 법을 이길 수 있다."[26] 이상이

25 『대립론』, 49쪽 및 108쪽. 겐츠가 보낸 편지(W, 제2권, 125쪽). 서문에서 피히테는 혁명가로 (77쪽) 언급된다(피히테, 프리드리히 슐레겔, 셸링, 슐라이어마허, 이 "학문적 혁명의 진정한 영웅들"이 쓴 탁월한 저작들). 또한 『푀부스』(제1권, 52쪽)에 실린 (피히테의 가짜 인기), 『미의 이념』, 76, 80, 85쪽 및 『국정원론』, 19, 107쪽(보호 무역주의 국가에 반대하며), 『프리드리히 대왕에 관한 강연』, 제2권, 137쪽("예컨대, 제자들에게 꼼짝 못하는 피히테의 매력이 무엇인가?" 답: "언제나 군인 같은 자세를 유지하는 그의 성정")도 참조하라. 『독일의 학문과 문학에 관한 강연』(드레스덴, 1807, 66쪽)에서 그는 피히테가 니콜라이를 상대로 집필한 풍자 글에 대해 "거침없는 냉소와 가혹함에도 불구하고 독일 논쟁의 걸작", "독일의 역량을 제대로 보여준 작품"이라 말했는데, 겐츠는 이 평가를 "고통스럽게" 느꼈다(BW, 115번 편지). 하지만 이 평가는 뮐러가 단지 슐레겔 형제에게만 종속된 것이 아니라 피히테도 존경했다는 사실을 보여 준다. 1801년에 그랬던 것과 달리 피히테와 사이가 틀어지지 않기 위해 뮐러는 매우 조심스럽게 처신한 것이다. 당시(『베를린 월간』, 1801년 12월호) 그는 피히테가 경제에 대한 지식과 경험이 부족하다고 비난했었다. 그 비난 자체는 옳았다. 다만 베를린의 이 젊은 호사가 Dilettant만큼 그러한 비난을 가할 자격이 없는 사람도 드물다는 것이 문제다. 왜냐하면 뮐러의 견해가 피히테와 일치되지 않은 까닭은 그의 논문이 겐츠와 괴팅겐 사람들에게서 주위들은 걸 재탕한 것에 불과한 것이기 때문이다(겐츠, 『역사학보』, 제2권 제2호, 1800, 749쪽 각주 및 『괴팅겐 교양 비평』, 1801년 2월 23일자, 313-314쪽 참조). 후자의 논평을 쓴 저자는 레베르크인데, 그는 보호 무역주의 국가를 "거대한 감옥Zuchthaus"이라고 불렀다(그의 『전집』, 제4권, 309-313쪽을 참조하라).

26 『국정원론』, 제1권, 89-90쪽. 또한 『프리드리히 2세에 관한 강연』, 99쪽 및 『독일 관보』, 제2

논증의 전부다. 이 문제의 실질적인 어려움에 대해 잘 알았던 레베르크와 라우머가 이 논증을 허튼소리Schwätzerei라며 경멸한 것은 전혀 놀라운 일이 아니다. 그들이 보기에 그것은 한 명의 웅변가가 자신의 귀족층 고객을 위해 싸구려 궤변Sophismus으로 제공한 립서비스였을 뿐이다.

웅변가Redner는 항상 일반화의 형식으로만 이야기하는 것이 좋다는 낡은 수사학적 원칙에 따라 구체적인 세부 사항에 대한 논의를 기피한 것 외에도 뮐러의 웅변에는 두 가지 특징이 더 발견되는데, 이 특징들은 때로 그의 언설 속에서 너무 강하게 두드러져 실질적인 내용이 상당 부분 휘발되어 버릴 정도다. 첫 번째 특징은 [항상] 최상급Superlativ 표현을 쓰려는 경향이다. 이것은 원래 키케로적 전통의 영향에 의한 것이지만, 뮐러의 용법에서 그것은 모든 함축적인 말이 가진 객관적인 내용을 박탈하는 역할을 한다. 말은 그저 장식Ornament에 지나지 않는 것이어서 최상급 표현을 통해 부풀려져야만 비로소 제대로 된 인상을 줄 수 있게 된다. 관습적인 표현들, 편지의 끝인사, 그리고 기타 유사한 경우들에서 쓰이는 최상급 표현들(가장 충직한ergebenst, 더없는 진심으로herzlichst, 더없이 솔직하게aufrichtigst, 가장 충성스러운gehorsamst, 가장 큰 호의로gütigst)은 심리적 필요에 의해 생겨났지만, 많은 낭만주의자들이 사용한 최상급 표현들은 실질적인 내용이 없는 것, 그리고 "사교적인" 태도를 나타내기 위한 것이었다. 뮐러는 최상급 표현을 정말로 엄청나게 많이 썼다. 그의 강연과 편지를 보면 수십 번씩 등장하는 경우가 다반사다.[27] 단순

권, 33쪽도 참조하라.

27 더 나은 논문들을 예로 들자면, 프란츠 호르너Franz Horner에 관한 논문에는 다음과 같은 말들이 나온다. "가장 우수한 학생", "유럽의 가장 내밀하고 본질적인 이해관계", "가장 풀기 어렵고 가장 강력한 매듭", "가장 본질적인 사업", "가장 적절한 빛"(이 빛은 성과를 비춰야 한다). 다음과 같은 아름답고 웅변적인 마지막 문장이 이 논문의 마지막을 장식한다. "…… 이와 같이 가장 심오한 학문적 문제들과 가장 숭고한 조국의 이익을 위해 무너지는 육신의 마지막 힘을 바쳤다는 사실, 이것은 우리의 호르너가 갖게 될 불후의 명예다"(『동시대인들: 전기와 인상 비평』, 라이프치히, 1818, 제3부 제4권, 128쪽). [이 책의] 제1부(1816)에 뮐러는 「오스트리아의 프란츠 1세」라는 논문을 게재했다(12쪽). (이 논문은 뮐러의 『전집』(뮌헨, 1837,

히 긍정적으로 사용하는 것만으로는 사상의 위력이 충분히 발휘되지 못하고 공회전하는 탓에 더욱 뜨거운 최상급으로 가열되어야 하는 그런 최상급 표현들이 존재했다. 본질적인 것을 비본질적인 것과 대립시키는 것만으로 충분할 텐데도, [뮐러의] 추상적 상상력 Vorstellung은 더 강렬한 효과를 내기 위해 우선 내면적 본질을 운위하고, [그래도 안 되면] 가장 내면적인 본질을, [그래도 안 될 때면] 기어코 궁극의 내면적 본질까지 운운한다. 물론 이렇게 한다고 해서 사상 자체가 더 고양되는 것은 아니다. 피히테의 저작들에도 "오직 schlechthin", "전적으로 durchaus", "다름 아니라 nichts anderes", "본래 eigentlich", "순수하게 rein", "다만 nur", "오직 allein", "절대적으로 absolut", "무조건 unbedingt" 등의 주문呪文 같은 말들이 우글거리고 있다. 예컨대, 그는 다음과 같이 적었다. '나는 "오직 순수하고 참된 본원적인 사유 — 다른 감관感官 Organ은 결코 이 일을 할 수 없다 — 만이 신성 Gottheit과 그로부터 흘러나오는 복된 삶을 찾아 제 것으로 만들 수 있다는 사실"을 "절대적으로 명징하게" 알고 있다.' 피히테가 최상급 표현을 남발한 것은 타인들로 하여금 자신의 사상을 따르게 하려는 노력의 일환이었다. 그것은 압도적이고 파괴적인 증명의 위력을 손에 쥐려는 전제적인 충동이었다. [반면] 뮐러의 최상급 표현은 그저 음향적 점층법의 구사 혹은 수사적 감탄 부호의 사용에 지나지 않는 것이다.

최상급은 두 번째 특징과 빈번히 결합하는데, 두 번째 특징 역시 웅변적인 장치, 즉 삼분三分 dreiteilig 표현법이다. 우리는 이것을 뮐러식 삼항三項 Ternar 어법이라고도 부를 수 있을 것이다. 왜냐하면 그가 이 표현법을 너무나 많이 쓰기 때문이다. 이와 관련해서도 수백 가지 사례를 들 수 있다. "아름답고, 자유로우며, 생동하는 삶", "온유, 절제, 관용", "비난벽 Tadelsucht, 불관용, 불신

377-408쪽)에서는 T-Z라는 약어로 표시되어 있다). 뮐러 전집 편집자인 쾨테 Koethe 교수는 이 논문에 서문을 붙였는데, 이 글에는 적어도 황제의 생애에서 중요한 날짜들은 기록되어 있다. 하지만 뮐러가 미문으로 채워 놓은 찬가에는 역사적 사실에 대해 알고 싶은 독자들의 흥미를 끌 만한 내용은 거의 없다.

앙", "위트의 불꽃에 휩싸이고, 파괴되며, 희생되다", "가장 높고, 가장 진지하
며, 가장 성실한 헌신 속에서", "진실하고, 순수하며, 무구한 희극", "······ 와
는 달리 가장 거룩한 것, 가장 아름다운 것, 가장 순수한 진리", "강력함, 자유
로움, 풍만함"(낭만적인 것의 특징Charakteristikum이다), "사려 깊음, 우아함, 슬
기로움"(프랑스 고전주의의 특성이다), "호메로스의 순진함, 충만함, 명쾌함",
"키케로의 적확하고, 완곡하며, 세련된 언변Geschwätzigkeit", "고대 세계의 가
장 활발하고, 가장 부드러우며, 가장 경쾌한geflügeltst 정신"(플라톤) 등등.[28] 때
로 이 삼항 어법은 이항二項적 운동으로 교체되는 경우가 있었지만, 그럴 때
에도 표현을 결정하는 것은 거의 예외 없이 리듬과 음향을 위시한 웅변적 효
과에 대한 고려였다. [하지만 뮐러의 웅변술도] 시간이 지남에 따라 서투르
고 치기 어린 키케로주의Ciceronianismus에서 벗어나 어느 정도 품격과 무게감
을 갖추게 되었다.[29]

우리는 뮐러의 논변을 오직 웅변적 업적으로서만 평가할 수 있다. 그가 개
진한 반립 명제들Antithese은 객관적인 구별이나 대립이 아니고, 그가 사용한
최상급 표현들 역시 실질적인 차원에서 내용을 끌어올리는 것이 아니며, 또
한 그의 "삼항 어법"도 사상이 아닌 어휘의 집적일 뿐이다. [그가 제시한] 대
립들은 [한낱] 수사적인 대당Opposition 혹은 웅변적 차원의 짝패로서, 리듬과
음향의 힘을 빌려야만 그럴듯한 암시 효과를 가질 수 있는 것이다. 이런 식으
로 전성기의 낭만주의는 상상할 수 있는 모든 "대립들"을 뒤섞어 내놓으며
스스로를 정당화했다. 남성과 여성, 도시와 시골, 귀족과 시민, 상원과 하원,
육체와 영혼, 인격과 사물, 공간과 시간, 내면과 외면, 과거와 미래, 순간과 지

---

28 본문에서 인용한 예들은 『쾨부스』, 제4, 5, 6권에서 차용한 것들이다(=『잡다한 저작들』, 제2
    권, 164, 214-215쪽).

29 뮐러의 언어와 문체에서 가치 있는 부분은 전적으로 고전적인 것의 틀 안에 머무른 것들이
    다. 새로운 형식으로서의 낭만주의 문체를 창조하는 데 그가 기여한 점은 거의 없다. 이것은
    낭만주의 일반이 다른 영역들에서 어떤 독자적인 위대한 형식을 찾아내지 못한 것과 마찬
    가지다.

속, 정의Recht와 이익, 이론과 실천, 낭만적인 것과 고전적인 것, 게르만적인 것과 로마적인 것, 동양과 서양, 공기와 대지Erde 등등. 이것들은 어느 때는 평행적으로 대비되었다가, 또 어느 때는 모순적 대립으로 바뀌고, 또 다른 때에는 마치 서로 동일한 것인 양 취급되기도 한다. 바뀌지 않는 것은 오직 어조와 어감Akkord뿐이다. 물론 개별 사례들에서는 이것들 역시 웅변적인 효과를 위해 서로 뒤섞이거나 대비되거나 혹은 화음을 이루는 식으로 바뀌긴 하지만 말이다. 그는 과거와 현재의 연관 ─ 사실 이것도 그에게는 하나의 이미지에 불과했는데 ─ 을 묘파하기 위해 극적인 이미지를 필요로 했다. 그는 즉각 새로운 "대립", 즉 인간과 대지 간에 대립을 설정했다. 대지는 인간의 적으로, 인간이 짓는 [모든] 것을 무너뜨린다. 이 전쟁에서 각 인간 세대는 연합군을 형성한다. 일찍이 세대는 청춘과 노년 간의 대립으로 작용했었지만 말이다. 한편, 사적 개인Privatmann도 국가를 상대로 "전쟁"을 벌인다. 그렇다. 혁명전쟁과 나폴레옹 전쟁은 모든 국가에서 벌어지고 있는 내면적 전쟁의 "엠블럼Sinnbild일 뿐"이다(『프리드리히 2세』, 27쪽). 사생활과 공생활, 재산과 법률, 구두장이와 가죽 사이에서 "전쟁"이 벌어진다. 전쟁은 어떤 때는 만물의 아버지였다가, 또 어떤 때는 악이 된다. 국가는 어떤 때는 사적 개인과의 싸움에서 이겨야 하지만, 또 어떤 때는 그 자체가 할러적Hallersche 사적 개인Privat-mann에 불과한 것으로 되기도 한다. 이 모든 것은 "웅변적 이성"[의 사변]일 따름이며, 이 이성이 철학 혹은 국가학과 관련을 맺는 것은 오직 낭만적 생산성을 설명하기 위해 [그 학문들의] 용어를 차용할 때뿐이다. 1805년 『예나 일반 문학 잡지』(106호, 238쪽)에 게재된 『대립론』의 서평에는, 명색이 대립론이라면 배타적인 대립과 배타적이지 않은 대립 간의 구분을 빠트려서는 안 된다는 올바른 지적이 들어 있다. 하지만 [그 책의] 저자는 그러한 논리적 전제들에 대해 전혀 신경 쓰지 않았다. 그에게 중요한 것은 자신이 말을 하는 것, 그리고 사교적인 대화가 주는 아름다운 감동 속에 유유히 떠다니는 것이었다.

뮐러는 대화의 형식이 아닌 다른 방식으로는 어떻게도 생각을 하지 못했다. 그는 "대화Gespräch"라는 단어 — 이것은 대상을 사교적인 "언어유희"의 계기로 삼는 낭만적 생산성의 독특한 한 유형을 가리키는 말이다 — 를 지칠 줄 모르고 반복한다. 일찍이 『대립론』의 서문에서 그는 "유럽 전체에 관한 총괄적인 대화"가 도통 이루어지지 않는다고 한탄했었다. 이 한탄은 가지가지 형태의 글들 속에서 되풀이된다. 심지어 프로이센 정부 기관지의 편집 활동에 대한 회고록에서도 그는 그러한 한탄을 참지 못했다. 정부가 야당과 "대화"를 나눴다는 이유에서였다. 여기서 우리는 자유주의적 "토론"과 "균형"이 낭만주의화되는 장면을 목도한다. 거꾸로 이것을 낭만주의의 자유주의적 내력Herkunft으로 볼 수도 있다. 『대립론』에서 이미 그는 이와 같은 정신적 생산성의 구조를 드러내고 있다. 모든 이념은 애초부터 대립으로 구성되는 것이며, 따라서 반립 명제를 단순히 언설의 핵심Hauptfigur으로 설정하는 것에 그쳐서는 안 된다. "언설의 핵심은 — 그것이 완벽하게 생동적인 것인 한에서 — 철저하게 그리고 무한히 반립적인 것이어야 한다." 왜냐하면 "청자는 참된 역逆화자Anti-Redner이기 때문이다"(38쪽). 화자는 스스로를 청자처럼 생각해야 하며, 청자는 스스로를 화자처럼 생각해야 한다. 우리는 이 두 가지 역할을 마치 주관과 객관, 긍정과 부정 따위처럼 서로 교대시킬 수 있다. 이것이 뮐러가 항상 이야기한 영원한 상호 작용Wechselwirkung이다. 다시 말해, 뮐러는 [항상] "허공을 날며 삶을 이해하길" 원했던 것이다. [뮐러의] 상호 작용은 셸링이나 베르그손Bergson과 정신적 근친 관계에 있는 것이 아니다.[30] 그

---

30 셸링과의 관계에 대해서는 상세하긴 하지만 충분치는 않은 아르노 프리드리히Arno Friedrich의 『고전 철학과 경제학Klassische Philosophie und Wirtschaftswissenschaft』(고타, 1913, 117-118쪽)을 참조하라. 160쪽에서 프리드리히는 사교적이고 탐미적인 강연자 뮐러를 "고독한 정치 사상가"로 지칭한다. 이 책은 하류 낭만주의적 무비판성의 한 사례를 보여 준다. 하지만 메츠거 같은 훌륭한 철학자조차 뮐러의 대립론이 헤겔의 "사변적 개념"과 유사하다고 생각했고(앞의 책, 260쪽), 심지어 — 이것은 그가 기연의 개념을 몰랐기 때문이지만 — 실체 개념과 기능 개념에 대한 카시러E. Cassirer의 구분까지 언급하고 있다. 사실상 뮐러의 언어와 공명하는 내용을 갖지 않은 사상은 거의 없다. 사회학적이고 실용주의적인 이념은

것은 다음과 같은 것을 의미한다. 언설과 반대 언설로 구성된 대립 관계는 낭만적 체험의 계기다. 그가 아주 빈번히 관철시키곤 했던 거창한 논변이 있는데, 그것은 태초에 개인이 아니라 공동체가 있었다는 것이다. 이 주장은 그에게는 모든 것이 대화의 계기가 될 수 있음을 뜻한다. "주관과 객관의 절대적 동일성이라는 유명한 오해"(41쪽)에 대해 반론을 펼치면서 뮐러는 무릇 대화란 화자와 청자 두 사람을 반드시 필요로 하는 것이라는 주장을 사례로 내세운다. 그러니까 하나Eins란 언제나 "계속되는gestätigt 둘Zwei이다." 예술가는 예술 작품을 감상하는 사람과 대화한다. 그런데 자연과 예술은 하나이므로, 자연도 인간과 대화한다. 모든 꽃, 모든 그림이 담화Unterredung의 상대자Partner가 된다. 어떤 때는 청자, 또 어떤 때는 화자가 되기도 한다. 온 세상, 즉 우주가 곧 대화다. 그래서 때로는 이러한 생각과 느낌이라면 [필경] 사회학적인 지향을 가졌을 거라고 보는 견해가 나타나기도 한다. 왜냐하면 그것은 호혜성Reziprozität에 대한 이해 — 이것은 낭만주의자에게는 대단히 드문 일이다 — 를 가진 듯 보이며, 인간은 이 세상에서 홀로 존재할 수 없다는 사실을 간파한 듯 보이기 때문이다. 하지만 여기서 말하는 인간 사회는 오직 낭만적인 대화만을 내용으로 갖는 사회일 뿐이다. 셸링의 동일성 체계Identitätssystem — 이것은 뮐러의 입장에서는 전혀 이해할 수 없는 것이었다 — 를 거부했음에도 불구하고, 뮐러는 다른 수많은 사람들에게서처럼 셸링에게서도 여러 표현과 어법을 차용해서 썼으며, 이를 통해 자신의 고유한 정신에 내재된 주관적 기연주의를 은폐했다. 여기서 이원론과 일원론에 대해 언급하는 것은 전혀 적절치 못할 듯하다. 왜냐하면 낭만주의 안에서 이원론과 일원론은

말할 것도 없고, 가령 후설Husserl의 『수리 철학』도 뮐러의 언어와 공명한다. 우리는 『대립론』(62-68쪽)에서 [일종의] 집합 이론Kolligierungstheorie을 읽어낼 수 있다. 물론 그 반대도 가능하다. 모든 것을 다의적인 환상을 위한 기연으로 파악하는 것이 바로 낭만주의의 과업Leistung이다. 만약 누군가가 그렇게 하지 않고 오히려 낭만주의자의 모든 말을 진지하게 받아들인다면, 그럴 경우 [낭만주의에서 다른 사상과의 근친성을] 발견하는 것은 그야말로 누워서 떡 먹기다. 혹시 아는가, 누군가가 베티나의 편지에서 국가와 민족 따위의 단어들을 찾아내 우리 앞에서 "베티나의 국가철학"에 대해 발표하게 될지도!

어떤 대립도 구성하지 못하기 때문이다. 대립들 자체도 [사실은] 대립이 아니라, 그저 계기일 뿐이다. 어떤 개념도 자신만의 형식을 갖추지 못한다. 모든 것이 공허한oratorisch 음악으로 해체된다. 화자는 청자와 "전쟁"을 벌이는 것으로 생각될 수 있지만, 거꾸로 평화로운 관계에 서 있는 것으로 여겨질 수도 있다. 그렇지 않으면 대화가 불가능할 것이기 때문이다. 대립은 곧바로 중재되고 극복된다. 대화는 언제나 합의Verständigung에 도달한다. "공동체" ─ 실상 이것은 언제나 상정되는 것일 뿐이다 ─ 안에서는 친구와 동지gleichgesinnte가 혼연일체 될 수 있으며, 따라서 거기서는 거짓된 개념과 대립하는 "참된" 개념에 대해서도 거리낌 없이 이야기할 수 있다. 게다가 개념적으로 혹은 객관적으로 상세하게 논증해야 할 필요성에 구애받을 일도 없다. 웅변술Beredsamkeit에 관한 강연에서 뮐러는 웅변을 남성적인 것, 활동과 결단을 지향하는 것으로 규정하며 여성적인 것으로서의 시와 대비시킨다. 그러나 이것은 그가 제시한 수많은 웅변적 대비Kontrast의 한 가지 사례에 지나지 않는다. 만약 그가 시에 타고난 재주를 가졌었다면, 틀림없이 시작詩作 활동이 창조적-생산적generierend 활동으로서 남성적인 것의 위치를 차지했을 것이며, 이에 반해 구조적으로 청중Publikum의 [즉각적] 반응에 종속될 수밖에 없는 웅변술은 여성적인 것으로 규정되었을 것이다. 하지만 그의 언설에는 독일인들은 글로 쓸 줄만 알았지 말이라고는 할 줄 모르는 민족이라는 통렬한 탄식이 들어 있다.[31] 이것은 타고난 연설가Redner로서 웅변에 관한 강연 이외에는 훌륭한 연설을 할 수 없었던 사람의 탄식이다. 당시의 정치적 상황에서 그의 재능은 친구들 간의 대화와 사교 모임에서나 뽐낼 수 있는 시시한 웅변의 한계를 뛰어넘을 수 없었다. 그의 강연들은 실제적인 정치적 삶을 향한 동

---

31 『웅변술 및 독일에서의 웅변술의 몰락에 관한 12개의 강연 ─ 1812년 봄, 빈』(라이프치히, 1816). 글 쓰고 출판하는 데만 열을 올리는 독일에 대한 [뮐러의] 혐오는 이 책에서 귀족적 우월감을 과시하는 어조를 띠고 있다. 이것은 그가 슈타이겐테쉬Steigentesch 같은 사람을 흉내 낸 제스처다.

경에 의해 견인된 것이다. 하지만 그것들은 낭만적 동감Mitfühlen이라는 좁은 울타리를 벗어나려 한 그의 소망을 한낱 웅변의 형식으로 펼쳐 보인 것에 지나지 않았다. 참고로, 그의 강연에는 문학 비평도 포함되어 있다.

프리드리히 슐레겔의 국가철학적 노작勞作은 — 그것이 기독교적인kirchlich 자연법을 그대로 도용한 것이 아닌 경우에도 — 전혀 정치적 독창성을 띠지 못한다. 그러므로, 문학사적 관심을 척도로 삼는 경우를 차치한다면, 그것을 아담 뮐러의 저술과 어깨를 견주는 것으로 주목한다는 것은 어불성설이다.[32] 하지만 뮐러의 국가 이론도 미학적–양식적stilistisch 차원을 벗어나서 평가하는 것은 불가능하다. 왜냐하면 그의 이론 역시 객관성과 일관성Kohärenz의 측면에서는 극도로 빈약하기 때문이다. 일관성에 대한 감각이라고는 눈곱만큼도 없었던 뮐러는 두서없고 무분별한 방식으로 화려한 말들을 변명처럼 늘어놓으며 손바닥 뒤집듯이 견해를 뒤집곤 했다.[33] 새로운 자극Eindruck을 받을 때마다 그는 작품 속에 새로운 이질적 요소들을 삽입했다. 그러면서 보날이나 드 메스트르 혹은 할러가 뭐라고 하든 "구형 철학자Globularphilosoph"인 자신이 제출한 견해가 옳다고 거듭 확신했다. 『국정원론』에서 뮐러는 18세기의 개인주의에 대해 음흉하게 조소를 퍼부으며 그것은 프로이센의 자유주의적 관료제의 소산일 뿐이라고 비난한다. 열띤 어조로 그는 [개인에게] 모든 것을 요구하는 국가, 더 정확하게는 사랑의 마음으로 모든 것을 요구하는 국

---

32 메츠거, 앞의 책, 258-259쪽. "강연할 때 그랬던 것처럼, 프리드리히 슐레겔은 이러한 사상을 냉철하고 교화적인 방식으로 전개하고 있지만, 여기서 낭만주의적 감정과 사유의 생동하는 정신은 더 이상 제대로 느껴지지 않는다. 반면 아담 뮐러에게서 우리는 전형적인 낭만주의자의 특징Gepräge, 즉 독일의 모든 국가 이론가들 가운데서 가장 낭만주의적인 이론가를 발견한다." "도덕적 법 감정"에 관한 254쪽의 언급은 타당하지 않다. 그것은 낭만주의에게 불가능한 무엇이다. 범신론에서 말하는 "신적 자연이 가진 무한하고 근원적인 위력"에 대해 논구한 내용은 타당하다.

33 프란츠 호르너에 관한 논문에서 다음 문장("가장 엄격한 일관성을 견지해 일정한 높이에 도달한 모든 정치학적 연구는 한 걸음 한 걸음에 자신의 전 인격을 걸어야 하는 곳에 이르게 마련이다")을 참조하라. 또한 『신학적 토대』, 제4, 5장을 참조하라. 여기서 그는 일관성Konsequenz을 법의 본질로 명명한다.

가에 대해 이야기했다. 하지만 할러의 저작을 읽고 나서 그는 이처럼 국가를 지나치게 숭앙하고 [개인의] 사적 권리를 경시하는 것은 혁명적 자코뱅주의 [와 진배없는 것이]라는 점 — 사실 이것은 버크를 읽으면 진즉에 알 수 있는 것이었는데 — 을 비로소 깨닫게 되었다. [그래서] 이제 그는 모든 개인이 곧 국가라고 선언함으로써 — 이는 낭만주의적 전향Umkehrung의 좋은 사례다 — 곤경을 벗어난다. 낡은 개인주의적 견해에 따르면 국가는 개인들로 구성 되는 것이었으나, 이제 국가는 국가들로 구성된다. 각 개인을 국가의 횡포로 부터 보호한다는 목표 — 일찍이 그는 이것을 비루한 이기주의Egoismus라 여 겼었다 — 는 개인을 국가처럼 취급함으로써 달성될 수 있다. 할러는 모든 법 은 사법Privatrecht이라 주장했는데, 왜냐하면 그는 공법Staatsrecht과 사법 간에 는 어떤 질적인 차이도 없다고 보았기 때문이다. 뮐러는 거꾸로 모든 법은 공 법인데, "실제로는in Wahrheit" 사법이기도 하다고 주장한다. 『국정원론』에서 그는 법의 "실정성實情性 Positivität"에 대해 네텔블라트Nettelbladt[34] 학파 — 물론 그는 이 "점잖은 사내"에 대해 우월감 섞인 경멸을 표시했는데 — 를 어렴풋 이 떠올리게 만드는 견해들을 제시한다. 그는 [보편적] 자연법에 반대하면서 다음과 같이 주장했다. [실제로는] 모든 곳이 "지방Lokal"이다. 각 지방은 제 가끔 자연스러운 법을 갖고 있으며, 이것이야말로 실정에 맞는 것이다. 바꿔 말하자면, **자연법**Naturrecht은 "**사태**Sache의 자연[본성]"을 거스른다.[35] 그가

---

34 [옮긴이] 다니엘 네텔블라트(1719-1791): 독일 법학자.

35 『국정원론』, 제1권, 57-59쪽. "한 지역에 실제적인 사건이 존재하는 경우 — 사건은 어디에 나 있지만 — 거기에는 곧바로 [적용할 수 있는] 법 또한 존재한다." 이 문장이 나온 곳 바로 앞 쪽에는 이렇게 적혀 있다. "법에 대해 사유하는 것은 그것이 곧바로 법으로 통할 수 있는 특정한 지역, 특정한 사건에 대해 사유하는 것이다. 그 특정한 지역과 사건을 위해 법이 존 재하는 것이기 때문이다. 이것은 생동하는 인간이 생동하는 인식을 따르고자 하는 아름답 고 본능적인 충동이다. 법조문에 적혀 있는 대로 법을 인식하는 자는 법의 개념, 다시 말해 죽은 언어를 가지고 있을 따름이다. 법이 적용되는 것, 다시 말해 법이 [살아] 움직이는 것 을 보는 사람은 제3의 것을 가진 셈이다. 이것은 한낱 규칙이 아니고, 단순히 실증적인 것도 아니며, 어떤 특정한 사건도 아니다. 이 제3의 존재는 법과 정의Recht의 이념이다. 이 이념 은 결코 완결되거나 종료되지 않으며, 생동하는 무한한 확장 속에서만 이해될 수 있다." [여

보기에 자연법은 충분히 자연적이지 않았다. 다시 말해, 자연에서 구체적인 목가를 구상한 루소처럼 그도 자연에서 시적詩的-구체적인 것, 곧 "지방Lo-kal"을 추론해낸 것이다. 그는 자신이 추상화 능력을 일체 결여하고 있음을 여실히 보여주었다. 왜냐하면 그에게는 비단 자연법뿐 아니라 모든 법Gesetz 이 죽은 언어ein totes Wort였기 때문이며, 또한 모든 구체적인 상황Fall은 그것을 관할하는 법과는 [전혀] 다른 것이기 때문이다. 지금까지 살펴본바, 뮐러의 감각주의는 논리적 개념을 운용하거나 도덕적 규범을 설정할 능력이 없는데, 1819년이 되면 그는 자신의 감각주의를 할러의 현실주의Realismus와 동일시하기에 이른다. 그리고 이제 그는 "강자의 법Recht des Stärken"을 "자연스러운" 법으로 승인한다. 이 법은 오직 신학적 자연법에 의해서만 폐기될 수 있다. 하지만 『신학적 토대』에서 그는 애덤 스미스에게 접근 — 그렇다. 뮐러는 어느새 개인주의자로 되돌아간 것이다 — 할 뿐 아니라, 루소의 "조용한 시골 남자"도 다시 등장시키고 있다. 그러니까 그는 [이전에] 자신이 『남부 티롤 소식』에 기고한 기사들에서 선동가Demagoge 괴레스에 대항해 "소위" 인민이라고 [경멸조로] 불렀던 존재를 [손수] 부활시킨 셈이다. 이와 같은 낭만적인 표상에 대해 드 메스트르는 조금도 공감할 수 없었다. 그럼에도 불구하고 뮐러는 자신이 드 메스트르와 똑같은 생각을 한다고 느꼈다. 도무지

기서] 뮐러가 말하는 실증적인 것das Positive은 (죽은 규칙으로서의) 법이 적용되는 구체적인 사건을 가리킨다. 로크는 이것을 법의 일반적인 판단과 반대되는 경우에 따른 판단occa-sional judgment이라 불렀다. 그러니까 여기서 관건은 법을 어떻게 적용할 것인가 라는 문제인 듯 보인다. 더욱이 뮐러는 법은 적용되는 순간 생명을 얻는다고 말하는데, 여기서도 우리는 그의 기연주의적 사유를 인지하게 된다. 지역과 법이 대립으로 설정되고, 이념은 더 높은 것, 제3의 것으로서 그 대립을 계기로 활동한다[는 것이 뮐러의 주장이다]. 59쪽(이에 대한 반대는 가령 182쪽을 보라!)에 따르면, [구체적인] 실제 사건은 이미 자체 내에 곧바로 [적용할 수 있는] 법을 가지고 있다. 여기서 그는 심지어 이렇게 말하기까지 한다. 인간은 "자연 상태 — 다시 말해, 죽은 가짜 이론이 아직 그를 오도하거나 적어도 파괴하지 않은 상태 — 에서는 항상 법과 사건을 동시에 인지하며, 그게 아니면(!) 이 양자보다 더 높은 것, 제3자, 즉 이념을 인지한다." 이 문장의 출처는 『노발리스, 셸링, 위고Novalis, Schelling und Hugo』다. 모든 진리가 "지역적lokal"이라는 말은 라헬이 애용한 표현이다.

개선의 여지가 없는 이 독일인 감정-범신론자Gefühlspantheist는 모든 것을 이해할 수 있고 또 중재할 수 있다는 자신의 생각이 모든 환상을 걷어치운 외교관[드 메스트르]의 깊은 회의적 염세주의 및 그가 견지한 원칙과 하나로 통합될 수 있다고 믿었던 것이다. [그러나 드 메스트르의] 원칙은 [논리상] 낭만주의 전체를 기각aufheben할 수밖에 없는 것인데, 그도 그럴 것이 그 원칙에 따르면 인간은 그가 가진 의지와 충동의 측면에서는 악한 존재이며, 오직 지성Intelligenz을 통해서만 선해질 수 있기 때문이다.[36] 뮐러의 저작 『신학적 토대』는 허다하게 이질적인 자료들로 누덕누덕한 웅변적 의상Einkleidung을 걸친 실체 없는 감정적 판단들로 인해 파탄에 이른 책이다. [예컨대, 다음 문장을 보라.] '참된 국가, 그것은 참된 국가이다.' 긍정과 부정 사이에서 거듭되는 공회전으로는 객관적이거나 개념적인 논의Erörterung가 이뤄질 수 없다. 그래서 [뮐러의 저작들에는] "참된 것das Wahre"과 "거짓된 것das Falsche"을 가리키는 동의어들이 득실거린다. 즉, 한편에는 생동하는 것, 진정한 것, 자연스러운 것, 기독교적인 것, 역사적인 것, 지속적인 것이 있다면, 반대편에는 죽어 있는 것, 기계적인 것, 현혹하는 것, 위선적인 것, 이단적인 것, 부자연스러운 것이 있다. 나아가 대용품Surrogat(이 말은 뮐러가 특히 애용한 단어인데, 일찍이 슐레겔이 칸트에 대항해 썼었고, 대륙 봉쇄 시기 도처에서 차, 커피, 설탕을 위시해 다양한 대용품이 등장한 탓에 사회 전반에 걸쳐 자연스럽게 유행한 말이기도 하다), 풍자화Karikatur, 캐리커처Zerrbild, 패러디, 후레자식Bastard 등의 단어들도 [뮐러

---

36 드 메스트르, 『교황에 대하여』, 제2권, 제1장(제2판, 211쪽). "인간은 도덕적인 동시에 부패할 수 있고, 지성에 있어 올바르면서도 의지에 있어 도착倒錯적일 수 있으므로, 반드시 통치받아야만 한다." 지나가는 길에 언급하자면, 슐레겔은 로마의 인민과 문화 그리고 언어를 사법적-개인주의적인 것, 기계적인 것으로서 거부하는 역사관 — 여기서 그는 "정복 국가 Conquerantenstaat" 프랑스를 막연하게 그리고 격정적인 방식으로 로마와 일치시킨다 — 을 내세웠는데, 이런 입장은 드 메스트르가 기회가 닿을 때마다 라틴[로마] 전통을 격찬했다는 사실 앞에서 곧장 무색해진다. 드 메스트르는 이 지배 능력을 지닌 민족과 유럽 문명의 표지요 "명령하기 위해 태어난" 언어의 고귀함을 예찬했다. 요컨대 훗날 고비노Gobineau가 감탄했던 게르만 족의 특성을 그는 일찍이 로마인에게서 찾았던 것이다.

의 글에] 자주 등장한다.[37] 이 말들은 낭만주의적인 작품을 쓰기 위해서는 반드시 필요한 일종의 작업복Montur 같은 것이었다. 즉, 그것들은 동의 혹은 거부의 감정을 단언Beteuerung하는 데 필요했던 것이다. [그런 점에서] 그 말들은 다른 [모든] 말들, 그러니까 철학적인 느낌을 계속해서 제공하기에 의미심장해 보이는 [모든] 우회적인 표현들과 전혀 다를 것이 없었다. 가령, 이념과 지속은 참된 것이고, 개념과 순간은 거짓된 것이라는 뮐러의 어법을 떠올려 보라.[38]

---

37 이 논문을 끝까지 읽다 보면, 사이비 논증으로 점철된 다음 사례들을 차례차례 마주치게 된다(본서 160쪽을 참조하라). 부자연스럽고 죽은 국가 개념, 참된 신, 절대주의 국가의 망상Schimäre, 국가와 법과 이성의 개념에 내재한 우상 숭배Abgötterei, (참된 지식과 반대되는) 이 기적이고 이단적인 허위 지식의 공허한 광기, 교회의 대용품으로서의 "순수 국가", 인간의 참된 힘과 위엄Hoheit, 인류의 진정한 존엄과 근본Wesentlichkeit, 거짓된 국가 개념, 참되고 현실적인 국가의 실체, 실체 없는 국가 개념, 참된 국법, 주권의 광기, 국가와 법과 인민의 대용품들, 죽은 국가 통일 개념, (가짜 자유와 반대되는) 강력한 진짜 자유, 이른바 주권, 전능의 환영Trugbild, 인민 주권의 망상, (참된 기독교 국제법에 반대되는) 소위 자연[법]적 국제법의 망상, (막연하고 무제한적이며 철학적인 도덕의 수상쩍은 소유 및 허깨비 철학과 반대되는) 믿음직하고 견고하며 이해하기 쉬운 옛 법, 그 말의 참된 의미에서의 자연, 법의 순수한 금속과 거짓 이성의 도덕으로 만들어진 싸구려 합금, 이른바 자연법, 진정한 옛 법학Jurisprudenz, 자칭 학문들, 본래의 참된 도덕, 참된 인식, 참된 자유, 이것들의 왜상歪像, 즉 자의恣意, 살아 있는 신의 대용품, 이른바 자연법, 거짓된 국가 지혜, 유한한 이성의 제한된 죽은 개념과 반대로 영원히 생동하는 이성, 날조된 졸작, 우상들, 추상적 개념, 참된 국가 개념, 참되고 자연스러운 자유, 인간 본성의 보다 고결한 근본, 참된 사려, 그 말의 참된 의미에서 '조직하다'[라는 단어], 참된 사물Sache, 참된 인격, 무한하고 참된 자유, 참으로 사려 깊은 대우, 이른바 순이익, 참된 현세적 가정 질서, 이와 반대되는 기계적이며 화학적인 죽은 힘들과 숫자들 ―이것들 덕분에 그들이 가정 질서라고 부르는 셈법이 존립한다―, 이른바 순이익, 국가와 인민이라는 두 개의 커다란 망상, 진짜 화폐와 반대되는 천박한 금붙이, 덧없고 허황된 자아Selbst, 자아의 부스러기, 상상된 국가, 진정한 인격, 참된 정신, 자유주의의 위선 및 욕망의 환영과 반대되는 참된 자유들, 광기와 실재, 추상적 국가 개념, 교회의 대용품, 추상적 국가의 물신Fetisch과 우상. 뮐러의 이 짧은 글은 확실히 문체만 따지면 걸작Kabinettstück이다. 하지만 방금 훑어본 바, 이 글의 논증은 전혀 무가치하다. 뮐러가 제시한 주제는 실로 엄청난 것이며, 이런 주제를 참되거나 거짓된 개념들로 구성된 콜로라투라Koloratur/coloratura 따위로 간단히 처리할 수는 없다.

38 돔브로스키는 이렇게 말했다. "정치적인 측면에서 뮐러로부터 배울 수 있는 가장 가치 있는 것"은 그가 순간과 지속을 "반립"시킨 점이다(앞의 책, 96쪽). 이로 인해 뮐러는 신분상 우위에 있던 마르비츠의 반대에 직면하게 되었다. 마르비츠는 조국 프로이센의 커다란 긍지, 즉

팔리Pályi[39]는 『낭만적 화폐 이론』에서 아담 뮐러의 화폐 이론을 철저히 분석한 뒤 다음과 같은 결론에 다다랐다. 뮐러의 이론이 "당대의 [여타] 국민 경제학 이론들과 달라 보이는 까닭은 그가 더 심오한 통찰을 제시했기 때문이 아니라 사실상 그가 다른 이론들을 완전히förmlich 뒤집어 놓았기 때문일 뿐"이다. "뮐러는 고전적 국민 경제학의 화폐 개념을 심화시키지 않았으며, 하물며 극복한 것은 더더욱 아니다. 하지만 그는 탄력적인 어법Sprachgebrauch ─ 이것은 그가 낭만주의적 전제 조건 위에서 사유한 덕분에 획득할 수 있었던 것인데 ─ 을 통해 그 개념을 제멋대로 확장해 사용했고, 화폐가 없던 [사회의] 경제 질서와 화폐 경제 질서 간의 관계에 관한 기존의 학설을 역설적인 방식으로 뒤집어 놓았다." 이것은 낭만적 지성주의에게는 지극히

"한때 찬란한 영광을 누렸으며, 1798년의 보증 결의Assekurationsakte를 끝까지 완고하게 주장한 데 대해 느끼는 긍지, 혁명에 대한 융커들의 혐오와 소박한 왕권주의Royalismus" 등과 관련해 뮐러를 반대했던 것이다. 문장을 다듬는 일개 비서였던 뮐러는 이 반대에 조용히 수긍했을 뿐이다. 융커 계급이 저들의 일과 관련해 무슨 말을 어떻게 해야 할지에 대해 뮐러로부터 배울 필요는 없었다. 또한 순간과 지속의 "반립Antithese"이라는, 보수 논변의 가장 오래된 소도구Requisit에 대해서도 마찬가지다. 앞서 쓴 표현을 다시 쓰자면, 정치적으로 뮐러로부터 배울 수 있는 것 중에 자유주의 개혁에 대한 보수주의 적대자가 버크로부터 배울 수 있는 것보다 나은 것은 없다. 슈타이크는 아르님이 『소년의 마술피리Des Knaben Wunderhorn』에 관해 작성한 노트에 버크의 『프랑스 혁명에 관한 성찰』로부터 차용했음직한 기록들이 있다는 사실을 지적한 바 있다. 물론 그녀가 이 사실을 의식한 것은 아니라고 그는 말한다. 아르님은 아마도 괴팅겐 시절의 기억을 더듬어 그 노트를 작성했을 것이다. 어쨌든 이는 베를린에서 뮐러가 국가철학에 관한 그의 잡종 예술 작품으로 어떤 새로운 지평을 연 것이 아니라는 사실을 가리킨다. 물론 그는 영리한 사용자로서 실용적인 지혜를 어느 정도 갖추고 있었고, 이것을 대화에 적절히 활용하기도 했다. 또 영국에 대한 그의 생각도 베를린의 주변 환경에 영향을 받아 바뀌었다. 겐츠에게 보낸 1810년의 한 편지에서 그는 농업계의 영국광들에 맞서 투쟁하는 것이 이제 자신의 생애 최대의 과제라고 말했는데, 영국인들에 대한 이러한 새로운 평가도 브란덴부르크 지방의 융커가 그에게서 배워야 할 것은 아니었다. 나폴레옹에 대해서는 똑같이 적대적이었지만, [올바른] 본능을 가진 진정한 군인들은 영국의 "상인 정신merkantilischer Geist"에 현혹당하지 않았다. [그들에게] 영국은 군인이 아니라 "기껏해야 몇몇 무모한 바다 영웅"들을 배출했을 뿐인 나라, 용병을 사서 전쟁을 치르는 나라, "고리대금의 정신 아래 대륙에서 강탈한 돈으로 타 민족의 핏값을 지불한" 나라였다(『새로운 선동자에 관한 정보지Intelligenzblatt der Neuen Feuerbrände』, 1808, 227, 228쪽).

39 [옮긴이] 멜키오르 팔리(1892~1970): 헝가리 태생의 미국 경제학자.

자연스러운 방법이었다. 겐츠의 영향을 받았을 뿐 아니라 실제로 프로이센 지주들을 비롯한 여러 경제적 실무자들과 교제한 덕분에, 무엇보다 직접 관료로서 일을 해본 덕분에 뮐러는 흥미로운 세부 사항들[에 관한 지식]을 [충분히] 터득하고 있었다.[40] 가령 브로크하우스의 『백과사전Konversationslexikon』에 그가 기고한 「런던 은행」은 철저히 실제實際에 바탕을 둔 논문으로, 이 글에서는 그가 평소 즐겨 쓰던 원심력과 구심력의 이미지조차 어떤 수사학적 자기만족이 아니라 대상을 객관적으로 세세히 설명하기 위한 목적으로 사용되고 있다. 이 글에서 그는 더 이상 낭만주의자가 아니다. 낭만주의적 이론가 ―물론 낭만주의와 관련해서는 이론이나 사유를 거론하는 것 자체가 부정확한 일이지만― 는 이미지가 스스로 사유하도록 방임한다. 그리고 그 자신은 낯선 이념들이 서로 결합 혹은 대립하며 벌이는 놀이에 탐닉하면서 그 이념들의 언어적 명칭들이 무한한 맥락으로 뻗어나갈 수 있도록 다의성Vieldeutigkeit을 부여하고자 애쓴다. 그러므로 존재하는 것은 낭만적인 이념이 아니라 오직 낭만화된 이념뿐인 것이다.

정치적 낭만주의에서 특히 중요한 것은 낭만적 감정이 형성될 때 사용되는 지적인 질료가 무엇이냐 하는 문제는 상대적으로 부차적인gleichgültig 것이라는 사실이다. 정치적인 영역에서 촉발된 감정이라고 해서 반드시 정치적인 관념들로 치장되어야 할 필요는 없다. 만약 어떤 정치적 대상에 의해 기연적으로 감명을 받을 경우, [낭만주의자는] 그것을 시와 자연철학 사이에서

---

40 이 시기 뮐러의 저작들 가운데 가장 덜 알려진 사례로는 1820년에 그가 프리드리히 리스트 Friedrich List에 관해 작성한 진정서를 들 수 있다. 이 글은 칼 괴저Karl Goeser, 『청년 프리드리히 리스트Der junge Friedrich List』(슈투트가르트/베를린, 1914, 93-95쪽)에 인용되어 있다. 이 진정서는 독일 민족의 역사적 사명과 근원적인 숙명을 다음과 같이 정리한다. "독일 사람들은 영국 상품의 중간 상인 역할에 머물러야 한다." 다시 말해, 산업을 일으키거나, 관세동맹Zollverein을 맺어서는 안 된다. 이처럼 산업과 상업의 영국 독점을 [중간에서] 관리해주는 역할을 독일 민족의 이상으로 규정하는 잔망스러운 "낭만주의적" 국가 경제 이론이 "건강한 육체", "병적인 기형" 따위를 말하는 사이비 유기체 논증(본서 160쪽을 보라)과 연결되어 있다는 것은 두말할 필요도 없는 일이다.

진자 운동하게 만들 수 있다. 또한 비정치적인 [영역에서 받은] 감명이 정치적인 관념들을 통해 목소리를 낼 수도 있다. 우리는 이에 관한 가장 직접적인 사례를 노발리스에게서 발견한다. 가령, 그의 아포리즘을 보자. '훈장은 도깨비불Irrwisch 혹은 별똥별Sternschnuppe이다. 군인들은 국가의 꽃가루이기 때문에 다채로운 옷을 입는다. 금과 은은 국가의 피Blut다. 행성계로 치면 왕은 태양이다.' 이것들은 모두 정치적인 것의 시화詩化다. 그 밖에도 자연철학이나 신학 혹은 여타의 "더 높은" 학문에서 차용한 수많은 유비Analogie들 역시 여기에 속한다. 왜냐하면 [정치적 낭만주의가 추구하는] 목표를 달성하기 위해서는 대상을 시적 영역으로 끌어올리는 일이 무엇보다 중요하기 때문이다. 낭만주의자들이 유비를 사용한 것은 결코 개념적인 해명이나 체계적인 혹은 방법론적인 중요성 때문이 아니었다. 그런 것은 제대로 된 자연철학자들에게나 해당되는 이야기다. 비록 자연철학자들은 그러한 유비들을 너무도 조악한 방식으로 오용하긴 하지만 말이다.[41] 군주정은 하나의 절대적인 중심점

---

41 바그너J. J. Wagner, 『입법권과 행정권의 분리에 대하여Über die Trennung der legislativen und exekutiven Staatsgewalt』(뮌헨, 1804). 이 책은 [바그너가] 바이에른 정부와 신분제 의회의 대표들 사이에 생긴 이견Differenz을 계기로 삼아 집필한 것인데, 나는 이 책을 정치적 낭만주의에 속하는 것으로 보지 않는다. 왜냐하면 "전체의 차원에서" 국가를 구성하는 이 책의 방식은 자연철학적인 것이기 때문이다. 덧붙이자면, 이 저서는 뮐러의 작품보다 더 주목받아 마땅하다. 체계적 구성에 관한 한 그의 재능은 방법론의 측면에서 종종 보날과 비슷한 면모를 보이기도 하는데, 이에 따라 바그너는 정치적 현실 속에서 국왕이 맡는 역할을 철학의 체계에서 궁극의 통일 개념이 맡는 역할과 동일시하려 한다. 국가철학적 주제와 관련해 뮐러의 발언들과 비교하기 위해서는 다음의 진술들을 주목해 볼 필요가 있다. "상대 국가를 완전히 붕괴시켜서는 안 된다"(4쪽). 이것이 국가 간의 관계에 대한 자연법의 제1원칙이다. 여기서 중요한 점은 약자에 대한 강자의 힘을 제한하는 것이다. 하지만 이것은 다만 부정적인 원칙에 지나지 않으므로, "필연적으로 학문의 전체 구도를 대립의 종합Ensemble"으로 만들게 된다. "왜냐하면 부정적인 것은 …… 반대와 더불어 시작되어 종내 근원적인 대립으로 귀결되기 때문이다." 바그너에게는 인민과 군주의 분리가 그러한 대립의 사례였으며, 이 대립은 다시 입법과 행정의 분리로 이어졌다. 기하학적 정신esprit géométrique의 옹호자들 — 이들과 다른 정신을 가졌지만, 어쨌든 아담 뮐러도 여기에 포함된다 — 이 모두 그렇듯이 바그너 역시 몽테스키외의 삼권 분립 사상에 대해서는 별 관심이 없었다. [그래서] 바그너는 사법부의 독립에 관한 언급을 하지 않았다. 사법부의 독립이 역사적으로 가장 빠르고 가장 괄목할 현상이었음에도 불구하고 말이다. 그 까닭은 사법의 분리까지 추가하면 반립의

에 연결되어 있는 것이므로 진정한 체제라는 식의 논증Begründung은 보날의 글에서도 찾아볼 수 있는데, 이것은 통일성을 지향하는 [그의] 스콜라 철학적-체계적 경향의 표현이었다. 드 메스트르의 경우 그러한 논증은 최종 심급letzte Instanz을 찾으려는 특이한 법학적 열망Bedürfnisse에 따른 것으로서, 이것은 지극히 비낭만주의적인 열망이다. 노발리스의 경우 그러한 논증은 미학적 원리에 의해 결정되며, 시적 비유의 형태Figuration로 나타난다. [가령,] 다음과 같은 단편Fragment을 보면 이 점을 분명히 알 수 있다. 위계는 "국가들 간의 균형을 상징하는 근본 형상Grundfigur이며, 국가 연합Staatenverein의 원칙은 정치적 자아의 지적 직관[의 결과]이다." 여기서는 자연철학, 피히테, 미학, 정치학 등에서 무분별하게 차출된 관념들이 마구 뒤섞여 있다. 그것들은 그저 리듬만 제대로일 뿐, 내용상으로는 아무 의미 없는 아포리즘 안에서 부글부글 끓어오른다.

사물을 다루는 이와 같은 낭만주의적 방식은 기연주의 방식에 따라 한 영역에서 다른 영역으로, "보다 높은" 낯선 제삼자에게로 항상 도피하면서 [동시에] 상이한 영역에 속하는 관념들을 한데 뒤섞는 [첫 번째 원칙에서] 유래

단순한 도식이 틀어지기 때문이다. "이러한 비교 — 국가를 인간 유기체와 같은 것으로 여기는 — 가 그저 비유에 그치는 것이 아니라, 자연과 자유의 내밀한 동일성에 대한 구체적 표현이라는 사실을 간파하는 독자를 만난다면 기쁠 것 같다"(15쪽). "국가는 우연한 것이 아니며, 사회 계약에 기초한 것도 아니다. 국가는 인류의 이념적 생산성이 대지의 현실적 생산성과 평형 상태를 이룸으로써 생겨나는 것, 나뭇가지에서 떨어지는 잘 익은 과일 같은 것이다"(17쪽). "국가의 중심은 하나의 인격이어야 한다"(19쪽). "작센과 프로이센 사람들의 천박한 기품"(31쪽). 이 견해는 청년 헤겔의 견해와 비슷해서 흥미롭다. "왕은 국가의 제1종복이 아니다. 그런 원리 자체가 이미 민주주의다"(22, 32, 49-49, 93쪽). "고문들은 군주에게 개념을 제시하지만, 군주는 그것을 이념으로 고양시킨다"(32쪽). "인위적인 정치, [기계적인] 균형의 산정에 반대한다. 영국 의회는 국정의 진행을 지연시키며, 국민들에게 정치적 웅변을 연습할 기회를 부여한다"(84쪽). "모든 현실성은 가능성에 근거를 두고 있다. 현실성은 그 자체로 이미 제약이며, 병Krankheit이다"(51, 65쪽). 끝으로, 헤겔과 동향이었던 이 사람의 정치적 신념이 징후적으로 드러난 곳은 98쪽이다. "유명한 논평가인 모저J. J. Moser는 호엔트빌Hohentwiel 요새에 머물며 자신의 의연함을 과시할 수 있었지만, 그렇다고 해도 군주들의 계획을 저지할 수는 없었다."

한 것이다. 졸거는 아담 뮐러를 보면 모든 것이 "부당한untreu 혼합"이라고 말했다. 빌헬름 그림 역시, 뮐러에게서 발견할 수 있는 좋은 것은 어쩐지 모두 "외상"으로 빌린 것 같은 느낌이라는 따끔한 견해를 밝힌 바 있다. 이 두 진술에는 [정치적 낭만주의의] 두 번째 원칙에 대한 암시가 들어 있다. 두 번째 원칙이란, 그러한 혼합 과정에 들여온 낯선 이념들을 과도한 문학적 과장을 통해 [입맛에 맞게] 써먹는 것 외에 다른 활동은 일절 하지 않는 것이다. 그 결과 역설적인 전도가 발생한다. 하지만 [여기서] 부당하다는 인상은 다른 동기, 즉 낭만주의화Romantisierung의 정신적 특성에서 유래한 동기Moment로 인해 초래된 것이다. 낭만주의적 비유 놀이Figurenspiel를 가동시키는 중심축은 항상 기연적인 것이며, 따라서 낭만주의의 사이비 논변은 모든 상황을 정당화할 수 있다. [이를테면] 오늘은 이렇게 말한다. '중앙 집권적 경찰국가는 죽은 인공적 기계라고 할 수 있으므로, 이따위 기계를 위해 [전래의] 신분적 특권이 보유한 생생한 에너지를 희생시켜서는 안 된다.' 그런데 내일이 되면 다시 말이 바뀐다. '그 특권은 살아 있는 거대한 몸[국가] 전체를 위해 반드시 치료해야 할 악성 종양wildes Fleisch이다.' [오늘의] 권력 분립은 유기체 전체를 억지로 찢어발기는 행위지만, 내일이 되면 그것은 자연의 도처에서 항상 거듭되는 대립들 간에 생동하는 유희로 바뀐다. 이 대립들의 상호 작용 — 왜냐하면 전쟁은 만물의 아버지이므로 — 을 통해 생동하는 유기체는 보다 높은 통일체Einheit로 격상된다. 인공적 "작위"보다 더 부자연스럽고 혐오스러운 것은 없다. 그것은 혁명적인 것이며, 보전保全 Bestand을 모른다. 하지만 프로이센 인민의 위대함은 자연이 그들에게 주지 않은 것을 스스로[의 힘으로] bewußt 창조해 냈다는 점에 있다. 오늘의 프랑스 혁명은 버크가 생각한 것, 즉 부자연스러운 우상 숭배이자 무의미한 범죄다. 하지만 내일이 되면 그것은 도덕적인 고려 사항 및 형식의 질곡을 부수는 "자연의 위력, 즉 억압받고 속박 당하는 삶[과 연대하는] 친화력"이 될 수 있다(『프리드리히 2세』, 305쪽).

　[정치적 낭만주의가 노정하는] 일관성의 결여 및 모든 새로운 인상에 대한

도덕적 무기력Hilflosigkeit은 본질적으로 낭만주의자의 미학적 생산성에 그 뿌리를 두고 있다. 낭만주의자에게 정치는 도덕이나 논리 못지않게 생소한 것이었다. 그러나 정치적 낭만주의의 여러 사례들은 다른 유형Typus, 즉 낭만적 정치가의 사례와 구분되어야 한다. 기본적으로 낭만주의자가 아닌 사람도 낭만화된 표상에 의해 자극을 받을 수 있고, 다른 원천에서 얻은 에너지Kraft를 낭만주의를 위해 쓸 수도 있다. 이와 같은 낭만적 정치의 단순한 교과서적 사례Schulfall — 요령부득의 복잡한 국가적 사건Staatsaktion들에 대한 언급을 피하기 위해 — 로 내가 꼽고 싶은 것은 대학생 칼 루트비히 잔트Karl Ludwig Sand[42]의 코체부Kotzebue[43] 살해 사건(1819년 3월 20일)이다.[44] 잔트는 18세기의 청소년 교육을 지배하던 도덕적 엄격성[의 문화 속에서] 교육을 받았다. 유년과 사춘기 시절 그는 이따금 감동적일 정도로 혹독하게 의지를 단련했으며, 나약한 마음과 정욕에 굴복하는 일이 없도록 극기했다. 로베스피에르처럼 엄격한 도덕주의의 사례를 보유한 프랑스에서라면 그것을 "고전적 정신esprit classique"의 엄격한 전통이 끼친 영향으로 볼 수 있겠지만, 독일에서 그렇게 주장할 경우 오도될 가능성이 높다. 왜냐하면 독일 고전주의는 이미 오래 전부터 인도주의적이며 루소적인 이념에 복속된 상태이며, 그런 탓에 이전에 가졌던 엄격성을 상실했기 때문이다. 하지만 독일에서도 그러한 엄격성의 전통이 완전히 사라진 것은 아니었고, 이 잔존은 잔트에게서 다음과 같은 결과를 가져왔다. 즉, 그는 마음의 동요를 다스릴 수 있는 비낭만적인unromantisch 능력과 결단할 수 있는 힘을 보존했던 것이다. 이 능력[과 힘]은

---

42 [옮긴이] 칼 루트비히 잔트(1795-1820): 독일의 급진파 대학생.

43 [옮긴이] 아우구스트 폰 코체부(1761-1819): 독일의 문필가, 극작가.

44 이하의 설명을 위해 잘 알려진 잔트 사건에 대한 서술 외에 빌헬름 하우젠슈타인Wilhelm Hausenstein이 『바이에른 역사 연구』(제15권, 1907, 160, 244쪽)에서 제시한 중요한 정보들도 이용했다. 하우젠슈타인 박사는 잔트의 전기를 위해 자신이 수집한 수많은 귀중한 자료들을 이용할 수 있도록 호의를 베풀어 주었다. 1916년 일리노이에서 출간된 『독일-미국 역사 협회 연보』에 실린 칼 폴렌의 전기는 입수하지 못했다.

"더 높은" [낭만주의적] 의미가 아니라 통상적인 의미에서의 행동을 가능케 하는 것이었다. 대학 재학 시절 그는 당시 이미 목가로 전향해 선풍적 인기를 끌던 낭만주의에 적극 가담했고, 전래 민요에 열광했으며, 실로 우직하게 중세를 찬양했다. 자유와 조국Vaterland이라는 이상에 대한 그의 신념에는 조금의 낭만주의적 유보도 없었다. 이처럼 정직한 사람의 눈에 음흉하고 탐욕스러운 러시아의 주구走狗, 늙은 코체부가 적으로 등장한 것이다. 차르에 대한 혐오감으로 표출되곤 했던 치기 어린primitiv 대학생 정치Studentenpolitik는 낭만주의 고유의 특징을 전혀 갖지 않았다. 당시 독일의 민족 감정은 당연히 오직 프랑스인들Franzosentum, 로망족Welschtum, 그러니까 그들이 이제 막 쫓아내는 데 성공한 적을 향할 수밖에 없었다. 이는 프랑스에 의한 통치를 받으면서 [독일의] 민족 감정이 깨어났기 때문이다. 코체부는 오직 "도덕적인" 의미에서만 "로망족 사람Welscher"이었다. 가령, 그의 우유부단함을 떠올려 볼 수 있을 것이다. [하지만 당시] 대학생들의 눈에 비친 그는 근본적으로 "배신자Verräter", 즉 독일의 대학 문화를 타락시키려 했던 정치 세력의 앞잡이Spion였다. 그러나 잔트의 결단이, 적이 누구인지 명확하게 인식하고 있는 선명한 민족 감정 혹은 정치적 입장에 따라 실행된 것이라고 말할 수는 없다. 물론 그의 행위가 정치적 관념에 의해 촉발된 것은 사실이다. [그러나] 그의 선택이 하필이면 코체부였다는 점에 대한 가장 개연성 있는 설명은 그 "악당Schand-bube"이 잔트에게는 비열함과 야비함의 상징이었다는 것이다. [그러니까] 코체부는 낭만주의적 구성의 계기였다는 말이다. 코체부가 정치적으로 전혀 무의미한 인물이라는 것은 공공연한 사실이었고, 그런 까닭에 [잔트의] 살해와 범죄 행위는 그저 우스꽝스러운 정치적 사고Vorfall에 지나지 않게 되었다. 만약 잔트가 전적으로 민족주의적 동기에서 그를 살해했다고 해도, 이 사실에는 변함이 없을 것이다. 진지하게 다뤄야 할 중요한 정치적 의지가 한낱 기연적인 대상을 떠맡을 경우, 그로 인해 발생하는 사건은 낭만주의적 구조를 따르게 된다. 이 경우에도 낭만주의적 구조는 기연주의적occasionalistisch이다.

왜냐하면 그것은 정치적 에너지가 집중되는 지점을 기연적으로occasionell 찾아내기 때문이다. 다만 그 방향이 정치적 낭만주의와 반대일 뿐이다. 즉, [낭만주의적 정치는] 밖을 향해 있다. 따라서 [그것의] 결과, 즉 도달점terminus ad quem이 기연적인 것이 된다. 원인은 온데간데없고, [오직] "기연의 효과effectus occasionalis"만이 남아 있다. 그러니까 강력한 정치 세력들이 하나로 뭉쳤음에도 불구하고 아무런 목표도 찾지 못한 채 애먼 기연점ein occasioneller Punkt만 있는 힘껏 때리고 있는 것이다.

낭만적으로 구성된 기회들을 이용하는 이러한 정치에 있어서 불멸의 전범典範은 돈키호테다. 그는 낭만적 정치가였지, 정치적 낭만주의자는 아니었다. 그에게는 더 높은 조화 대신 옳고 그름을 구별하는 능력과 자신이 옳다고 생각하는 바를 결행할 능력이 있었다. 정치적 낭만주의자에게는 이러한 능력이 없었으며, 따라서 슐레겔과 뮐러의 낭만적 정통주의는 그들이 정의/옳음에 대해 아무런 관심을 갖지 않았음을 방증하는 것으로 보아야 한다. [스페인의] 그 가난한 기사는 기사도의 이상에 대한 열광과 추정된 불의에 대한 분노에 사로잡혀 외부 현실을 지독하게 경멸하긴 했지만, 그래도 당대의 비평/비판에 대한 한탄을 그럴싸하게 포장하고 미학을 빙자하며 자신의 주관으로 후퇴하는 따위의 행태를 보이지는 않았다. 그의 충직한 열성은 낭만적 우월감을 갖는 것이 도무지 불가능한 상황으로 그를 몰아갔다. 그의 투쟁은 가히 환상적으로 어처구니없는 것이지만, 그래도 그것은 목숨을 건 위험한 싸움이었다. 그것은 가령 아담 뮐러 등의 예술가들처럼 질료와 씨름하거나 또는 구두장이처럼 가죽과 씨름하는 식의 더 높은 수준의 투쟁이 아니었다. 그의 열광은 한 사람의 진짜 기사가 자신의 계급에 대해 품은 열광이었다. 그것은 시민 계급에 속하는 [가짜] 기사가 귀족층을 선망하며 품은 열광과는 [전혀] 다른 것이었다. 19세기 귀족 낭만주의자들은 정치적 낭만주의자보다는 낭만적 정치가에 가까웠다. 그래서 아르님과 아이헨도르프 — 참고로 이 사람은 스스로를 돈키호테와 동일시했다 — 같은 귀족층 인사들은 시민 계급에 속한 문필가 슐레겔이나 뮐러와는 달리 정치적 낭만주의자의 모습을 제대로 구현하지 못했다. 한편 돈키호테에게서는 새로운 시대의 전조前兆도 발견되는데, 이 시대는 존재론이 새로운 문제로 부상한 시대다. 이 지점에서 시골 귀족Hidalgo은 이따금 주관주의적 기연주의에 육박하는 모습을 보인다. 그는 둘시네아Dulcinea에 대한 자신의 상상Vorstellung이 실제 그녀의 모습보다 더 중요하다고 선언한다. 왜냐하면 중요한 것은 둘시네아가 [실제로] 누구인가 하는 문제가 아니라, 위대한 행위들을 하도록 그를 고무하는 이상적인 숭배의 대상으로 그녀가 계속 남아 있다는 사실이기 때문이다(제2권 11장, 제9권 15장).

모든 대립을 더 높고 조화로운 통일로 해체하는 주체적 창조성Schöpfertum으로 도피할 수 있게 해주는 기연주의가 부재하는 곳에 낭만주의는 존재하지 않는다. 개별적인, 특히 정신 병리학적인psychopathologisch 유사성을 구실삼아 고대 혹은 중세의 인물들을 낭만주의자로 지칭한 사례들이 매우 많은데, 이처럼 역사적인 유비 관계Paralle를 설정할 때 낭만주의라는 단어는 정치적 화법Redensart의 차원에서 보면 애매성, 편벽성Exzentrizität, 달뜬 기분 또는 도취Schwärmerei와 동의어로 쓰인 것이다. 그런 다음 그러한 표현의 애매성은 역사적 유비Analogie의 일반적인 불확실성과 결합한다. 만약 누군가가 19세기의 군주를 로마의 황제Imperator와 동일시하려 한다면, 그는 양자의 모습에서 하나의 형상을 뽑아낼 것이며, 이때 그 형상의 윤곽은 객관적 연구가 아닌 입증되지 않은 상호 유사성에 의해 그려지게 된다. 이렇게 해서 [로마 제국의] 카이사르가 낭만적 특징을 지니게 되는데, 여기서 낭만적인 것이 근대의 고유한 특징이라는 사실은 고려되지 않는다. 예컨대 앙드레 수아레즈André Suarès[45]는 충실한 심리학적 고찰에 기초해 네로 황제를 변덕스런 폭군형 광대로 묘사하면서 당대 현실의 모습을 암시한 바 있는데, 바로 이런 것이 낭만주

---

45 [옮긴이] 앙드레 수아레즈(1868-1948): 프랑스의 시인, 비평가.

의적 작품Produktion이다.[46] 이런 역사적 유비와 비교는 문학적 형상화의 보조 수단이다. 이 수단에 의해 저명한 역사적 인물들과 [그들이 연루된] 사건 Komplex들이 요긴한 모티브로 활용된다. [하지만] 그들은 이미 신화적인 혹은 전설적인 상투어Formel로 전락한 채 [다만] 두루뭉술한 감상적 연상 작용을 유발할 뿐이다. 아담 뮐러 혹은 뱅자맹 콩스탕Benjamin Constant[47]과 같은 낭만주의자들은 나폴레옹을 아틸라Atilla 혹은 칭기즈 칸에 견주면서 마치 노발리스가 성모 마리아를 써먹은 것처럼 그들을 미학적으로 이용했다. 이러한 낭만주의는 정치적 실천은 전혀 하지 않은 채, 자신만이 보유한 전제와 방법에 따라 미학적인 효과를 꾀할 뿐이다. 의도했건 하지 않았건 간에 그것은 정치적 선동에 이용될 수 있고 또 정치적으로 영향력을 발휘할 수도 있다. 그렇다고 해도 그것이 낭만적인 것, 즉 정치적 수동성의 산물이라는 사실은 변하지 않는다. 이는 마치 오베르Auber[48]의 오페라 〈포르티치가의 말 못 하는 소녀 Stumme von Portici〉가 1830년 벨기에 혁명 시기에 혁명가들을 열광시켰다고 해서 그 작품이 정치적 행위였다거나 오베르가 정치가였다고 말할 수 없는 것과 같다. 정치적인 관심에 의해 만들어져서 정치적인 수단으로 이용되는 역사적인 비교는 이와 다르다. 다비드 프리드리히 슈트라우스David Friedrich Strauß[49]가 배교자 율리아누스에 관해 쓴 저서 『카이사르의 권좌에 오른 낭만

---

46 수아레즈, 『민족 대 인종의 대결』(제2권: 공화국과 야만인들, 파리, 1917), 97쪽. 동양-서양, 양-질 따위의 잘 알려져 있는 반립들은 — 나폴레옹 전쟁 시기 나폴레옹에 적대적이던 낭만주의자들의 사례에서 볼 수 있는 것처럼 — 묵시록과 세계사로부터 차용한 모티브들과 더불어 반복된다. 참고로 나로서는 도스토옙스키에 관해 뛰어난 시론을 쓴 작가 수아레즈를 결코 낭만주의자로 규정할 수 없다. 그는 다음과 같은 올바른 판단을 내린 바 있다. 즉, 스탕달Stendhal이 낭만적이란 단어를 썼을 때, 그가 생각한 것은 낭만주의가 아니었다. 다시 말해, 그는 빅토르 위고Victor Hugo가 아니라 셰익스피어를, 샤토브리앙이 아니라 단테를, 베를리오즈Berlioz가 아니라 베토벤을 생각했던 것이다. 수아레즈는 이렇게 덧붙인다. "백년 뒤에도 이 [단어의] 애매성은 그대로 남아 있을 것이며, 정치적 사기꾼들은 그것을 더욱 부추길 것이다."

47 [옮긴이] 뱅자맹 콩스탕(1767-1830): 스위스 정치 사상가.

48 [옮긴이] 다니엘 오베르(1782-1871): 프랑스의 오페라 작곡가.

주의자』(만하임, 1847)가 바로 그러한 현실 정치에 대한 관심에서 출발한 작업이다. 이 책은 낭만주의자를 하나의 정치적 유형으로 만들려 했던 역사적 유비들 가운데 가장 유명한 축에 속하는 것으로서, "정치적 낭만주의"의 개념 구성에 있어 각별한 의미를 지닌다.

---

49 [옮긴이] 다비드 프리드리히 슈트라우스(1808-1874): 독일 자유주의 신학자.

보론: 『카이사르의 권좌에 오른 낭만주의자』

[기독교에 대항해] 이교Heidentum를 부흥시키길 원했지만 실패했던 4세기 로마 황제 율리아누스와 프리드리히 빌헬름 4세Friedrich Wilhelm IV[50]를 비교함으로써 슈트라우스는 후자의 보수적이고 반자유주의적인 정책을 논박하려 했다. 율리아누스 시대의 기독교는 전통적인 이교heidnische Religion에 맞서는 새로운 것, 혁명적인 것, "미래의 수호신Genius der Zukunft"이었으나, [이에 반해] 19세기 기독교는 역사적으로 낡은 것의 역할을 담당하며, 새로운 삶[의 방식]에 대항해 복귀를 꾀하는 것이었다. 슈트라우스의 이 책은 [율리아누스와 빌헬름 4세의 행적에서 발견되는바] 거시적인 차원과 미시적인 차원을 아우르는 수다한 유비들을 보여 준다. [두 사람 모두] 국가적 차원의 조치 및 [그에 상응하는] 제도적 뒷받침을 통해 신앙심Religiosität을 높이려 했고, 학교와 교회를 후원했으며, 철학자들을 궁으로 불러들이려 했고, [각각] 신전Tempel과 교회Dom를 재건하고자 했으며, 군주에게 부여된 종교적 사명을 신봉했다. [슈트라우스의] 탁월한 솜씨로 소묘된 이 유사점들은 그러나 비단

---

50 [옮긴이] 프리드리히 빌헬름 4세(1795-1861): 프로이센의 국왕, 1840년부터 사망할 때까지 재위했다.

복고의 시기뿐 아니라 개혁의 시기에도 출현할 수 있다. 하르나크Harnack[51]는 제의, 제의 공동체Kultusgemeinde, 성직 계급Priesterschaft [일체를] 고행에 기초한 신심으로 물들이고, [나아가] 그들을 신비주의적-위계적인 방식으로 훈련시키려 했던 율리아누스의 시도를 일컬어 전대미문의 쇄신이라 했다. 이 시도는 훨씬 뒤 중세 기독교 시대에 이르러 클뤼니 수도원의 개혁 운동을 지지한cluniacensisch 교황들에 의해 비로소 부분적으로 실현되었다. 율리아누스의 시도가 실패한 이유는 [당시] 이교도들의 밀교적 관심이 국교[인 기독교]의 공적 관심과 배치되었기 때문이다. 만약 그 시도가 성공했더라면, 그것은 반동이 아닌 개혁이 되었을 거라고 하르나크는 지적한다. 하지만 성공의 여부가 유일한 기준일 수는 없다. 만약 그렇다면 성공한 사업은 [비단] 개혁에 그치는 것이 아니라, 실패한 낭만주의가 될 것이기 때문이다.

이 책에서 슈트라우스는 낭만적인 것의 개념을 상세히 정의한다. "낭만주의와 낭만주의자가 발흥할 수 있는 역사적인 위치는 새로운 교양이 낡은 교양과 대결하는 시대들이다. …… 세계사의 그러한 경계선상에서 명석한 사유를 압도하는 감정과 상상력을 가진 인간들, 즉 투명성보다는 온정을 선호하는 영혼들은 항상 뒤로, 즉 옛날로 후퇴한다. 자신들의 주변에 만연한 불신앙과 무미건조Prosa를 빠져나온 그들은 옛 신앙과 선조들의 도덕Sitte이 일궈놓은 천태만상의 세계, 온정이 넘치던 세계를 동경한다. 그리고 그들은 자신들뿐 아니라 다른 모든 사람들을 위해 그 세계를 복원하려 한다. 하지만 그들[역시] 시대의 자식들로서 그들의 의지를 거스르는 새로운 원리에 생각보다 훨씬 깊이 침윤되어 있다. 그래서 그들에 의해, 그들 안에서 재현되는 옛 세계는 본래의 순수한 옛 세계가 아니라 이미 여러모로 새로운 세계와 뒤섞여

---

51 하우크Hauck, 『프로테스탄트 신학을 위한 실용 백과사전Realenzyklopädie für prot. Theologie』, 제9권, 614쪽. 소조메노스Sozomenos에 관한 진술로는 헤어초크Herzog, 『실용-백과사전』, 제14권, 418쪽. 또한 하젠클레버Hasenclever, 『기독교의 역사와 예술에서Aus Geschichte und Kunst des Christentums』(브라운슈바이크, 1890), 제1권, 50쪽 및 아스무스J. R. Asmus, 『교회사 잡지』(고타, 1896), 제16권, 247-248쪽을 참조하라.

있는 세계다. 이로써 그 세계는 사실상 새로운 세계를 예고하는 셈이다. [이 세계에서] 신앙은 섭리에 따라 주체를 지배하는 참된 신앙이 더 이상 아니다. 오히려 주체가 제 뜻과 의지에 따라 신앙을 [선택하고] 견지한다. 여기서 발견되는 모순과 허위를 저 온정주의적 의식[의 소유자들]은 자신들을 감싸고 있는 환상의 암흑으로 가려 버린다. 낭만주의는 본질적으로 신비주의Mysticism다. 오직 신비주의적 성향Gemüt을 가진 사람만이 낭만주의자가 될 수 있다. 그렇지만 옛 세계와 새로운 세계 사이의 모순은 가장 깊은 어둠 속에서도 손에 잡힐 듯 생생하게 느껴진다. 어떤 경우든 자의적인 신앙의 허위는 가장 내밀한 의식 속에서도 감지될 수밖에 없다. 그러므로 자기기만과 내면적 부정직성은 모든 낭만주의의 본질에 속하는 것이다."

이 구절을 상세히 인용한 까닭은 그것이 [낭만주의에 대한] 모범적인 개념 규정으로서 중요성을 갖기 때문이다. 이 규정은 낭만적인 것에 대해 흔히 되풀이되는 견해를 가장 잘 요약하고 있다. 여기서 슈트라우스는 흥미로운 방식으로 헤겔주의자들과 대결하면서 낭만주의자의 보편적이고 세계사적인 전형을 제시하려 한다. 그래서 그는 헤겔주의자들이 고수하는 [낭만주의의] 프로테스탄티즘 기원설을 도외시한다. 또한 슈트라우스는 낭만적인 것에서 내면적 부정직성과 주관적 자의를 발견하고 이를 상호 모순되는 권력 간의 갈등에서 발생한 내면의 불안에 의한 것으로 설명하는데, 이 설명은 타당하다. 하지만 그는 주관주의를 [상호] 모순되는 낭만적 현상들의 원인이 아닌 결과라고 생각했다. 이어지는 설명에서도 [슈트라우스는] 율리아누스의 도덕적이고 지적인 특성에 대한 묘사를 당대의 정치적 낭만주의를 암시하기 위한 용도로만 사용하는데, 결정적으로 여기서 표면상 낭만적인 것으로 간주되는 징후들이 전면에 등장한다. 그중 특히 언급할 만한 것으로는 율리아누스의 신경질적인 태도, 닥치는 대로 감정을 쏟아 내는 성격, 위트 있는 말이라면 사족을 못 쓰는 취향, 기회가 있을 때마다 기필코 한마디씩 내뱉거나 아니면 친구들에게 편지라도 써야 직성이 풀리는 성미, 억지스럽고 의뭉스러운 모습 등을 들 수 있다. 이것은 1848년의 낭만주의자가 [동시대인들에게]어떤 모습으로 비쳤는지를 알게 해주는 흥미로운 설명이다. 또한 이것은 뛰어난 관찰이기도 하다. 다만 낭만적인 것에 대한 함축적인 개념을 정립하기에는 역부족이다. 하물며, 정의와 합리적 중용을 지향하는 고대의 도덕적 이상을 실현키 위해 심지어 고행도 마다 않고 진지하게 노력했던 율리아누스 같은 사람에 대해 그런 식으로 말하는 것은 전혀 얼토당토않다.[52] 한편, 이

---

52 율리아누스 이미지의 변천사에 대한 이하의 개관은 과거에 대한 역사적 이해가 현재의 관점에 얼마나 큰 영향을 받을 수 있는지를 잘 보여 준다. 18세기 사람들, 아니 적어도 그 세기의 자유사상가Freigeister들에게 율리아누스는 "철학자philosophe", 그러니까 자신들의 동류로 여겨졌다. 청년 낭만주의자들의 동시대인으로 킬Kiel의 역사가였던 헤게비쉬D. H. Gegewisch — 1812년 사망 — 는 율리아누스의 저작과 성격에 관한 논문(『역사와 문학에 관한 논문집』, 킬, 1801, 156쪽)에서 언제나 비정상적인 것에 대해서 이야기하고 "겉만 번지르르한 것들"만 찾아다닌 율리아누스의 성벽은 18세기 말 독일에서도 흔히 볼 수 있는 것이라고 적었다. 하지만 다른 한편으로 헤게비쉬는 철학자 및 문학가 들과 가깝게 지낸 율리아누스의 모습이 프리드리히 2세와 유사하다고 생각했다(166쪽). 낭만주의자를 백과사전파의 친구와 유사한 인물로 규정한 이러한 인물평Charakterisierung의 부적절성에 대해서는 하르나크가 이미 언급한 바 있다. [하지만] 그루페O. Gruppe는 「그리스 신화론 및 종교사」(『뮐러 편람 Müllersches Handbuch』(뮌헨, 1906, 제5권 2장, 1666, 1669쪽)에서 그 인물평을 세세한 비교 Parallele를 통해 더욱 심화했다. 이 비교에 따르면, [저 고대의] 낭만주의자에 대해 우리는 그가 "이룰 수 없는 것을 이루기 위해 노력하면서, 동시에 그런 자신의 노력을 과거의 복원이라 여겼다"는 사실 외에 아무것도 배울 수 없다(1658쪽). 『율리아누스 황제Kaiser Julianus』(라이프치히, 1914, 169쪽)에서 요하네스 게프켄Johannes Geffcken은 그 견해가 "단지 부분적으로만 타당하다"고 지적하면서도, [율리아누스와 프리드리히 2세를] "비교하는 일은 앞으로도 계속 거듭해서 할 수밖에 없는 일"이라고 털어놓았다. 물론 그는 슈트라우스의 논문에 대해서도 언급하고 있다. "율리아누스는 철두철미 신비주의자였고, 가끔씩 낭만주의자였지만 — 따라서 슈트라우스 박사가 완전히 틀린 것은 아니다 — 결코 몽상가는 아니었다"(124쪽). 이 "프로테우스" — 리바니우스Libanius는 그를 이렇게 불렀다 — 의 내적 모순을 탁월하게 요약한 것은 네그리G. Negri의 저서 『배교자 율리아누스 황제L'imperatore Giuliano l'Apostate』(밀라노, 1901, 428, 429쪽)다. 참고로, 토이펠Teuffel(파울리, 『실용·백과』, 슈투트가르트, 1846, 제4권 개정판, 401-402쪽)이 개괄적 방식으로 출처들을 열거한 적이 있는데, 여기서도 [두 사람 간의] 여러 유사성들을 발견하기 위한 일정한 준거점 Anhaltspunkt을 찾을 수 있다. 자신의 책 서론에서 슈트라우스는 근대에 이르러 정통 교회에 대한 율리아누스의 저항을 달리 보게 됨에 따라 그에 대한 평가가 점진적으로 바뀐 과정을 설명해 놓았다. 이에 못지않게 흥미로운 점은 원래 배교자이자 기독교의 박해자에 불과했던 율리아누스가 정치적 관심이 증가함에 따라 점차 정치적인 인물로 바뀌어 보이게 된 과정이다. [그런데] 이런 식의 변화에 대해 말하자면, 슈트라우스 자신이야말로 가장 극명한 사례다.

규정을 구성하는 실질적인 요소들은 서로 완전히 이질적이다. 종교적인 것의 영역에만 존재하는 신비주의를 본질상 미학적인 것의 범위에 속하는 낭만주의와 하나로 뒤섞는 행태는 놀라운 일이 아니다. 왜냐하면 그것은 이미 유서 깊은 오해이기 때문이다. 하지만 애당초 낭만적인 것의 본질에 속해 있는 신비주의가 어째서 신구(新舊)의 대립에 직면해야만 비로소 모순적이고 기만적인 모습, 즉 낭만적인 것의 면모를 내보이는가 하는 점에 대해 [슈트라우스는] 아무런 설명도 내놓지 않는다. 이와 더불어, 명석한 사유를 압도하는 감정과 상상력을 가진 인간이라고 해서 기존의 옛 세계를 선호할 개연성이 높은 것은 결코 아니며, 옛 세계와 새로운 세계가 충돌할 때 합리주의가 새로운 세계의 편에 설 거라는 전망 역시 전혀 확실한 것이 아니다.

하지만 우리는 슈트라우스의 정의에 대해 이런 식의 반론을 제기해서는 안 된다. 왜냐하면 그것은 낭만적인 것의 여러 요소들을 단지 표면상으로만 개념적인 방식에 따라 제시할 뿐, 사실은 [당대] 현실 속에서 [실제로 그와 상대하던] 정적政敵을 성급하게 유형화한 작업에 지나지 않기 때문이다. 루게

일찍부터 슈트라우스는 [글을 통해] 복고 시대의 실제 [정치] 상황에 대해 암시하곤 했다. 『역사신학 잡지』(1837)에 배교자 율리아누스에 대한 논문을 발표한 메크렌부르크Mecklenburg 대공국의 총회 회원Konsistorialrat 비게르스Wiggers는 이 이단적 황제의 눈에 기독교인들은 틀림없이 새로운 것에 혈안이 된 사람들, "근대적인 용어를 쓰자면 선동가들Demagoge"로 보였을 것이며, 따라서 [초대 기독교를] "이단에 대한 반동"이라고 부를 수 있다는 견해를 이미 밝힌 바 있다(121, 123, 158쪽). 1848년 이후로 이 [반동이라는] 말은 두루 통용되었다. 예컨대, 지베르스Sievers는 자신의 저서 『리바니우스 전기』(베를린, 1868)에 제11장에 "율리아누스 치세 하의 반동"이라는 제목을 붙이면서 슈트라우스의 책에 대한 흥미로운 언급을 덧붙였다. 로데Fr. Rode는 『율리아누스 황제의 반동의 역사Geschichte der Reaktion Kaiser Julians』(예나, 1877)라는 책을 쓰면서 그 단어를 기술적인 표현으로 사용했다. 아스무스, 앞의 책, 52쪽을 보면 "이교의 짧은 부흥"이란 표현은 딱 한 번 나오는 데 반해, 다른 부분에서는 반동과 복고라는 용어가 지배적이다("객관적인 역사 기술에서 자의적인 반동으로 규정된 율리아누스의 종교 정책은 따라서 율리아누스뿐 아니라 이교 사제Pontifikat도 받아들인 사람들에게는 정당한 복고 정책으로 보였던 것이다"). 한편, 그는 율리아누스의 [종교 및 정치] 이론 연구를 위해 없어서는 안 될 귀중한 설명과 비판을 담은 저서 『나머지 저작들과 연관시켜 고찰한 율리아누스의 갈릴래아 저작』(프라이부르크, 1904)에서 "기독교에 대한 대항 종교"라는 구트슈미트v. Gutschmid의 적실한 표현을 차용하며 강조했는데, 이는 타당하다.

의 경우(1840년)보다 [슈트라우스의] 현재, 그러니까 1848년 [혁명] 직전의 시기에 등장한 정치적 강령이 [낭만주의의] 개념을 더 명쾌하게 규정한다. 이에 따르면, 진보적이지 않은 자는 곧 낭만주의자다. 도래하는 새 시대를 대표한다는 [혁명가들의] 자부심은 이미 확고했고 또한 당연했다. 근본적으로 [그들에게는] 적대자의 정치적 견해란 영 납득할 수 없는 것이었으므로, 그의 저항 역시 오직 내면적 부정직성과 자의에 의해 발생하는 것으로 간주할 수밖에 없었다. 여기서도 [어김없이] 오류 — 어쩌면 이것은 불가피한 것인지도 모른다 — 가 등장한다. 그러니까 [슈트라우스는] 낭만적 주체 대신 낭만적 생산성의 기연적 주제Thema를, 낭만화의 과정 대신 낭만화된 수많은 내용들 가운데 하나, 즉 낭만화 과정의 결과를 [중심에 놓고] 관찰하고 있는 것이다. 이 때문에 슈트라우스는 명명백백한 모순을 아예 노골적으로 무시하기에 이른다. [이에 반해] 그는 율리아누스가 여러 가지 모호한 기존 해석들에 기대어 극도로 애매한 방식으로 옛 이교의 신들을 부활시키려 했다는 사실을 상세히 설명하며, 신플라톤주의 신비주의가 셸링의 자연철학과 연관된다는 사실까지 적시한다. 또한 그는 기독교 신학의 모든 개념들을 철학적으로 개조Umgestaltung한 크로이처Creuzer[53]의 상징론Symbolik을 언급하기도 하는데, 이 작업은 [일찍이] 기독교 신학이 올림포스의 이교 신들을 신플라톤주의 방식으로 개조한 것에 상응한다. 하지만 슈트라우스는 다음의 사실에 주목할 수도 있었을 것이다. 즉, 신비주의에 의한 [낭만주의] 해체 작업은 이미 오켄Oken[54] 같은 자유주의자들에 의해 시도된 바 있으며, 심지어 칼 폴렌 Karl Follen[55]과 그의 추종자들을 위시한 민주주의 대학생 연맹의 회원들은 직접적으로 내면성의 힘을 분출하면서 그러한 시도를 감행하기까지 했다. 그

---

53 [옮긴이] 게오르크 프리드리히 크로이처(1771-1858): 독일 문헌학자.

54 [옮긴이] 로렌츠 오켄(1779-1851): 독일의 생물학자, 식물학자.

55 [옮긴이] 찰스 폴렌(1796-1840): 독일의 시인, 하버드 대학 최초의 독문학 교수.

런가 하면, 한때 반동적이던 소위 정치적 낭만주의는 [너무 빠른 속도로] 발전해 이미 오래 전에 정반대 입장으로 넘어가 있었던 것이다. 독일 낭만주의는 청년 운동으로 시작되었으며, 자연철학 및 신비주의와 실제로 뒤섞여 있을 때는 혁명적인 제스처를 취하기도 했다. [하지만] 정치적 반동과 제휴하면서부터 낭만주의는 단호하고 엄격한 정통Orthodoxie을 표방하기 시작했다. 이 정통 낭만주의는 [오켄 등이 시도했던 방식으로] 기독교적 관념들을 해체하는 것을 두고 "자연철학적 사기"이자 "무신론"이라며 단호하게 배격했다. 야르케는 결코 낭만주의자가 아니었으나 메테르니히 체제를 위해 복무했기 때문에 자유주의자들은 그를 낭만주의자로 간주했다. 하지만 이 성실하고 총명한 사람은 비더마이어 시대의 빈Wien 낭만주의를 "공허하고 방종하며, 가장 깊은 내면적 본질에 있어서 비기독교적인" 것으로 보았다. 나아가 야르케는 "빌덴스부흐의 만행Gräuelszenen in Wildenspuch"에 대한 묘사를 통해 주관주의적 신비주의가 초래할 수 있는 참혹상을 고전적인 방식으로 재현하기까지 했다. 할러는 낭만주의자도, 상징에 탐닉하는 신비주의자도 아니었다. 그리고 독일에서는 자유주의와 반동 두 진영을 총망라더라도 드 메스트르만큼 범신론적-신비주의적 신학자들을 철저하게 경멸한 사람은 아마도 찾기 어려울 것이다. 참고로 그는 율리아누스를 "위험한 몽상가들" 중 한 사람, 한 명의 "철학자philosophe"로 보았을 따름이다. 그러므로 지금까지 언급한 당파Partei들에 대해 좀 더 자세히 고찰할 필요가 있다. 왜냐하면 일종의 성격 규정으로서 "옛 세계"와 "새로운 세계"라는 표현 — 만약 이것이 별도로 논의될 만한 가치가 있는 것이라면 — 그 자체가 이미 낭만적인 것으로 지칭될 수 있기 때문이다.

초기 낭만주의는 스스로 새로운 시대를 열어젖혔다고 믿었고, 또한 새로운 것이어서 자신의 시대를 더 가치 있는 것이라고 여겼다. 노발리스는 새로운 시대가 시작되었고, 그리하여 "여지껏" 불가능했던 [모든] 것이 이제는 실현될 것이라고, 거듭 목소리를 높였다. 당시까지만 해도 "새로운 것"은 여전히 낭만주의적 사이비 논증이 구성한 긍정 계열에 속해 있었다. 즉, 새로운 것이 곧 삶이었고, 유기적인 것 혹은 진정한 것이었으며, 또한 그것들과 비슷한 무엇이었다. [하지만] 나이를 먹어감에 따라 낭만주의자들은 "오래된 것"의 진가를 깨닫게 되었다. 이제는 오래된 것=지속적인 것=진정한 것=유기적인 것=삶=……=……이라는 [무한] 등식이 성립하기에 이르렀다(본서 160쪽 참조). 슈트라우스의 글에 실제적 현재성을 부여하기 위해 당파의 명칭을 정확하게 제시하지는 않기로 한다. 그의 글에서는 정치적 적대뿐 아니라 정신적 적대도 쟁점으로 제기되는 듯 보인다. 그가 율리아누스를 프로이센의 프리드리히 빌헬름 4세에 견주었다는 사실은 [당시의] 신구 대결이 내장한 정치적 성격에 대한 암시였을지도 모른다. 하지만 여기서 두 진영을 그렇게 날카롭게 구분할 필요는 없을 듯하다. 왜냐하면 슈트라우스로 대변되는 새로운 학문의 이념Wissenschaftlichkeit과 연대하려 한 쪽은 옛 세계를 지지하던 정치적 적대자들이었는데, 거꾸로 프리드리히 빌헬름 4세에게 정치란 곧 종교적이고 정신적인 과업이었기 때문이다. 나아가 복고주의 철학자들은 한뜻으로 프랑스 혁명이 비기독교적 계몽주의 철학에 의해 생긴 결과이며, 따라서 [그와 같은] 이념, 즉 이교 신앙Heidentum과 신성 모독Gottlosigkeit에 맞서 투쟁에 나서지 않으면 안 된다고 믿었다. 그러나 투쟁의 진짜 목표는 국가와 사회였다. 왕정복고는 정치적이고 사회적인 적대자들을 말살하기 위해 정치적이고 사회적인 여러 세력들이 규합한 결과였다. 나폴레옹 전쟁 이후 독일에서 가톨릭과 프로테스탄트를 막론하고 자발적으로 성장한 종교적인 생활 [방식]은 정치적 조치들과는 무관한 것이었다. 하지만 그것은 오직 정치적으로만 이용되었다. 교회의 [대표적인] 구성원들은 물론 광범위하게 정치적 복고에 협력했는데, 그들이 그렇게 한 까닭은 역사 속에서 [항상] 정치적이고 사회적인 [차원에서] 특정 질서와 결탁해 왔기 때문이었다. 하지만 그들은 [실제] 정치 지도자가 아니었다. 마지막으로 복고와 연관된 정신적 생산성에 대해 말하자면, 그것은 본질적으로 국가철학적staatsphilosophisch 성취였다. 여러 학설System이 등장했는데, 이들이 제시한 사회적 연대의 이념은 자유주의적 개인주의의 이념만큼이나 새로운 것이라고 할 수 있다. 보날의 [저서] 『권력 이론Théorie de pouvoir』(1796)의 처음과 끝을 장식하고 있는 반립 명제Antithese 는 투쟁이라는 주제를 다룬 진술인데, 이것은 종교적인 것이 아니라 정치적– 사회적인 것이었다. "유럽 사람과 사회 들을 분열시키고 있는 중요한 문제, 그것은 [한편에서는] 인간이 스스로를 만들면서 사회를 만들고, [다른 한편 에서는] 사회가 스스로를 만들면서 인간을 만든다는 것이다la grande question qui divise en Europe les hommes et les sociétés, l'homme se fait lui-même et fait la société, la société se fait elle-même et fait l'homme." 그리고 보날은 자신이 이 문제를 철학적 환상과 사변의 영역에서 사실의 차원으로 끌어내렸다고 자랑한다. 복고의 이론가들이 자신들의 적대자에게 무신론이라는 비난을 가할 때, [이] 신학적 인 개념은 [동시에] 정치적인 개념이 된다. 실증주의자 콩트에게 기독교는 이미 극복된 것이었다. 텐과 르낭Renan이 기독교를 퇴폐 문화의 산물로 간주 했다는 사실은 잘 알려져 있다. 하지만 보날과 드 메스트르는 프랑스 혁명을 거부하고 저주했기 때문에 [사실상] 그들의 후손인 오늘날의 프랑스 왕권주 의자들Royalist은 그들 대신 오히려 콩트와 텐, 심지어 르낭을 전거로 들먹이 며, 나아가 이들을 본떠서 현실주의자Realist를 자처하기까지 한다. [여기서 사용된] 구분의 표지Unterscheidungsmerkmal는 그야말로eben 정치적인 성격을 띤 것이다.

1815년 왕정복고와는 달리 율리아누스의 역사는 다만 실패한 제의 개혁 Kultreform 및 자국 내 이교 선교Mission의 역사일 뿐이다. 그것은 정치적 실험 의 역사가 아니다. 그 사업은 황제가 시작한 것이었으므로 국가 권력으로부 터 지원을 받을 수 있었다. 그럼에도 불구하고 그 사업은 우연히 권좌에 앉게 된 — 하지만 실무에는 능했던 — 한 신지론자Theosoph [개인의] 절박한 관심 사에 그치고 말았다. 그것은 이교에서 [자체적으로] 발생한 운동이 아니었 다. 아타나시우스Athanasius는 그것을 "조각구름"에 비유했으며, 율리아누스

를 프리드리히 2세와 비교하며 그를 교회의 불관용에 맞서 국가가 펼친 문화
투쟁의 전사로 옹호했던 근대 프로이센의 역사가 그루페O. Gruppe는 그 사업
에 대해 "하나의 상징적 우연"이라는 표현을 썼다.[56] 네그리Negri(앞서 인용한
책 491쪽을 보라)는 율리아누스가 반동주의자도 계몽주의자도 아니었다고 타
당하게 지적한 바 있다. 그는 신플라톤주의의 가르침을 신봉했는데, 이것은
그에게 철학이라기보다는 종교에 가까웠다. 군인으로서 그는 미트라교Mi-
thraskult의 영향을 받았다. 기독교는 정치적인 적으로서 그에게 맞서지 않았
다. 기존의 국가 질서를 위협했던 18세기 혁명과 달리 제국의 존립을 직접적
으로 위협하지도 않았다. 율리아누스가 기독교인들에게 "무신론"이라는 비
난을 가했을 때, 그는 이 말을 선대 황제Imperator들의 치하에서 통용되던 치
안법적polizeirechtlich 개념으로 쓴 것이 아니었다. 황제의 그 말은 기독교인들
의 신은 참된 신이 아니라는 확신의 표현이었다. 율리아누스의 논변은 이 확
신에 부합한다. 그는 기독교 교리에 내재한 모순을 찾았고, 기독교인들을 도
덕적으로 비난했으며, 신플라톤주의적 이념에 의해 세탁된 다신교Polytheis-
mus로 기독교 교리에 대항했다. 19세기 기독교 교회는 기존의 국가 체제 및
법질서와 결탁해 혁명의 신조에 맞서 싸웠다. 그리고 율리아누스는 국가와
결탁한 이교의 대표자였다. 그러므로 혹자는 정통주의 철학자들이 혁명에
대항해 제시한 것과 유사한 논변을 율리아누스가 기독교에 대항해 제기했었
으리라고 생각할 수도 있다. 하지만 이 추측은 단지 세부적인 차원에서만 타
당하다. 언어와 마찬가지로 종교도 모든 인간 사회에 편재하는 [근본적인]
구성 요소라는 사상과 신이 공동체에게 [직접] 그 자신을 계시한다는 전통적

---

56 앞의 책, 1669쪽. 1663쪽 각주 2번에서 그루페는 이렇게 진술한다. 프리드리히 2세와 볼테
르가 율리아누스를 "자신들과 동류로 생각한 것은 옳다." 이러한 견해는 모든 18세기 계몽
주의자에게 공통된 것이다. 프리드리히 2세의 친구였던 다르장 후작Marquis d'Argen은 율리
아누스의 종교 정책을 기독교에 대한 불관용으로 설명하며 정당화했다(『이교의 옹호
Défense du paganisme』에 앞서 출간한 『율리아누스 황제에 관한 고찰Réflections sur l'empereur
Julian』[『이교의 옹호』, 베를린, 1767, 제2판, 제1부, 86쪽]).

인 표상 따위는 이 헬레니스트Hellenist, 신플라톤주의 비의주의자Esoteriker에게서는 흔적조차 찾아볼 수 없다. 그의 종교-정치적religionspolitisch 노력은 아테네와 안티오크의 소피스트들을 위한 것이었을 뿐, 원로원 귀족 가문들 사이에서 면면히 이어지던 로마의 진정한 이교 전통을 위한 것이 아니었다. 이는 율리아누스가 특정한 하나의 종교 혹은 철학의 교리에 지나치게 깊이 빠져 있었기 때문이다. 보수주의적 입장을 가진 사람으로서 율리아누스도 물론 — 슈트라우스는 이 부분을 특히 강조하는데 — 전통과 지속에 관해 이야기한다. [말할 것도 없이] 이교적 다신교는 공인된 옛 종교이며, 로마를 위대하게 만든 종교다. 이에 반해, 기독교는 정치적인 삶과 전혀 관계없는 무의미한 개혁이며, 필경 국가를 해체하게 될 이웃 사랑 따위를 선동하는 것이다. 율리아누스는 혈통에 따라 [정당하게] 교황직Pontifikat을 승계했으며, "선조들의 법πάτριοι νόμοι"을 보전하기 위해 노력했다. 또한 그는 법의 근원은 신들이라는 옛 교의를 이와 결부시켰다. 그러나 그가 그렇게 한 것은 [우선] 신플라톤주의의 이념을 따르기 위해서였고, 또 때로는 기독교인들의 신성 모독에 대해 도덕적인 분노를 느꼈기 때문이었다. 하지만 근본적으로 그것은 종교와 운명의 상관성에 대해, 신들의 가호와 기도의 효력에 대해 그가 가진 순수한 형이상학적 신념의 표현이었다. 수다한 형이상학적 근거들로 무장한 그는 갈릴래아 사람들의 신은 진정한 신이 아니라고 생각했다. 무엇보다 그 신은 우리를 도울 수 없지 않은가. 이것이 그의 논변의 핵심이다.[57] 사실 이런

---

57 "왜냐하면 갈릴래아 사람들의 바보 같은 짓 때문에 모든 것이 파괴될 뻔했는데, 신들의 보살핌으로 우리 모두 구제되었기 때문이다. 그러므로 신들을, 또한 신들을 경외하는 여러 사람들과 고장들을 우러러 보지 않으면 안 된다"(7번 편지, 376D, 헤르틀라인 편집본, 485쪽). 알라르P. Allard는 앞서 언급한 책[옮긴이: 본서에 알라르의 책은 등장한 적이 없다. 알라르와 올라르를 혼동한 슈미트의 실수로 짐작된다. 참고로, 폴 알라르는 『배교자 율리아누스』(1900)라는 책을 썼는데, 아마도 이 책을 염두에 둔 것 같다.]에서 모든 전통적 감각에 대해 무관심했던 율리아누스가 내보인 추상적인 사유의 사례로 그가 테미스티우스Themistius에게 보낸 편지를 들고 있는데, 이 편지에는 완전히 "철학적인" 정치적 강령이 상세히 제시되어 있다. [이에 따르면,] 군주는 그의 동시대인들을 뿐 아니라 후대인들과 무관심한 이방인들까지 고려한 법을 만들어야 한다는 것이다(262B, C, 헤르틀라인 편집본, 339쪽). 알라르 저서

인간적인 충성심은 때로 정치적 복고에 헌신한 낭만주의자들의 경건한 어법을 연상시키기도 한다. 하지만 율리아누스에게 중요했던 것은 반혁명이 아니라 "반종교Konterreligion"였다. 당시 사람들에게는 전 세계를 아우르는 것으로 여겨진 국가[로마]에 대항해 [기독교라는] 하나의 종교가 절대적인 진리를 주장하며 등장했다. 이 기독교 교회가 [로마의] 국가 교회Staatskirche가 되었을 때, 모든 신과 신앙을 용인하던 고대 로마의 전통, 즉 상대적 관용은 사라졌다. 율리아누스의 입장에 어떤 모순이 있다면, 그것은 주관주의적 자의가 아니라 바로 이러한 상황으로 인해 발생한 것이다. 설령 그의 개인적 신념이 [신플라톤주의 다신교가 아닌] 다른 것이었다 해도, 그는 분명 종교의 영역 안에서 종교적인 적대자들에 맞서 싸웠을 것이다. 기독교가 절대적 종교를 자처한다면, 절대적으로 올바른 이교적 종교가 거기에 응수해야 한다. 비록 이 다신교의 본질 및 정치적인 의의가 종교적 상대성에 대한 옹호에 있는 것이라고 할지라도 말이다.

의 제3부 404쪽에서 362년에 집필된 것으로 소개된 이 편지가 340쪽에서는 361년의 것으로 언급되어 있는데, 이 편지 자체는 좋은 사례지만, 이런 오류는 그의 설명의 신빙성을 떨어뜨린다. 해당 편지는 아마도 356년 초, 그러니까 율리아누스가 갈릴래아에서 본격적인 활동을 시작하기 전에 쓴 편지일 것이다. 그것은 철학적 습작에 불과한 것으로서 여기서 굳이 언급할 가치가 없다고 해도 무방하다. 이는 프리드리히 2세를 평가할 때 『반마키아벨리 Anti-Machiavelli』를 거론할 수 없는 것과 마찬가지다. 아스무스의 『율리아누스 황제의 철학적 저작들』(『철학 도서관』, 제116권, 라이프치히, 1908)에는 이 편지가 콘스탄티누스 황제의 서거 뒤인 361년 말에 작성된 것으로 분명히 소개되어 있다. 앞서 언급한 게프켄의 책 78, 147쪽에도 이를 뒷받침하는 정황들이 제시되어 있다. 그러나 그 정황들은 오토 제크Otto Seeck가 『고대 세계 몰락의 역사』(베를린, 1911, 제4권, 469, 470쪽)에서 제시한 356년 설을 뒤집기에는 부족하다는 것이 나의 추정이다. 무엇보다 이 편지가 어려운 실제 업무를 처음으로 수행하기 전에 작성되었다는 것을 결정적으로 주장할 수 있는 근거가 없다. 한 가지 덧붙이자면, 만약 그 편지가 통치자의 자리에 오를 것이 확실시되던 때에 작성된 것이라면 ─여러 자료들이 있지만, 무엇보다 막시무스Maximus에게 보낸 38번 편지를 우선 참조하라─ [이교의] 신들에 대한 언급이 나와야 마땅할 텐데, 그렇지가 않은 것이다. 오히려 그 편지는 아직 콘스탄티누스 대제가 살아 있는 시기라고 말하는 듯한 신중한 표현으로 신성에 대해 언급─"신에 관하여"라는 표현이 마지막 단락에 세 번 연달아 등장한다는 사실을 주목하자─ 하고 있다.

자신의 책에서 율리아누스 개혁 사업의 이러한 측면을 다루게 되었을 때, 자유주의자 슈트라우스는 곧바로 입장을 크게 뒤집었다. 그토록 반동적이었던 황제가 갑자기 합리적이고 심지어 호감마저 불러일으키는 사람으로 보인 것이다. 왜냐하면 이제 그는 그냥 "낭만주의자"가 아니라 **이교적** 낭만주의자"로 등장하기 때문이다. 따라서 그는 기독교 낭만주의자들과 "구별된다, 아니 심지어(!) 대립한다. 이 대립이 그의 약점이 될 리는 없다"(47쪽). 만약 율리아누스의 종교 정책이 신앙[의 자유]에 대한 국가의 관용을 주장하는 자유주의 사상에 얼마나 잘 부합하는 것인지에 대해 슈트라우스가 더 명료하게 인식했더라면, 그루페처럼 그도 [율리아누스의] 낭만주의에 대해 언송하는 것을 단호히 거부했을 것이다. 우리는 여기서 신구로 대립하고 있는 당파들이 도대체 어떤 입장이었는가 하는 점만 분명히 해두면 된다. 그러면 율리아누스의 종교적 논변과 복고주의 낭만주의자들의 종교적 논변을 구별할 수 있다. 이 로마 황제는 자신의 적, 즉 기독교 신앙에 대해 종교적인 논변으로 맞섰다. [반면] 신학자연하는 낭만주의자들은 종교적 의견 표명을 통해 정치적 논쟁을 회피했다. 그리고 신학은 그에게 낭만적인 알리바이가 되어 주었다. 이것이 정치적 낭만주의다. 이것은 혁명 혹은 나폴레옹을 낭만화한 낭만주의와 똑같은 낭만주의다. 슈트라우스의 동지들, 즉 새로운 낭만주의 세대는 그러한 낭만화에 몰두했다. 특히 베티나 폰 아르님은 이때 다시 혁명가가 되어 1843년에는 『이 책은 왕의 것이다』를, 그리고 1851년에는 『악마들과의 대화』를 출판하기에 이른다. 이 책들은 혁명적인 정치적 낭만주의의 전형적인 산물이다.

결론

정치에 대한 진지한 관심이 정치적 낭만주의와 만나는 경우, 그 결과는 항상 다음 둘 중 한 가지다. 즉, 정치적 낭만주의가 정치적인 의제議題 Suggestion를 수립하는 데 요긴한 수단으로서 정치에 복무하게 되거나, 아니면 [정치적] 낭만주의자의 은밀한 "흉계Verlogenheit"에 대해 도덕적인 비난이 가해진다. 왜냐하면 모든 정치적 활동 — 이것은 내용의 측면에서 한갓 정복의 기술 혹은 정치권력의 확장이나 그에 대한 [권리] 주장이 될 수도 있고, 아니면 법적이거나 도덕적인 결단에 의거한 것일 수도 있는데 — 은 낭만적인 것이 지닌 근본적으로 미학적인 본성과 배치되기 때문이다. 정치적인 혹은 도덕적인 에너지Energie를 소유한 사람은 그것이 범주의 혼동이라는 사실을 곧장 인지할 수 있으며, 사안에 대한 낭만적 관심과 사안 자체를 구별할 수 있다. 낭만적 소설의 중심에 위치하는 구체적인 점은 언제나 오직 기연적인 것이기에, 모든 것이 낭만적인 것이 될 수 있다. 그리고 그런 세계에서는 정치적이거나 종교적인 수많은 차이들이 흥미로운 다의성Vieldeutigkeit 속으로 남김없이 용해된다. 왕이 낭만적인 형상이라면, 무정부주의 반역자 역시 마찬가지다. 또한 바그다드의 칼리프Kalif가 예루살렘의 대주교보다 덜 낭만적일 까닭이 무엇인가. 낭만주의에서는 모든 것이 다른 무엇으로든 바뀔 수 있다.

정직한 적대자는 낭만주의자가 정치적 문제를 다루는 것을 볼 때면 객관성이 결여되어 있다는 인상을 곧잘 받게 된다. 특히 아담 뮐러의 적대자인 레베르크와 졸거는 그러한 인상 때문에 뮐러를 소피스트라고 부르기도 했다. 그들이 이 단어를 쓴 데는 분명한 이유가 있으며, 단순히 [뮐러를] 욕하기 위한 것이 아니었다. 왜냐하면 [고대] 그리스의 소피스트 철학에서 노정된 주관주의와 감각주의의 결합은 [정치적 낭만주의와] 마찬가지로 모든 구체성을 폐기하며, 주체의 자의적 생산성을 위해 객관적인 논변을 도용하기 때문이다. 연설가Rhetor는 아름답게 말하는 것 외에 다른 어떤 책임감도 느끼지 못한다. 그는 오직 자신의 연설이 성공적인 예술 형식을 갖출 때에만 만족을 느낀다. 이처럼 완전히 비도덕적인, 즉 본능적인 즐거움을 여과 없이 드러낸 사례로는 율리아누스의 스승 리바니우스Libanius의 편지를 들 수 있다. 여기서 그는 스스로의 웅변에 너무 도취된 나머지 그것을 새의 노래에 견주기까지 한다.[1] 꾀꼬리처럼 노래할 수만 있다면, 그 밖에 다른 소원은 없다고 그는 말한다. 소피스트들의 심미주의가 낭만적 생산성과 유사한 측면을 상당수 가진 것은 사실이지만, 그들에게는 낭만주의의 고유한 특성이 결여되어 있다. 그 특성이란 "더 높은 제삼자"를 향한 기연주의적 도피를 말한다. 이 특성이 낭만주의자를 신비주의 혹은 신학으로 인도하며, 신을 세속화해 천재적인 주체로 만든 것이다. 이 주체는 형식적으로 완성된 예술로는 당최 만족할 수 없어서 자의적이고 기연적인 방식으로 형식을 남용하기에 이른다. 왜냐하면 그는 자신의 주관적 체험에 더 높은 가치와 형이상학적인, 아니 우주적인 반향을 부여하고 싶기 때문이다. 정치적 낭만주의자들의 내면이 부정직

---

1 볼프J. C. Wolf, 『리바니우스 서한집Libanii Sophistae Epistolarum Centuria』(라이프치히, 1792), 30쪽. 윌머 케이브 프랑스Wilmer Cave France, 『율리아누스 황제가 신 소피스트 및 신플라톤주의와 맺은 관계The Emperor Julians Relation to the New Sophistic and Neo-Platonism』(시카고 대학 박사 학위 논문, 런던, 1896, 20쪽)에 더 많은 사례들이 나와 있다.

한 것은 무엇보다 낭만적인 것에 내재한 모순 때문인데, 이 모순은 기연주의적 구조에 속하는 유기적 수동성에 함몰된 낭만주의자들이 활동은 전혀 하지 않으면서 생산성은 발휘하고픈 욕심을 품었기 때문에 발생한 것이다.

이 모순은 정치적 낭만주의의 핵심으로 한결같다. 주관주의화된 기연주의자로서 정치적 낭만주의자들은 [타인들뿐 아니라] 스스로에 대해서도 수많은 섬세한 심리학적 통찰과 [실로] 고백자만이 느낄 법한 미묘한 차이를 감지하는 [예민한] 촉수를 지녔음에도 불구하고, 자신들의 정신적 본질을 이론적인 혹은 실제적-실질적인 맥락 속에서 객관화하는 힘을 갖지는 못 했다. 그들의 주관주의는 개념이나 철학적 체계[의 지도]를 따르는 대신, [자신들의] 체험을 서정적으로 표현 — 이는 앞서 언급한 유기적 수동성과 온전히 결합한다 — 하는 데 온 힘을 쏟게 만들었던 것이다. 간혹 예술적 재능이 없는 사람의 경우, 앞에서 언술한 것처럼 다른 사람의 활동에 반은 서정적이고 반은 지적인 반주伴奏를 넣는다. 이 반주자는 혹평으로 가득 찬 인상 비평, 슬로건Stichwort과 입장 표명, 지지 성명과 반대 성명, [풍자적] 암시와 도매금 kombinatorisch 비교 등을 통해 정치적 사건들을 뒤쫓는다. 그의 반주는 종종 격앙되어 소란을 일으키기도 하지만, 스스로 결단을 내리고 책임을 지거나 혹은 위험을 감수하는 선택으로 이어지는 법은 결코 없다. 그러므로 [정치적 낭만주의자에게] 정치적 활동은 전혀 불가능한 것이지만, [이에 반해] 비평은 얼마든지 가능하다. [그들은] 혁명과 왕정복고, 전쟁과 평화, 민족주의와 국제주의, 제국주의와 제국주의의 포기 등 모든 것을 토론할 수 있고, 또 그것들을 이데올로기적으로 조장할 수 있다. 여기서도 역시 그들의 방법론은 기연주의적 일탈Abweichen이다. 그들은 서로 다투는 대립이 본래 속한 영역, 즉 정치적인 것의 영역을 벗어나 더 높은 영역 — 이것은 가령 복고 시기에는 종교적인 것의 영역이었다 — 으로 도피한다. 그 결과는 절대적인 정부 중심주의Gouvernementalismus, 다시 말해 절대적인 수동성이었다. [그들이 이룬] 성과라는 것은 다른 이들이 내린 결단과 감수한 책임 덕분에 얻어진 사상을 서정적-궤변적인 반주로 [한껏] 치장한 것이었다. 정치적 활동이 시작되는 곳에서 정치적 낭만주의는 멈춘다. 보날과 드 메스트르의 후손들, 그러니까 제3공화국 시기에 정치적으로 활약한 왕당파 인사들이 단호한 어조로 자유주의 부르주아들의 혁명 이데올로기를 낭만주의라 폄훼한 것은 결코 모순도 우연도 아니었다. 정치적 활동을 막 시작하려던 시기에 반동적인 동료 시민들에게서 낭만주의자의 모습을 발견한 독일의 자유주의 부르주아들 역시 [프랑스 왕당파 인사들] 못지않게 낭만주의를 경멸했는데, 이 역시 마찬가지다. 19세기의 부르주아 혁명가들과 부르주아 반동주의자들은 공히 낭만주의를 그림자처럼 붙이고 다녔다. 물론 그것은 다채롭고 생동감 있는 그림자였다.

정치적 낭만주의란, 기연적으로 낭만적 생산성을 고무하는 정치적 사건들을 쫓아다니는 낭만주의자들의 격정이다. 역사적-정치적 현실이 유발하는 인상은 주관적 창조성 Schöpfertum의 계기가 되어야 한다. 만약 어떤 주체가 특유의 미학적 생산성, 그러니까 서정적-음악적 생산성을 갖추지 못했다면, 그는 역사, 철학, 신학 혹은 다른 학문에서 소재를 찾아 추론Räsonnement하는 것을 일삼는다. 즉, 정치적 프로그램에 지적인intellektuell 음악을 반주로 넣는 것이다. 이것은 신화의 비합리성과는 다른 것이다. 왜냐하면 정치적이거나 역사적인 신화를 창조하는 것은 정치적 활동이기 때문이다. 논리적 근거들을 씨줄과 날줄처럼 엮는 것 — 신화도 이 작업을 외면할 수는 없다 — 은 정치적인 에너지가 발산되어야만 가능한 일이다. 신화는 오직 실제 전쟁을 통해서만 만들어질 수 있다. 하지만 낭만적 활동이란 [표현은] 형용 모순contra-dictio in adjecto이다. 낭만주의가 결핍하고 있는 것은 비단 왕정복고와의 특수한 연관성 — 독일에서 이것은 "정치적 낭만주의"라는 부적합한 표현으로 통용되고 있다 — 뿐만이 아니다. 그것은 혁명과도 전혀 필수적인 관계를 맺지 않았다. 고립된 절대 자아는 그 두 사건에 대해 초연했으며, 다만 그것들을 계기로 이용했을 뿐이다. 문학사에서 통용되는 애매한 용어, 그 자체가 다름 아닌 낭만주의의 영향으로 정립된 용어에 미혹되어 다음과 같은 오류를 범해서는 안 될 것이다. 즉, 우리는 미학적인 것의 무람없는 팽창 — 이 움직임이 낭만주의 운동의 근간을 이룬다 — 을 정치적인 역량으로 착각해서는 안 된다. 거꾸로, 3월 혁명 이전 독일의 시국 전반에 대한 정치적 논쟁에서 가장 많이 언급된 우발적인 사건, 즉 [낭만주의가] 당시 가장 강력한 정치 세력이었던 가톨릭주의 복고 체제와 결탁한 사건을 그 시대의 징표인 양 생각해서도 안 된다. 세이에르를 비롯한 여러 프랑스인들이 이야기하는 "지나친 개인주의exzessiver Individualismus"를 낭만적인 것의 주관주의적 요소들 가운데 하나로 여기는 것도 부정확하기는 마찬가지다. 여기서 개인주의[라는 단어]가 어떤 의미를 갖는다면, 그것은 오직 집단적인 것 혹은 사회적인 것에 대한 대립으로서 어떤 도덕적인 의미를 갖는 말, 타율과 대립하는 자율을 가리키는 말로 쓰일 때뿐이다. 물론 [낭만주의자들도] 개인의 자율을 중요한 연결점Zusammenhang으로 인정한다. 그러나 [그들은] 엉뚱하게도 그것을 미학적인 것의 영역으로 옮겨 놓았고, 이로 인해 본질상 도덕적인 개념인 자율성의 의미가 완전히 달라져 버렸다. 뿐만 아니라 그와 유사한 모든 구별이 폐기되기에 이르렀다. 우리는 모든 낭만주의자에게서 무정부주의적인anarchistisch 자기 감정Selbstgefühl과 과도한 사교적 욕망의 사례들을 발견할 수 있다. 낭만주의자는 속물적인 자만심뿐 아니라 이타심, 동정, 공감에도 쉽사리 붙들린다. 다만 그 모든 감정이 자율성이나 타율성과는 전혀 무관한 채로 오직 낭만주의적 주체성의 영역 내에서만 움직일 뿐이다. 주관적인 영역을 넘어서지 못하는 격정은 공동체를 건립할 수 없으며, 사교 활동에 대한 탐닉은 지속적인 결속Verbindung을 위한 토대가 되어 주지 못한다. 아이러니와 음모는 사회적 결정점結晶點이 아니며, 외따로이 살지 않고 활기찬 대화의 흐름 속으로 뛰어든다고 해서 사회 질서가 잡히는 것도 아니다. 왜냐하면 어떤 사회도 무엇이 정상이며, 또 무엇이 옳은가에 대한 이해가 선행되지 않으면 질서를 이룩할 수 없기 때문이다. 개념상 정상적인 것은 낭만적일 수 없다. 왜냐하면 모든 규범은 낭만적인 것의 기연적인 방종Ungebundenheit을 파괴하기 때문이다. 규범적인 개념 앞에서 낭만적 대립성과 대조 작업은 허사로 돌아간다. 용감한 사내의 담력은 우울과 흥분의 고차원적 통일이 아니며, 합리적 질서의 국가는 무정부주의와 전제 정치의 종합이 아니다. 마찬가지로 법적인 관념은 그 자체로 비낭만적이다. 다시 말해, 낭만주의의 관점에서 불법Unrecht이란 "거룩한 음악, 더 높은 삶의 무한한 감정에 의해" 미학적인 방식으로 해소될 하나의 불협화음에 지나지 않는다. 이것은 비유적인 표현이 아니다. 이것은 낭만주의자의 체험이 허용하는 유일한 범주에 따른 표현이다. 그러므로 낭만적인 법이나 낭만적인 윤리란 존재하지 않는다. [생각해 보라.] 서정적인 윤리, 음악적인 윤리를 운운하는 것이 얼마나 가당치도 않은 일인지. 그러나 정치적인 서정시가 존재하는 것과 마찬가지로 정치적 낭만주의는 존재한다.

이렇게 해서 낭만적인 것의 소란스러운 다양성Buntheit은 스스로의 단순한 원리, 즉 주관화된 기연주의에 의해 해체된다. 그리고 이른바 정치적 낭만주의가 추구했던 상이한 정치적 방향들 사이에서 발생한 불가사의한 모순은 온갖 자의적인 내용을 미학적 관심의 계기로 취할 수 있는 서정주의Lyrismus의 도덕적 불감증Unzulänglichkeit으로 설명된다. 낭만화의 대상이 무엇이든, 즉 군주주의든 민주주의든, 아니면 보수주의든 혁명 사상이든, 낭만적인 것의 본질에게는 아무 상관없는 일이다. 그것들은 다만 창조적 자아의 낭만적 생산성을 위한 기연적 연결점일 뿐이다. 하지만 이 주체의 환상적 우월감의 한가운데에는 현실 세계를 바꿔 보려는 적극적인 의지의 완전한 포기, 즉 수동주의Passivismus가 도사리고 있다. 그 결과 이제 낭만주의 자체가 비낭만적인 활동의 수단으로 이용되기에 이른다. 주관적으로는 우월감을 느꼈을지 몰라도, 결국 낭만주의는 적극적인 [정치] 활동에 의해 형성되는 시대와 환경의 그림자에 불과했던 것이다. 루소의 역사적인 의의는 그가 18세기적 개념과 논변을 낭만화한 데 있다. 그의 서정주의는 당대를 휩쓴 흐름, 즉 혁명에 안성맞춤이었다. 독일 낭만주의는 처음에는 혁명을 낭만화했지만, 그 다음에는 지배층의 복고 체제를 낭만화했고, 1830년 이후로는 다시 혁명적인 사상이 되었다. 아이러니와 역설을 내세우긴 했지만 낭만주의는 한결같은 의존성을 보였다. 자신의 협소한 생산성의 영역, 즉 서정적–음악적 시의 영역 안에서 주관적 기연주의는 자유로운 창조성이란 이름의 작은 섬 하나를 발견했다. 하지만 거기에서조차 그것은 부지불식간에 눈앞의 가장 막강한 권세에 굴종했다. 그리하여 자신들이 한낱 기연적인 계기로만 취하던 현실에 대해 정치적 낭만주의자들이 가졌던 우월감은 이제 더할 수 없이 아이러니한 전도를 경험하게 되었다. 즉, 모든 낭만적인 것은 비낭만적인 다른 세력을 위해 복무하게 되었고, 정의와 결단에 초연하던 그들의 태도는 다른 이들의 권력에 예속된 채 그들의 결단을 뒤쫓기에 급급한 태도로 바뀌고 말았다.

옮긴이 후기

본서의 원서는 이미 1990년대 해적판 번역(삼성출판사, 초판 1990)을 통해 한국의 독자들과 만난 적이 있다. 『정치적 낭만』이란 제목으로 출간된 이 해적판의 역자는 서울대학교 정치학과 교수를 역임한 배성동이다. 인터넷과 구글, 위키피디아도 없던 시절에 이 난삽한 원서를 한국어로 옮긴 그의 공로는 가히 치하할 만하다. 비록 갈피를 잡기 어려운 문장들이 종종 눈에 띄긴 하지만, 이는 대개의 경우 원저자인 슈미트가 독일어를 불분명하게 쓴 탓이라고 할 수 있다. 대학원에 입학해 공부를 막 시작하던 20대 시절, 나는 그의 번역에 의지해 많은 도움을 받았다. 그러나 이번에 출간된 나의 번역은 기존의 그것과는 완전히 다른 새로운 번역이다. 오역의 위험을 줄이기 위해 영어 번역본을 참조해 많은 도움을 받았으나, 거기서도 적지 않은 오류를 발견했다. 따라서 본서에서 발견되는 번역상의 오류와 실수는 전적으로 나의 책임이다.

다음으로, 제목의 번역에 관해 언급해 둘 사항이 있다. 「옮긴이의 말」에서 배성동은 이렇게 적었다. "로만틱Romantik이란 독일어는 낭만주의로도 번역할 수 있고, 역자는 본문에서 많은 경우에 그와 같이 썼으나 주의主義란 말에는 일관된 입장이 사려 있는¹ 것이라고 이해할 때 그냥 '낭만'이라고 하는 것이 더 적절할 것 같아 책명을 『정치적 낭만』이라고 옮겼다." 나는 이 해석에 반대한다. 이유는 다음과 같다. 우선, 배성동의 논리를 따른다면, 민주주의라는 말도 democracy의 번역어로 사용되어서는 안 될 것이다. 왜냐하면 민주주의도 하나의 '주의-ism'이기 때문이다. 하지만 오늘날 '민주주의'가 하나의 일관된 입장을 가리키는 용어라고 믿는 사람은 거의 없다. 다음으로, '낭만주의'는 분과 학문의 경계를 초월해 문학계와 예술계에서 두루 통용되고 있는 전문 용어다. 그리고 한국에서 독일어 Romantik을 '낭만주의'로 번역하는 것은 관례로 자리 잡은 지 이미 오래다. 가령, 한국어로 번역된 Romantik 관련 저서들 가운데 가장 신뢰할 만한 책인『문학적 절대』(필립 라쿠-라바르트, 장-뤽 낭시)의 부제는「독일 낭만주의 문학이론」으로 되어 있는데, 물론 이때 낭만주의는 불어 romantisme의 번역이지만, 애초에 이 불어 단어 자체가 독일어 Romantik의 번역이며, 따라서 Romantik에 대해서는 '낭만주의'라는 번역이 더 자연스럽고 타당하다 하겠다.[2] 마지막으로, 무엇보다 슈미트 자신이 본서에서 아담 뮐러와 프리드리히 슐레겔의 정치적 입장을 하나의 문제적인 '주의', 다시 말해 '주관화된 기연주의'로 규정하며 거칠게 공격한다는 점에서 '낭만'이라는 번역은 저자의 의도를 이해하지 못한 소치라고 할 수 있다. 뮐러와 슐레겔이 보인 태도와 행보는 분명 일관된 '주의'에 따른 것이었다. 비록 슈미트의 눈에는 그들의 '주의'가 극도로 무질서한 방종 혹은 가없이 무책임한 자유의 표현으로 비쳤을지라도 말이다. 참고로, 슈미트는 이 책에서 '기연적occasionell'이라는 형용사와 '기연주의적occaionalistisch'이라는 형용사를 구분하여 사용하고 있는데, 전자는 기연이라는 사태의 발생 혹은 추이를 가리키는 말이고, 후자는 사태를 '기연적'으로 이용하려는 주체의 태도를 일컫는 말이다. 쉬이 짐작하겠지만, 이 구분은 '낭만적'과 '낭만주의적'이라는 두 형용

---

1 이 표현은 배성동의 것인데, 아마 '서려 있는'의 오기일 것으로 짐작된다.

2 최문규, 이창남을 위시한 명망 있는 독일 낭만주의 연구자들 역시 '낭만주의'라는 용어를 자연스럽게 쓰고 있다.

사에도 그대로 적용될 수 있다. 비록 이 두 단어 모두 독일어로는 roman-tisch라는 하나의 형용사로 지칭되고 있지만, 문맥을 찬찬히 뜯어보면 슈미트가 저 단어를 (상황 혹은 분위기 자체가) '낭만적'이라는 뜻으로 쓴 것인지, 아니면 (주체가 가진) '낭만주의적' 태도를 가리키기 위해 쓴 것인지 구별할 수 있다. 이에 관해 나는 할 수 있는 최선을 다했다. 하지만 나의 해석은 결코 최종적인 것이 될 수 없으므로, 독자 제현의 질정과 독려를 동시에 구한다.

　마지막으로, 슈미트 저작의 한국어 번역 현황에 대해 길게 덧붙이는 것을 해량하기 바란다. 2020년 현재 한국에는 슈미트의 거의 모든 저작들이 번역되어 있다. 슈미트에 관심 있는 독자라면 아마도 가장 먼저 『헌법과 정치』(산지니 출판사)라는 두꺼운 책을 떠올릴 것이다. 문제는 2020년에 간행된 이 책이 해적판 번역이란 점이다. 물론 이 책에 실린 슈미트의 저작들 중 일부의 판권을 해당 출판사가 정당하게 확보했을 가능성이 전혀 없다고는 할 수 없다. 그러나 그럴 가능성은 지극히 희박하다. 왜냐하면 무엇보다 거기에 실린 『정치신학』 및 『정치신학2』의 번역이 해적판이기 때문이다. 실제로 이 두 저서의 판권을 적법하게 소유한 그린비 출판사 측이 『헌법과 정치』에 실린 해적판 번역들에 항의하며 내용증명을 보냈을 때, 산지니 출판사 측은 이런 답을 보내왔다. "바라건대, 귀사가 본건과 같이 국내에서 보호 받는 저작에 대해서 「권리 침해」니 「즉시 판매 중지」 등의 주장을 하는 것보다는, 칼 슈미트에 관심이 있는 동업자로서 귀사가 본사와 선의의 경쟁을 하기를 원합니다." 다시 말해, 『정치신학』과 『정치신학2』의 기존 해적판 번역은 '국내에서 보호 받는 저작'이므로 그것을 2020년에 새로운 출판사에서 새로운 판형으로 찍어 판매하더라도 아무런 문제가 없다는 것이다. 이미 공식적인 경로를 통해 합법적으로 판권을 구입해 번역서를 판매하고 있는 출판사와 옮긴이들이 버젓이 존재하는데도 말이다. 주지하다시피, 『헌법과 정치』의 역자는 오랫동안 법과대학 교수직을 역임했고 현재는 대한민국 학술원 회원으로 활동 중인 법학자 김효전이다. 여러 정황으로 미루어 볼 때, 산지니 출판사 측의 대답을 그의 입장과 동일한 것으로 간주해도 무방할 듯하다. 그렇다면, 다름 아닌 원로 법학자의 입에서 '저작권법 따위는 무시하고, 우리 그냥 선의의 경쟁을 펼치자'는 말이 나온 셈이다. 법학자가 인식하는 '선의의 경쟁'이란, 일반인이 생각하는 '법적인 것'의 한계를 가볍게 뛰어넘을 수 있는 것일까.

한 가지 흥미로운 점은, 『정치신학』과 『정치신학2』 — 이 두 저서는 법학 전공이 아닌 학자들에 의해 번역되었다 — 의 저작권에 대해서는 등한시한 그가 동료 법학자들이 번역한 슈미트 저서들에 대해서는 정중한 예의를 갖추고 있다는 사실이다.[3] 다시 말해, 법학자들이 옮긴 슈미트의 책들은 『헌법과 정치』에 해적판 번역으로 재수록되지 않았다는 이야기다. 가령, 서울대학교 법학전문대학원의 김도균 교수가 번역해 2016년에 출간한 『합법성과 정당성』(길 출판사)은 그 책에 실리지 않았는데, 김효전은 이미 1990년에 이 책을 번역해 『동아법학』(제10호)에 상자한 다음, 이를 다시 책의 형태로 출간한 바 있다(1993년, 교육과학사). 그들의 주장대로라면, 김효전과 산지니 측은 이 책에 대해서도 '국내에서 보호받는 저작'으로서의 권리를 내세웠어야 마땅할 것이다. 만약 김효전이 자신의 해적판 『합법성과 정당성』도 해당 역서에 다시 실었다면, 그는 정녕 김도균 교수와 길 출판사 측에도 '저작권법 따위는 무시하고, 선의의 경쟁을 펼치자'고 말할 수 있었을까? 이에 대한 답은 독자들의 상상에 맡기겠다. 뿐만 아니라 그는

---

3 본서의 해적판을 번역한 배성동 교수와 『땅과 바다』를 옮긴 이화여자대학교 김남시 교수가 예외적인 사례다. 그러나 배성동은 정치학을 전공했고, 김효전은 『정치적 낭만주의』를 번역한 적이 없으며, 『땅과 바다』 역시 김효전에 의해 먼저 해적판으로 출간된 적이 없다. 이와 관련해, 최재훈이 번역한 『대지의 노모스』 또한 김효전에 의해 먼저 번역되지 않았다는 반론이 가능할 것이다. 이는 타당한 반론이지만, 이로 인해 나의 문제 제기의 타당성이 훼손되는 것은 아니다. 헌법학자 김기범이 1963년에 번역, 출간한 『헌법 이론 Verfassungslehre』은 여기서 논할 계제가 아니다.

부산대학교 총장을 지낸 법학자 최재훈이 번역한『대지의 노모스』(민음사) 와 경희대학교 법학전문대학원에 재직 중인 정태호 교수가 본인과 함께 기존의 번역 ― 역시 김효전의 것이다 ― 을 전면 개정해 2012년에 출간한 『정치적인 것의 개념』(살림 출판사)도 재수록하지 않았다. 마지막으로,『헌 법과 정치』에는 저작권법이 시행되기 전인 1998년에 그 자신이 직접 번역, 출간한『파르티잔』(문학과지성사)도 실려 있지 않다. 그러니까 김효전은 (자 신을 포함한) 법학자들의 번역서에 대해서는 저작권을 십분 존중한 것이다. 이에 반해, 철학자 나종석이 번역한『현대 의회주의의 정신사적 상황』(길 출판사)에 대해서는 전혀 아랑곳 않고 자신의 기존 번역을 보란 듯이 세상 에 다시 내놓았다. 이것이 작금의 한국이 보여 주는 슈미트 번역 현황이다.

이왕 현황에 대해 이야기했으니, 한 가지 구체적인 사례를 통해 슈미트 번역의 실태에 대해서도 언급해 두도록 하자. 지난해 내가 번역한 슈미트 의『정치신학2』는「모든 정치신학이 처리되었다는 전설에 대하여」라는 부 제를 달고 있다.[4] 물론 이 부제는 나의 번역이다. 반면, 수십 년 전 이 책을 해적-번역하여『동아법학』(제16호)에 게재한 김효전은 당시 그것을「모든 정치신학은 일소되었다는 전설」이라는 일본어 투 표현으로 번역했었다. 그런데 나의『정치신학2』가 출간된 직후인 2020년 초에 간행된『헌법과 정치』에는 '일소'라는 단어가 '해결'이라는 말로 바뀌어 있다. 내가 고심 끝 에 '처리'라는 말로 번역한 독일어 단어 Erledigung은『정치신학2』를 관통 하는 핵심 개념어다. 그 책을 읽은 독자라면 분명 이 말을 수긍할 것이다. 그런데 이토록 중요한 단어를 김효전은 '일소'로 번역했다가, 오랜 세월이 흐른 뒤 갑자기 '해결'로 바꾸어 버렸다. 이는 분명 쉽지 않은 결단이었을 것이다. 평생을 슈미트 연구에 바친 법학자가 저 단어의 중요성을 모를 리 만무하기 때문이다. 하지만 그의 결단이 세상에 공표되기 직전에 나의 번

---

4 참고로, 이 책을 번역할 때 나는 김효전의 해적판 번역을 전혀 참조하지 않았다.

역이 출간되었다는 사실은 공교로운 일이다. 이 공교로움을 한층 더 강화시키는 것은, 하필 『정치신학2』가 『헌법과 정치』에 다시 수록된 슈미트의 모든 저작들 가운데 **유일하게** 번역이 수정된 책이라는 사실이다. 뿐만 아니라 김효전은 역주 739번에서 Erledigung이 "번역하기 어려운 용어"임을 인정하며 "한국어판에서 조효원은 '처리'라고 번역한다"고 명시하고 있다. 그러니까 그는 나의 『정치신학2』를 읽었(거나 적어도 훑어 보았)으며, 나아가 정식 '한국어판'으로 인정한 것이다. 그럼에도 불구하고 그는 '해결'이라는 새로운 번역어를 내세우며 저작권법에 저촉되는 해적판의 출간을 감행했다. 비록 '일소'라는 일본어식 개념을 포기하긴 했지만, 새로운 해적판 번역을 내기 위해 그가 주로 참조한 — 아마도 처음 번역할 때부터 줄곧 그랬으리라 짐작되는데 — 판본은 (여전히) 일본어 번역본이며, 이는 그 스스로 인정한 사실이다(1154쪽). 이 사태에 대한 판단 및 '처리'와 '해결'이라는 두 단어가 가진 번역어로서의 타당성 비교, 그리고 슈미트 번역 전반에 대한 감식鑑識은 독자들의 교양과 이성에 맡기도록 하겠다.

***

빼어난 한국어 감각으로 나의 조악한 문장과 표현 들을 단정하게 매만져 준 편집자 이지안 선생님께 감사드린다. 시장성이 턱없이 부족한 책의 번역 제안을 흔쾌히 수락해 준 에디투스 연주회 대표님께도 감사의 인사를 올린다. 파리 소르본 대학의 문성욱 선생님은 박사 논문 집필 중에도 바쁜 시간을 쪼개어 불어 원문의 번역을 검토, 수정해 주셨다. 심심한 감사의 마음을 전한다. 언제나 더없이 예리하고 그래서 신뢰할 만한 제일 독자가 되어 주는 아내는 이번에도 표지 이미지를 골라 주었다. 가장 먼저 그리고 가장 나중까지 가장 고마운 마음을 최대치의 사랑과 함께 지안에게 송부하고 싶다.

정치적 낭만주의는 일종의 이념형Idealtypus으로 이해될 수 있을 것이며, 그에 대한 슈미트의 통렬한 비판은 작금의 정치 현실 및 사회 구조에 대한 비판적 식견을 갖추는 데 아주 유용한 참조점이 될 수 있을 것이다. 물론 한국처럼 (덮어놓고) '공감하는 마음'이 다른 모든 가치를 압도하는 진리의 성화聖火라도 되는 양 뭇 지식인들의 손에서 손으로 부단히 옮겨지는 사회에서 슈미트 식의 과격한 비판은 계속해서 '광야의 외치는 소리'로만 남을 공산이 크다. 왜냐하면 주관화된 기연주의가 공동체의 제일 원리로 격상될 경우, 거기 속한 구성원들에게 '세계의 비참'이란 먼 바다의 윤슬처럼 그저 물끄러미 바라보면 그만인 아득한 풍경으로 정박할 것이기 때문이다. 이런 식의 낭만적 감상을 가능케 하는 것은 말할 것도 없이 한없이 진지한 문필가들의 아름답고도 아름다운 웅변 — 말과 글 — 이다. 이들은 그런 몽롱한 기분 속에 내내 잠겨 있도록 쉴 새 없이 대중을 추동한다. 19세기 독일의 정치적 낭만주의자들은 현실 정치Realpolitik에서 유의미한 성공을 거두지 못했지만, 21세기 한국에서 정치 이념으로 암약 중인 주관적 낭만주의에 (남몰래 혹은 부지중에) 귀의한 사도들은 극단적 인지 부조화의 장애마저 사뿐히 뛰어넘으며 지배 이데올로기의 권좌를 향해 맹렬히 돌진하고 있다. 다시 말해, 상황은 한없이 암울하고 전망은 누누이 난망하다. 그러나 만약 '광야의 외치는 소리'가 쉬이 잦아들지 않고 오래도록 쟁쟁할 수 있다면, 언젠가 '들을 귀 있는 자'들이 나타나 그들의 성화를 풍자의 폭포수 아래로 내던질 지도 모른다. 그때가 너무 늦게 오지 않기만을 바랄 뿐이다.

2020년 8월
조효원

정치적 낭만주의

제1판 1쇄 2020년 08월 31일
제1판 3쇄 2024년 11월 10일

지은이 칼 슈미트
옮긴이 조효원
편집 이지안
펴낸이 연주희
펴낸곳 에디투스
등록번호 제2015-000055호 (2015.06.23)
주소 경기도 성남시 분당구 황새울로351번길 10, 401호
전화 070-8777-4065
팩스 0303-3445-4065
이메일 editus2015@gmail.com
홈페이지 https://linktr.ee/editus_book

ISBN 979-11-970045-7-5 (03300)

이 도서의 국립중앙도서관 출판예정도서목록 (CIP)는 서지정보유통지원시스템 홈페이지 (seoji.
go.kr)와 국가자료공동목록시스템 (www.nl.go.kr/kolisnet)에서 이용하실 수 있습니다. (CIP 제어
번호: CIP 2020035374)